»Militärfahrzeuge« Band 1
Kampfpanzer Leopard

Band I der Reihe »Militärfahrzeuge«

Walter J. Spielberger

Die Kampfpanzer Leopard

und ihre Abarten

Motorbuch Verlag Stuttgart

Einbandgestaltung: Siegfried Horn, unter Verwendung zweier Fotos von Krauss-Maffei

Fotoquellen: Blohm & Voss (3), Borgward (1), Daimler-Benz (7), Icken (9), Krauss-Maffei (279), Krupp-MaK (27), K+W Thun (3), MTU (2), Oerlikon (5), Porsche (14), Renk (1), Reinsberg (2), Rheinmetall (11), Rheinstahl-Hanomag (4), Spielberger (4), Standard-Elektrik-Lorenz (1), Wegmann (8), Zeiss (1), ZF (2).

ISBN 3-613-01198-0

1. Auflage 1988.

Eine Abteilung des Buch- und Verlagshauses Paul Pietsch GmbH & Co. KG.

Satz und Druck: Vaihinger Satz+Druck, Dr. Wimmershof GmbH+Co., 7143 Vaihingen/Enz.
Bindung: Verlagsbuchbinderei E. Riethmüller, 7000 Stuttgart 1.
Printed in Germany.

Inhaltsverzeichnis

Vorwort

Nach fast 30 Jahren militärtechnischer Forschung, die sich in zahlreichen Veröffentlichungen niederschlug, ist es mir ein besonderes Vergnügen, vorliegendes Buch der Öffentlichkeit vorzustellen.
Mit ihm schließt sich eine lange Reihe früherer Abhandlungen über deutsche Panzerfahrzeuge.
Ausgehend von den Erfahrungen des Zweiten Weltkrieges und Guderians richtungweisendem Konzept, zeigt sich im Waffensystem »Leopard« die wohl abschließende Form des konventionellen Kampfpanzers. Die Panzer III und IV sowie die Fahrzeuge »Panther« und »Tiger« der ehemaligen deutschen Wehrmacht ermöglichten eine exakte Konzeptfestlegung. Die Erfahrung der Bundeswehr mit neuzeitlichen amerikanischen Kampffahrzeugen erlaubte einen verhältnismäßig raschen Anschluß an den technischen Stand der Entwicklung.
Nicht zu übersehen ist die Leistung der deutschen Industrie, welche innerhalb von 10 Jahren dieses Waffensystem entwickelte, einen serienmäßigen Ausstoß ermöglichte und das Ganze auf eine europäische Ebene stellte.
Diese Leistung soll in diesem Buch dokumentiert werden. Ich darf besonders meinen Freunden Dr. F. Wiener und Col. Robert J. Icks für ihre jahrelange Unterstützung Dank sagen. Die Zeichnungen stammen zum größten Teil von Herrn Hilary Doyle, während die Farbillustrationen von Herrn Uwe Feist geschaffen wurden.
Das Buch selbst kann keinen Anspruch auf Vollständigkeit erheben, da mir vieles Material entweder nicht zugänglich war oder als »Verschlußsache« nicht veröffentlicht werden kann.
Auch ist die Entwicklung selbst noch immer in Fluß. Aus der Fülle der vorhandenen Veröffentlichungen ergab sich jedoch eine Übersicht, die dem Leser einen ausreichenden Einblick in diese Entwicklung vermittelt. Ich bin für weitere Vorschläge dankbar.

Fast 20 Jahre sind seit dem Erscheinen der 1. Auflage dieses Buches ins Land gegangen. Grundsätzliche Änderungen des politischen und wirtschaftlichen Lebens wurden Tatsache. Waffensysteme, zur Zeit ihrer Einführung noch mit einer Lebensdauer von 20 Jahren geplant, stehen heute bereits 30 und mehr Jahre im Truppengebrauch. Auch der Kampfpanzer »Leopard 1« hat diese Schwelle erreicht und wird sie mit Sicherheit beträchtlich überschreiten. Das gelungene Gesamtkonzept macht diese Verlängerung der »Dienstzeit« jedoch leichter und für die Truppe akzeptabel. Zahlreiche, wohldurchdachte Nachrüstungen erhöhten nicht nur die Kampfkraft sondern machen das Fahrzeug auch heute noch zu einem heiß gesuchten Waffensystem. Das wird auf Jahre hinaus noch bleiben. Die im Buch nun aufgezeigten Änderungen bestätigen diese Annahme.
Gleichzeitig bot sich die Möglichkeit, in diesem Buch auch die Entwicklung und Fertigung des Kampfpanzers »Leopard 2« unterzubringen. Er bestätigte sich in der Zwischenzeit als beachtliche Leistung der deutschen Bundeswehr und Industrie.
Es gibt kaum einen besseren Beweis für die Leistungsfähigkeit dieses neuen Waffensystems als die Tatsache, daß sich neben der Bundeswehr auch die Armeen der Niederlande und der Schweiz für diesen Kampfpanzer entschieden haben.
Die seit der ersten Auflage dieses Buches vergangenen Jahre gingen auch an uns nicht spurlos vorüber und ich gedenke der Freunde, die mich verlassen haben.
Colonel Robert J. Icks, Hofrat Dr. Friedrich Wiener und Oberst a. D. Dipl.-Ing. Theodor Icken sind nicht mehr.
Ich hoffe, daß ich auch in ihrem Sinne handle, wenn ich diese Buchreihe ergänze und fortführe.

Walter J. Spielberger

Die Entwicklung des mittleren Kampfpanzers »Leopard«

In der europäischen Panzerentwicklung und -fertigung war nach dem Zweiten Weltkrieg durch das Ausscheiden Deutschlands ein Vakuum entstanden, das ab 1950 vor allem durch beträchtliche Lieferungen aus den Vereinigten Staaten ausgeglichen wurde. Die durch den sowjetischen Kampfpanzer T 34 und den deutschen »Panther« ausgelöste grundsätzliche Neuorientierung im Panzerbau führte in den USA zum Kampfpanzer M 26 »Pershing«, aus dem die spätere »Patton«-Baureihe M 46, M 47, M 48 und M 60 entstand. Großbritannien hatte bereits 1945 aus dem »Kreuzer«-Kampfwagen einen Einheitspanzer entwikkelt, der sich dann in den zahlreichen Baureihen des »Centurion« präsentierte. Frankreich baute einige Prototypen schwerer Panzerfahrzeuge, legte das Schwergewicht aber bald auf den leichteren AMX 13. In der Sowjetunion setzten die Kampfpanzer T 44, T 54 und schließlich der T 62 den mit dem T 34 eingeschlagenen Weg fort.

Somit standen 1955 für die Erstausstattung der neuen Deutschen Bundeswehr nur amerikanische und britische Panzerfahrzeuge zur Verfügung. Inzwischen hatte die Kompliziertheit ihrer Einsatzfahrzeuge die US-Armee zum Ausbau eines in seinem Ausmaß einmaligen Versorgungssystems gezwungen, das naturgemäß auch den NATO-Partnern zugute kam. Diese Tatsache und die Preisgünstigkeit amerikanischer Fahrzeuge dürften nach Abschluß der eingehenden Vergleichserprobung schließlich im Januar 1957 den Ausschlag zugunsten einer Erstausstattung der Deutschen Bundeswehr mit amerikanischen Panzerfahrzeugen gegeben haben. Eine größere Anzahl amerikanischer Kampfpanzer vom Typ M 47 war sofort verfügbar und bildete die Erstausstattung der neuen deutschen Panzerverbände. Sie waren für Ausbildungszwecke gut geeignet und ermöglichten es sowohl der Truppe als auch der Truppentechnik, in kurzer Zeit wieder den Anschluß an den damaligen internationalen Standard zu finden. Die im Anschluß besorgten Panzertypen M 48 A 1, M 48 A 2 und M 48 A 2 C befanden sich zur Zeit ihrer Beschaffung technisch auf dem neuesten Stand. Mit ihnen konnten die mit dem M 47 gewonnenen Erfahrungen weiter vertieft werden.

Auf Grund ihrer Gesamtkonzeption mußten jedoch die amerikanischen Fahrzeuge auf die Dauer gesehen für den europäischen Raum ein Kompromiß bleiben, den die Deutsche Bundeswehr nicht akzeptieren konnte. Immerhin war Zeit gewonnen worden, um in aller Ruhe an eine Neukonstruktion heranzugehen. Taktisch und technisch gesehen, konnte zwar jederzeit auf die Erfahrungen des Zweiten Weltkrieges zurückgegriffen werden, die deutsche panzerbauende Industrie jedoch mußte erst die in den Jahren von 1945 bis 1955 entstandene Lücke schließen. So sollte der deutschen Industrie durch die Entwicklung eines hochwertigen Panzerfahrzeuges die Möglichkeit gegeben werden, an den internationalen Stand der Technik herangeführt zu werden.

Einzelne Gruppen der deutschen Industrie hatten bereits vor 1955 wieder Fühlung mit ausländischen Herstellern von Schwergerät aufgenommen und teilweise sogar durch eigene Entwürfe versucht, Anschluß an den Weltmarkt zu bekommen. So trat Daimler-Benz mit der indischen Regierung in Verhandlungen über die Beschaffung von Militärfahrzeugen ein und stellte ein Angebot über eine Beteiligung an Entwurf, Entwicklung und Serienfertigung eines 36 bis 39 t schweren Kampfpanzers.

In dieses Projekt waren folgende Firmen eingeschaltet: F. Porsche KG für Gesamtentwurf und Fahrgestell, Zahnradfabrik AG Friedrichshafen für Getriebe und Antrieb, Ruhrstahl AG für Turm und Bewaffnung. Die Wanne sollte bei der indischen Firma TATA hergestellt werden. Für die Fernmeldegeräte und die optischen Geräte war das indische Heeresamt verantwortlich. Daimler-Benz baute die Triebwerke. Die Fertigung war

Die Dr. Ing. h. c. F. Porsche KG arbeitete zusammen mit der Daimler-Benz AG. an einem Panzerprojekt für die indische Regierung. Das Projekt wurde nicht verwirklicht.

in einem indischen Staatsbetrieb vorgesehen, der eine Jahresproduktion von 100 Fahrzeugen aufwies. Nach einer Entwicklungszeit von vier Jahren sollte die Reihenfertigung im fünften Jahr anlaufen. Der Porsche-Entwurf aus den Jahren 1954 bis 1955 sah ein modernes 40-t-Kampffahrzeug vor, das mit vier Mann Besatzung und einer 90-mm-Kanone ein Leistungsgewicht von 16,7 PS/t erbrachte. Ausgerüstet mit dem Daimler-Benz »MB 837A« Achtzylinder-Dieselmotor und einem Tellerfeder-Laufwerk erreichte das Fahrzeug eine Höchstgeschwindigkeit von 50 km/h. Die Panzerstärke belief sich bei der Wanne auf 90 mm, während der Turm bis zu 130 mm geschützt war. In beiden Fällen war Gußstahl vorgesehen. Das Projekt zerschlug sich. Die erarbeiteten Unterlagen erlaubten es der F. Porsche KG jedoch, sich sofort an der Ausschreibung für ein neues Kampffahrzeug der Deutschen Bundeswehr zu beteiligen.

Einer der Hauptgründe für die Beschaffung eines neuen Kampfpanzers für das deutsche Heer war in erster Linie die Tatsache, daß die Panzer M 47 in absehbarer Zeit durch Abnützung ihren Wirkungsgrad verlieren würden und sich eine weitere Unterhaltung nicht mehr vertreten ließe.

Aus dieser Situation ergab sich eine erstmalige Formulierung von militärischen Forderungen für den Bau eines neuen Kampfpanzers, welche am 23. 11. 1956 erhoben wurden. In Übereinstimmung mit den Forderungen der NATO sollte ein äußerst bewegliches Kampffahrzeug der 30-t-Klasse entstehen, wobei Feuerkraft und Schutz zwar sekundär bleiben sollten, jedoch dem letzten Stand der Technik anzupassen waren.

Die Grundforderung auf hohe Beweglichkeit ging noch auf Guderians Einfluß zurück und erstreckte sich vor allem auf hohes Beschleunigungsvermögen, hohe Durchschnittsgeschwindigkeit und andere Gesichtspunkte wie Kletter-, Überschreit- und Watfähigkeit. Ferner war ein stufenloses Wendevermögen sowie ein sofortiger Übergang von Vorwärts- auf Rückwärtsfahrt vorzusehen. Die operative Beweglichkeit verlangte einen großen Fahrbereich mit einer Kraftstoff-Füllung sowie eine hohe Durchschnittsgeschwindigkeit auf der Straße. Die Wartungs- und Instandsetzungsvereinfachung wurde in den Vordergrund gestellt und zum ersten Male in einem Kampffahrzeug fast ideal verwirklicht. Wie schon beim Grundentwurf der Panzerfahrzeuge der Deutschen Wehrmacht setzte auch hier die

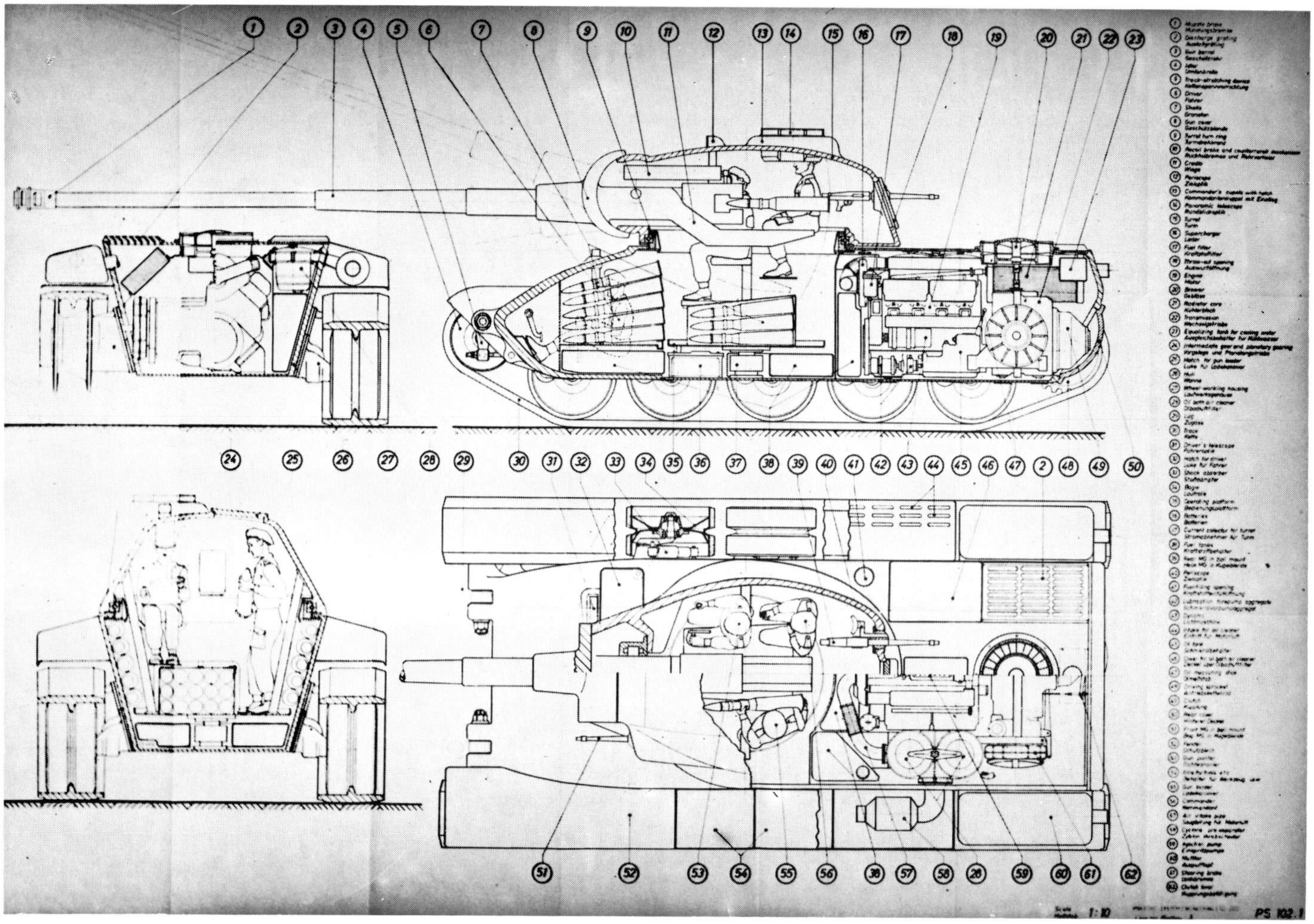

Die Schnittzeichnung des »Indien-Projektes« zeigt den konventionellen Aufbau des Fahrzeuges und die Lage der einzelnen Komponenten.

Tragfähigkeit der Mehrzahl der deutschen Brücken dem Gesamtgewicht des Fahrzeuges einschneidende Grenzen.

Im Juni 1957 kam es zu einem Militärabkommen zwischen Frankreich und Deutschland über die gemeinsame Entwicklung eines mittleren Kampfpanzers.

Zusammenfassend verlangte die militärische Forderung eine von allen bisherigen Panzerfahrzeugen noch nicht verwirklichte taktische Beweglichkeit.

Daraus resultierten die von der Abteilung Technik des Bundesverteidigungsministeriums am 25. 7. 1957 herausgegebenen Richtwerte:

Gesamtgewicht 30 t
Leistungsgewicht 30 PS/t
Vielstoffmotor mit Luftkühlung
Fahrbereich 350 km
dem letzten Stand der Technik entsprechende (Drehstab- oder hydraulische) Federung
Höchstbreite 3150 mm
Bodendruck bis 0,8 kp/cm²

Die militärischen Forderungen waren weitgehend mit dem französischen Verteidigungsministerium abgestimmt worden.

Die Entwicklung von Hochleistungsmotorén für gepanzerte Vollkettenfahrzeuge war auf Wunsch der Schweiz von Daimler-Benz eingeleitet worden, die eine Baukastenreihe solcher Triebwerke vorsah. Das Bild zeigt die 8-Zylinder-Ausführung vom Typ MB 837. Die Großserienfertigung wurde von der Motoren- und Turbinen-Union in Friedrichshafen aufgenommen, die heute wieder voll im Besitz der Daimler-Benz AG. ist.

Um die Standfestigkeit der Motoren im Fahrbetrieb festzustellen, rüstete Daimler-Benz einen Kampfpanzer M47 mit einem solchen Triebwerk aus.

Das Bild zeigt den 8-Zylinder-Motor MB 837 eingebaut im Kampfpanzer M 47.

Den Wert der Feuerkraft bestimmte die vorgesehene Hauptbewaffnung, womit unmittelbar Durchschlagleistung, Mündungsgeschwindigkeit / Treffsicherheit, Feuergeschwindigkeit und Munitionsvorrat angesprochen werden. In diesem Zusammenhang kam den vorgesehenen Ziel- und Richtmitteln erhöhte Bedeutung zu. Treffsicherheit bei Tag und Nacht innerhalb kürzester Zeit bestimmen den tatsächlichen Kampfwert des Fahrzeuges. Für eine Entfernung von 2000 bis 2500 m wurde eine Durchschlagleistung von bis zu 150 mm Panzerstahl, 30° geneigt, verlangt. Der bei den amerikanischen Panzerfahrzeugen vorhandene Munitionsvorrat sollte erreicht werden.

Die Panzerung sollte gegen Kaliber bis zu 20 mm auf nahe Kampfentfernung schützen. Die Tatsache, daß gegen moderne Wucht- und Hohlladungsgeschosse sowieso keine Schutzmöglichkeit bestand, wurde anerkannt.

Dem ABC-Schutz wurde besonderer Wert beigemessen. Durch zweckmäßige Gestaltung des Kampfraumes und durch den Einbau einer Schutzbelüftungsanlage wurde der Besatzung die Möglichkeit gegeben, auch bei atomarer Verseuchung einen 24-Stunden-Kampftag, ohne den Panzer verlassen zu müssen, zu überstehen. Die Anwendung der neuesten Erfahrungen der Anthropotechnik machte das Leben im geschlosse-

1959 standen die ersten Holzmodelle im Maßstab 1:1 der neuen deutschen Kampfpanzer-Entwicklung zur Besichtigung zur Verfügung. Neben der Attrappe ein sowjetischer Kampfpanzer T 34/85.

nen Fahrzeug erträglicher.

Dazu kam eine weitgehende Reduzierung der Brandanfälligkeit des Fahrzeuges durch die Verwendung eines Dieselmotors und den Einbau einer wirkungsvollen Feuerlöschanlage.

Am 1. 4. 1958 ergab sich eine erste Ergänzung zu den technischen Forderungen für die Entwicklung eines Standard-Panzers, welche zwischen dem Französischen und Deutschen Verteidigunsministerium abgestimmt werden mußte. Frankreich verlangte eine Gesamtbreite von 3100 mm, während Deutschland auf 3250 mm gehen wollte. Im September 1958 wurde das Abkommen zwischen Frankreich und Deutschland in ein trilaterales umgewandelt, indem nun auch Italien sich an dieser Entwicklung beteiligte. Am 6. 5. 1959 wurden die Verträge über die Entwicklung und Fertigung von je zwei Prototypen I mit den Arbeitsgruppen A und B sowie der DEFA (Französisches Verteidigungsministerium) abgeschlossen.

Gemäß den früheren deutschen Gepflogenheiten erfolgte die Vergabe der Entwicklungsaufträge durch das Bundesamt für Wehrtechnik und Beschaffung an zwei Firmengruppen. Da technisches Neuland betreten werden mußte, schlossen sich in beiden Fällen einige Hersteller zu folgenden Interessengruppen zusammen:

Gruppe A:

Dr. Ing. F. Porsche KG, Atlas-MAK, Luther-Werke und Jung-Jungenthal

Gruppe B:

Ruhrstahl, Rheinstahl-Hanomag und Rheinstahl-Henschel

Dazu kamen noch die Turmhersteller Wegmann und Rheinmetall.

Die meisten dieser Firmen waren schon während des Zweiten Weltkrieges am Panzerbau beteiligt. Da die Entwicklung zuerst in Zusammenarbeit mit dem französischen Verteidigungsministerium erfolgte, einigte man sich darauf, in Frankreich zunächst nur einen Prototyp,

Das Bild zeigt den Entwurf der Firmengruppe A (Porsche, MaK, Jung, Luther).

Der am 16. Juni 1960 fertiggestellte Prototyp A1 der Firmengruppe A. Dieses Fahrzeug war noch mit einer 90-mm-Rheinmetall-Kanone bestückt. Das zweite Fahrzeug des Porsche-Typs »723« wurde am 27. August 1960 abgeliefert.

Im Laufe des Jahres 1961 wurde der Prototyp A1 auf die britische 105-mm-Kanone umgerüstet. Die Bilder zeigen Einzelheiten des Gesamtfahrzeuges.

Die Seitenansicht des Prototyps A2. Äußerlich hat sich die Form der seitlich angebrachten Abluft-/Auspuffgrätings geändert.

in Deutschland dagegen vier Prototyp-Fahrzeuge zu bauen. Alle diese Fahrzeuge wurden von Deutschland finanziert.

Die beiden Fahrzeuge der Arbeitsgruppe A entstanden unter der technischen Leitung der Dr. Ing. h. c. F. Porsche KG, während die der Gruppe B vom Ingenieurbüro Warnecke in Düsseldorf konzipiert wurden. Daneben beteiligte sich bei der Gruppe B die C. F. W. Borgward GmbH in Bremen mit der Fahrwerksentwicklung für diese Fahrzeuge.

1959 standen die Holzmodelle 1:1 beider Gruppen für Anschauungszwecke zur Verfügung.

In der Firmengruppe A produzierte die Firma Jung-Jungenthal, Kirchen/Sieg, den Prototyp A 1, während der zweite Prototyp (A 2) von der Firma MAK in Kiel gefertigt wurde. Diese als Porschetyp »723« laufenden Fahrzeuge hatten ein Nenngewicht von 33 t, welches sich jedoch auf 35 t erhöhte. Auch beim Turmgewicht von ursprünglich 7,8 t mußte eine Erhöhung auf ca. 8,3 t in Kauf genommen werden.

Während die Wanne bereits für die Aufnahme eines 10-Zylinder-Motors ausgelegt war, kam bei beiden Fahrzeugen noch der Daimler-Benz-8-Zylinder »MB 837 A« Dieselmotor zum Einbau. Die Höchstgeschwindigkeit betrug 65 km/h. Bei der Unterbringung des Sieben-Rollen-Laufwerkes ergaben sich Schwierigkeiten mit den hinteren Drehstäben. Ursprünglich war der für diese Fahrzeuge gelieferte Drehturm noch mit einer 90-mm-Kanone der Firma Rheinmetall bestückt.

Im Mai 1960 erfolgte die Fertigstellung des ersten Standard-Panzer-Prototyps der Arbeitsgruppe A.

Mitte 1960 begannen beide Firmengruppen mit der Werkserprobung der Prototypen. Der Prototyp A 1 ging am 16. 6. 1960, der Prototyp A 2 am 27. 8. 1960 in den Fahrbetrieb. Die Übergabe an die Dienststellen des Verteidigungsministeriums erfolgte im Januar 1961.

Das Holzmodell der Ausführung A 2 des Standardpanzers. ►

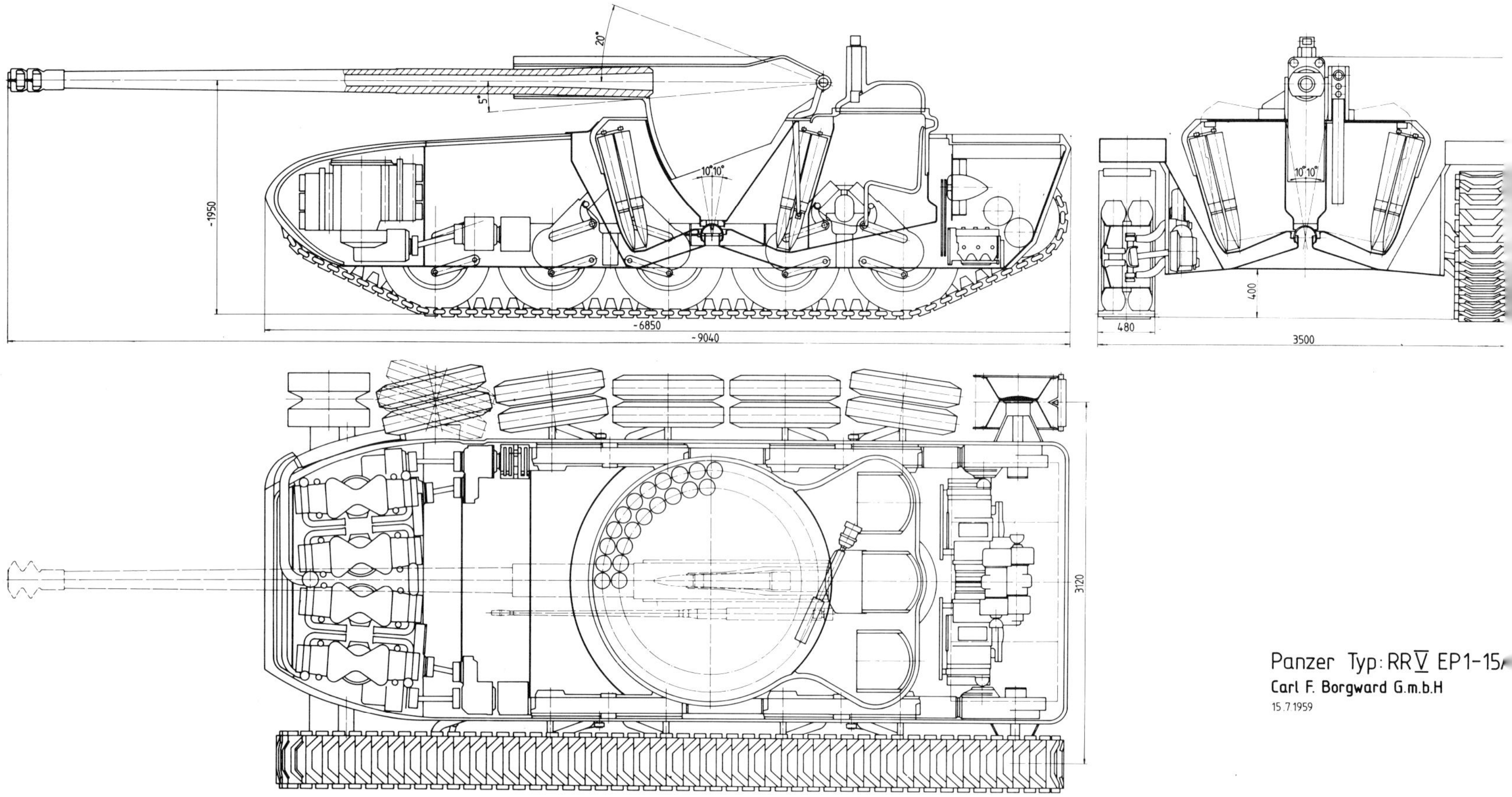

Beitrag der Firma Carl F. Borgward GmbH mit einem völlig neuen Projekt für einen Kampfpanzer. Motoren vorne, Antrieb hinten. Gleisketten bei Straßenbetrieb abnehmbar. Lader für Hauptbewaffnung.

Prototyp 1 der Firmengruppe B (Ruhrstahl, Rheinstahl-Hanomag, Rheinstahl-Henschel). Im Vergleich zum Prototyp A fällt das Sechsrollen-Laufwerk auf. Kanone 12 Uhr bei 20° Erhöhung.

Bei der Arbeitsgruppe B fertigte die Rheinstahl-Hanomag in Hannover den Prototyp B 1, während Henschel in Kassel den Prototyp B 2 lieferte. Während die Fahrzeuge der Firmengruppe A mit mechanischem 5-Gang-Getriebe und Zweiradien-Überlagerungslenkgetrieben ausgestattet waren, kamen bei den Prototypen der Gruppe B unter Last schaltende 8-Gang-Planetengetriebe und stufenlose hydrostatische Überlagerungs-Lenkgetriebe zum Einsatz. Bei fast gleicher Wanne ergab sich bei den Fahrzeugen der Gruppe B gegenüber den A-Fahrzeugen mit Drehstabfederung und 7-Rollen-Laufwerk die Verwendung einer hydropneumatischen Federung beim Prototyp B 1, während das Fahrzeug B 2 eine Dubonnet-Federung mit Reibungsring- und Tellerfederkombination aufwies. Beide B-Fahrzeuge hatten ein 6-Rollen-Laufwerk, die Gleisketten waren außen geführt.

Die für die A-Fahrzeuge von der Firma Wegmann in Kassel geschaffenen Drehtürme wurden später auf die englische 105-mm-Kanone L 7 umgerüstet, die beiden B-Fahrzeuge hatten einen von Rheinmetall, Düsseldorf, entworfenen Turm mit einer 105-mm-Kanone eigener Fertigung. Bei Henschel begannen die Werkserprobungen am 20. 5. 1960, die bei Hanomag am 9. 7. 1960. Die Übergabe der B-Fahrzeuge an die Dienststellen des Heeres erfolgte jedoch erst im September 1961.

Am 16. 1. 1961 erfolgte die Aufstellung einer Erprobungsgruppe »Standardpanzer« bei der Erprobungsstelle 41 in Trier. Deren Außenstelle A in Meppen übernahm die eingehende Erprobung der Fahrzeuge, wozu die ersten vier Prototypen der Arbeitsgruppen A und B zur Verfügung standen.

Am 1. 2. 1961 erfolgte die erste Vorführung der Prototypen I vor Mitgliedern des Verteidigungsausschusses des Deutschen Bundestages bei der Erprobungsstelle 41. Am 3. 2. 1961 folgte eine Vorführung vor Vertretern des Französischen und Italienischen Verteidigungsministeriums.

Vom Februar bis zum 9. 3. 1961 wurde eine trilaterale Erprobung der Prototypen I bei der Erprobungsstelle 91 in Meppen/Emsland durchgeführt, während zur gleichen Zeit die Erprobung der französischen Prototypen I in Bourges und Satory (Versailles) stattfand.

Auf Grund dieser technischen Untersuchungen ergab sich eine weitere Änderung der militärischen Forderung. Am 13. 10. 1961 wurde eine Tauchfähigkeit von

**Drehturm in Marsch-
stellung, Kanone 6 Uhr,
Rohr gezurrt.**

**Vorderansicht des Proto-
typs der Firmengruppe B.
Gerät T/I der Fertigung
Rheinstahl-Hanomag.**

Seitenansicht des Hanomag Fahrzeugs. Entfernungsmesser im Turm, kein Rauchabsauger, aber Mündungsbremse. Steilere Heckstufe.

8 m gefordert und nochmals auf das gewünschte Gesamtgewicht von 30 t hingewiesen.
Aus Kostengründen und um das Gerät weniger störanfällig zu machen, sollte der beim Turm I beim Richtschützen vorgesehene Entfernungsmesser durch ein Einschieß-MG nach britischem Vorbild ersetzt werden. In diesem Zusammenhang wurde nunmehr als endgültige Hauptbewaffnung für den »Standard«-Panzer die britische 105-mm-Kanone »L 7« bestimmt. Mit dieser Kanone erfolgte bereits die Umrüstung der letzten Baureihen des »Centurion« sowie die Ausrüstung des neuesten US-Kampfpanzers »M 60«.

Bis zum 31. 1. 1962 hatten die Prototypen I folgende Fahrstrecken zurückgelegt:

Arbeitsgruppe A	Arbeitsgruppe B
Prototyp 1 6256 km	Prototyp 1 4486 km
Prototyp 2 9738 km	Prototyp 2 4997 km

Bei den 1962 beginnenden Truppenversuchen stellte sich heraus, daß das vorgesehene »Einschieß-MG« nicht den Wünschen und Vorstellungen der Truppe entsprach. Die Wiedereinführung des Entfernungsmessers beim Richtschützen wurde vorbereitet.

◀ Das Bild zeigt ein Fahrzeug der O-Serie mit dem Drehturm der Prototypen II mit Einschieß-MG.

Der Wegmann-Turm III zeigt den eingebauten Entfernungsmesser beim Richtschützen, der bei 16facher Vergrößerung Misch- und Raumbildsystem umschaltbar in sich vereinigte.

Ein Größenvergleich zeigt das 0-Serienfahrzeug zusammen mit den amerikanischen Kampfpanzern M60, M48 und M47. Die Hauptbewaffnung beim 0-Serienfahrzeug und dem Kampfpanzer M60 war die gleiche.

Der Abschluß der Erprobung der Prototypen I erfolgte im April 1962. Erst gegen Ende 1963 erfolgte die Auslieferung eines französischen Standard-Panzer-Prototyps I an die Erprobungsstelle 41 in Trier.

Für die Erprobung des neuen Waffensystems und die bei der Erprobung der Prototypen I gewonnenen Erfahrungen wurde am 1. 1. 1960 mit der Entwicklung der Standard-Panzer-Prototypen II begonnen. Die Fertigung dieser Fahrzeuge lief im September 1960 an. Ursprünglich wurden auch diese Fahrzeuge von beiden Firmengruppen gefertigt. Zu den beiden Firmen der Gruppe A, von denen Jung-Jungenthal und Maschinenbau Kiel (MAK) je 9 Prototyp-Fahrzeuge bauten, kam noch die Firma Luther & Jordan in Braunschweig mit einem Auftrag über 8 Fahrzeuge des Prototyps II. Diese 26 Fahrzeuge der Firmengruppe A mit der Porschebezeichnung »773« wurden wie folgt gekennzeichnet:

Anfangsbuchstabe des Herstellers (J, M oder L)

Prototyp Art (in diesem Fall II)

laufende Nummer (je nach Fertigstellung 1 bis 26)

Die Fahrzeuge hatten ein Nenngewicht von 37 t, welches tatsächlich wieder auf ca. 39 t anstieg. Das Turmgewicht hatte sich auf 9,2 t erhöht.

Dabei ist zu erwähnen, daß sich die Frontpanzerung gegenüber dem Typ »723« von 50 auf 70 mm erhöht hatte, während der Schutz hinten von 20 auf 25 mm angehoben wurde. Der nunmehr verwendete Zehnzylinder-Dieselmotor der Firma Daimler-Benz vom Typ »MB 838 Ca-500« erhöhte die Höchstgeschwindigkeit auf 73 km/h. Das noch beim Typ »723« vorhandene Zusatzaggregat (ein halbierter »OM 636«-Dieselmotor mit 20 PS Leistung) entfiel beim Prototyp II. Der Fahrersitz war nunmehr nach rechts verlegt worden.

Der Prototyp J II 1 wurde bereits im November 1961 in den Fahrbetrieb übernommen, das Fahrzeug L II 2 folgte im Dezember. Die Mehrzahl der Fahrzeuge wurden vom Frühjahr bis Sommer 1962 fertiggestellt, die

Einer der von der Bundesrepublik Deutschland finanzierter Prototyp des französischen Kampfpanzers AMX 30.

Zeitplan

Entwicklung, Prototypfertigung, Erprobung, Truppenversuch, trilaterale Vergleichserprobung und Serienfertigung KPz Leopard

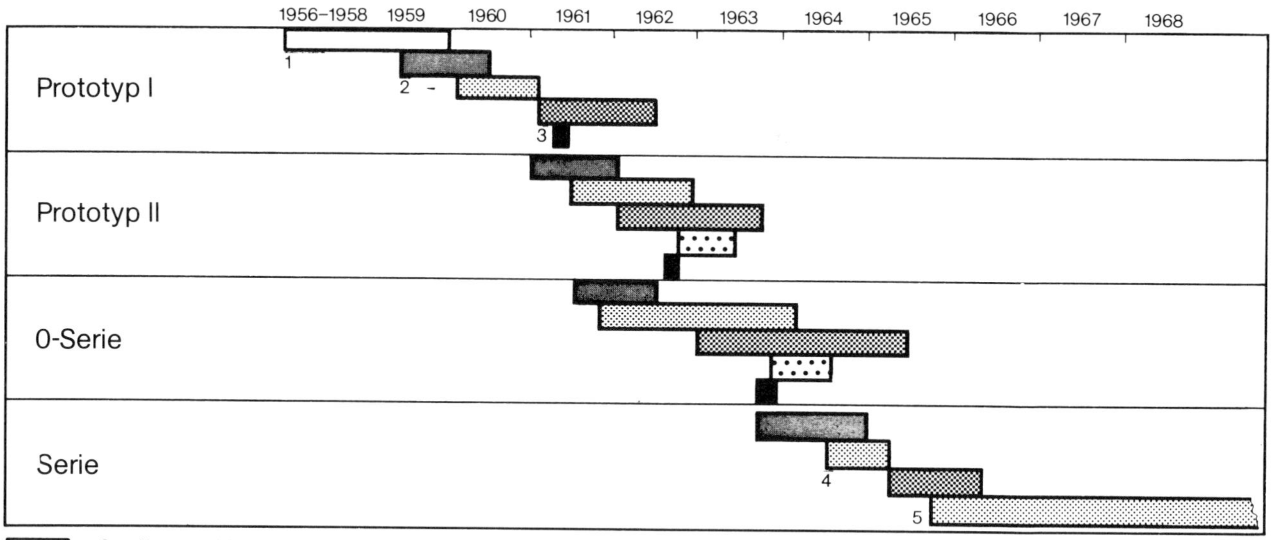

- Studien und Projekte (Konzept- und Definitionsphase)
- Entwicklung, Konstruktion und Versuch
- Fertigung und Werkserprobung
- Techn. Erprobung
- Truppenversuch
- Trilaterale Vergleichserprobung: AMX 30 – Standardpanzer

1	Mil. Forderung	23.11.56
2	Konstr. Vertrag	6. 5.59
3	Vorführung Prototyp I vor Vertdg. Ausschuß	1. 2.61
4	Beschaffungs Anw. für 1500 Serien KPz	22. 8.63
5	Ablieferung 1. Serien KPz (Beginn Nutzungsphase)	9. 9.65

Zeitplan...

Von Anfang der Entwicklung an wurde eine Tauchfähigkeit bis zur Turmoberkante des Fahrzeuges verlangt.

Später wurde durch Aufsetzen eines Luftschachtes die Tauchtiefe auf 4 m erhöht. Am 12. Juli 1964 durchquerten drei Standardpanzer den 320 m breiten und 4 m tiefen Rhein in der Nähe von Köln in Tauchfahrt.

Schwimmversuche mit zwei völlig verschiedenen Systemen wurden Ende März 1967 an der Mosel durchgeführt. Die technische Reife beider Systeme war allerdings für die im Jahr 1965 vorgesehene Serienfertigung noch nicht gegeben. Das Projekt wurde nicht abgeschlossen.

letzten drei Stück kamen im Dezember 1962 zur Auslieferung.
Im Oktober 1961 erfolgte auf Grund technischer Schwierigkeiten sowie aus Ersparnisgründen die Einstellung der Standard-Panzer-Entwicklung der Arbeitsgruppe B, von dem ursprünglichen Auftrag über 6 Fahrzeuge sollten nur zwei Prototypen II fertiggestellt werden.
Am 2. 1. 1962 begann die Erprobung der Prototypen II bei der Erprobungsstelle 91 in Meppen. Dazu standen 26 A- und 2 B-Fahrzeuge zur Verfügung.
Am 5. 1. 1962 teilt die Regierung der Vereinigten Staaten der deutschen Regierung mit, daß mit einer Beteiligung der USA an der deutschen Standard-Panzer-Entwicklung nicht gerechnet werden könne.
Im Herbst 1962 wurden 1500 Stück der englischen Hochleistungskanone »L 7« angekauft und damit ein wichtiger Schritt zur Standardisierung der Panzermunition innerhalb der NATO gemacht. Wie bereits erwähnt, wurde zu Beginn der »Leopard«-Entwicklung von der Firma Rheinmetall der Versuch unternommen, als Hauptbewaffnung für den »Standard«-Panzer eine Kanone mit einer Innenballistik zu entwickeln, welche auch ein zur gleichen Zeit von Frankreich entworfenes drallstabilisiertes Spezialgeschoß mit Hohlladungswirkung verwenden konnte. Letztlich entschloß man sich nicht nur als logistischen, sondern auch auf Grund einer weiteren Fächerung an panzerbrechender Munition durch Wucht- (APDS), Hohlladungs- (HEAT) und Quetschkopfgeschosse (HESH/HEP) zur Einführung der Kanone »L 7 A 1«. Um der Kanone im »Leopard«-Drehturm die volle Rohrsenkung von -9° zu ermöglichen, wurde die hintere obere Kante des Rohrbodenstückes abgeschrägt. Durch diese Änderung erhielt die Kanone die Bezeichnung »L 7 A 3«.
Im September 1962 erfolgte die Übergabe von zunächst 6 Standard-Panzer-Prototypen II an die Kampftruppenschule II in Munster zur Einleitung eines Truppenversuches mit 17 Stück Prototypen der Arbeitsgruppe A. Ab Herbst 1962 begannen damit die Truppenversuche, nachdem dem Bataillonsstab ein Versuchsstab, der die Erprobung überwachte, angeschlossen wurde. Die Truppe selbst war es, welche die »Entfeinerung« der Waffenanlage ablehnte und auf eine Wiedereinführung des Entfernungsmessers beim Richtschützen bestand. Das Einschieß-MG hatte sich auf größere Entfernungen als unterlegen erwiesen. Dies führte schon Ende 1961 zu der Forderung nach einem Turm III mit E-Messer beim Richtschützen, der bei 16facher Vergrößerung Misch- und Raumbildsystem umschaltbar in sich vereinigen sollte. Die deutsche optische Industrie entwickelte diesen E-Messer in erstaunlich kurzer Zeit. Es wurde die Möglichkeit untersucht, diesen E-Messer beim Kommandanten unterzubringen, was jedoch eine starke Erhöhung des Turmdaches erforderlich machte. Im Oktober 1962 kam es zu einer trilateralen Erprobung der Prototypen II bei der Erprobungsstelle 91 in Meppen, wozu Gäste aus Belgien, Niederlande und der USA eingeladen waren. Zur gleichen Zeit erfolgte die trilaterale Erprobung des französischen Prototyps II in Bourges und Satory.
Die Erprobung und der Truppenversuch des Prototypen II war am 1. 4. 1963 abgeschlossen. Das Fahrzeug wurde am 11. 7. 1963 zum ersten Mal der Öffentlichkeit vorgestellt.
Während noch die Erprobung der Prototype II lief, genehmigte im Sommer 1963 der Verteidigungsausschuß des Deutschen Bundestages in einer Vorentscheidung zur Beschaffung eigener Kampfpanzer eine 0-Serie von 50 Panzern. Mit ihrer Entwicklung wurde im Juni 1961 begonnen, die Fertigung lief im Oktober 1961 an. Der Konstruktions- und Fertigungsvertrag wurde jedoch erst am 5. 1. 1962 abgeschlossen. Im Juni 1963 begann die technische Erprobung der 0-Serienfahrzeuge bei der Erprobungsstelle 91 in Meppen. Jung-Jungenthal hatte 17 Stück, MAK 16 Stück und Luther & Jordan 17 Stück zu liefern. Die Fahrzeuge hatten nunmehr die Porsche Zeichnungsnummer »814«. Am 20. 7. 1963 begannen auf dem Panzerprüfstand der Firma MAK in Kiel die ersten Untersuchungen des Wärmehaushaltes sowie der Kühlanlage der 0-Serie-Fahrzeuge.
Die Fahrzeuge wurden im August 1963 unter italienischer Leitung mit dem in der Zwischenzeit als Prototyp vorhandenen französischen AMX 30 verglichen. Die Vorserienfahrzeuge unterschieden sich kaum von den Prototypen II, hatten jedoch in der Anordnung der Baugruppen sowie am Laufwerk zahlreiche Änderungen aufzuweisen. Auch war das Gesamtgewicht wiederum angestiegen. Es lag nunmehr bei ca. 40 t, wobei das Gewicht des Wegmann-Turmes III ca. 9,2 t betrug. Die Türme für die 50 Vorserienfahrzeuge wurden mit je

Im Sommer 1963 wurde die Krauss-Maffei AG. als Generalunternehmer für die Organisation und Durchführung der Serienfertigung des Kampfpanzers Leopard bestimmt.

50% von den Firmen Wegmann & Co, Kassel, und Rheinmetall, Düsseldorf, gefertigt. Konstruktiv waren diese Türme baugleich, sie unterschieden sich lediglich in den Fertigungseigenheiten der Hersteller. Gegenüber den Prototyp-II-Türmen ergab sich der Einbau eines optischen Entfernungsmessers anstelle des Einschieß-MG, der Einbau eines Wärmeausgleichers für die Rohrbremse, eine Leistungssteigerung der Absaugvorrichtung, eine Erhöhung der Standfestigkeit der Ziel- und Beobachtungseinrichtungen, eine Verstärkung der Befestigung der Richtanlage sowie eine Änderung der Verzahnung des Drehringlagers.

Teilweise war als Zusatzaggregat eine Saurer-Kleinturbine (Typ GT 15) mit einer Leistung von 15 PS eingebaut.

Die vom 16. 9. bis 5. 10. durchgeführten Vergleichsprüfungen fanden in Mailly de Camp statt und wurden daraufhin in Bourges, Satory und Meppen fortgesetzt. Dabei fuhr der »Standard«-Panzer trotz seines 6 t schweren Gesamtgewichtes ca. 10% schneller und beschleunigte 18% besser als sein französisches Gegenstück.

Wannen und Drehtürme wurden von Zulieferfirmen einbaufertig angeliefert.

Die Änderung der Verteidigungspolitik in Frankreich erbrachte eine Verschiebung der zur Verfügung stehenden Haushaltsmittel, wobei für Panzer bis 1965 keine Gelder zur Verfügung gestellt werden konnten. In Deutschland jedoch mußten die amerikanischen M 47 beschleunigt abgelöst werden. Darauf legte man sich in beiden Ländern auf eine nationale Panzerfertigung fest. Am 1. 10. 1963 wurde der bisherige Standard-Panzer offiziell als Kampfpanzer »Leopard« vorgestellt.

Im deutsche Bundeshaushalt waren 1964 für die Fertigung des neuen Kampfpanzers 1,5 Milliarden DM bereitgestellt worden. Am 31. 3. 1963 erfolgte die Beschaffungsanweisung vom BMVg W III 3 über 1500 Stück des Kampfpanzers »Leopard«. Daß sich bei der Entwicklung und Erprobung dieser Fahrzeuge eine Anzahl technischer Schwierigkeiten ergaben, ist selbstverständlich. Ursprünglich waren es Probleme mit der Festigkeit der Wanne, die zu hohe Verwindungen aufwies. Daneben zeigten sich am Laufwerk Überhitzungserscheinungen an den Radbandagen. Die elektrohydraulische Turmrichtanlage sowie die optischen Zielgeräte verlangten Änderungen. Vor allem aber war es die Vielstoff-Fähigkeit des Daimler-Benz-Triebwerkes, welche nicht sofort beherrscht werden konnte. Um den Serienanlauf nicht zu verzögern, mußten die ersten 600 Fahrzeuge mit einem normalen Dieselmotor ausgestattet werden.

Die konstruktive Serienreifmachung aller Teile und Baugruppen des Fahrzeuges wurde im Juli 1963 der Firma Krauss-Maffei AG in München-Allach übertragen. Zusammen mit dem Sonderbüro der Firma Porsche wurde die Organisation der Serienfertigung durch Zusammenfassung aller am Projekt beteiligten Stellen von den Dienststellen des Auftraggebers bis zu den etwa 520 Zulieferern vorbereitet. Sich laufend ergebende technische Änderungen, technischer Fortschritt, sowie neue militärische Forderungen mußten in die Serienfertigung eingeschleust werden. Die Management-Firma Krauss-Maffei hatte auch dafür zu sorgen, daß die langwierigen Vertragsverhandlungen keinen Einfluß auf den termingemäßen Ablauf der Serienvorbereitung sowie die Einschaltung von Zulieferern hatten.

Aufsetzen der Wannen auf das Montageband.

Zusammenbau des Triebwerkblocks (Motor und Getriebe).

Triebwerkblock im Fahrzeug eingebaut.

Montage der Gleisketten (Originalketten der ersten Ausführungen).

Aufziehen der Gleisketten auf das Laufwerk.

Der Drehturm mit Bewaffnung wird aufgesetzt.

Der Kampfpanzer Leopard verläßt das Montageband.

Tiefwattest mit aufgesetztem Tauchschacht.

Überprüfung der Steigfähigkeit (60%).

Teststrecke mit APG-Bahn (APG = Aberdeen Proving Ground, amerikanisches Panzerprüfgelände).

Lieferbereite Serienfahrzeuge.

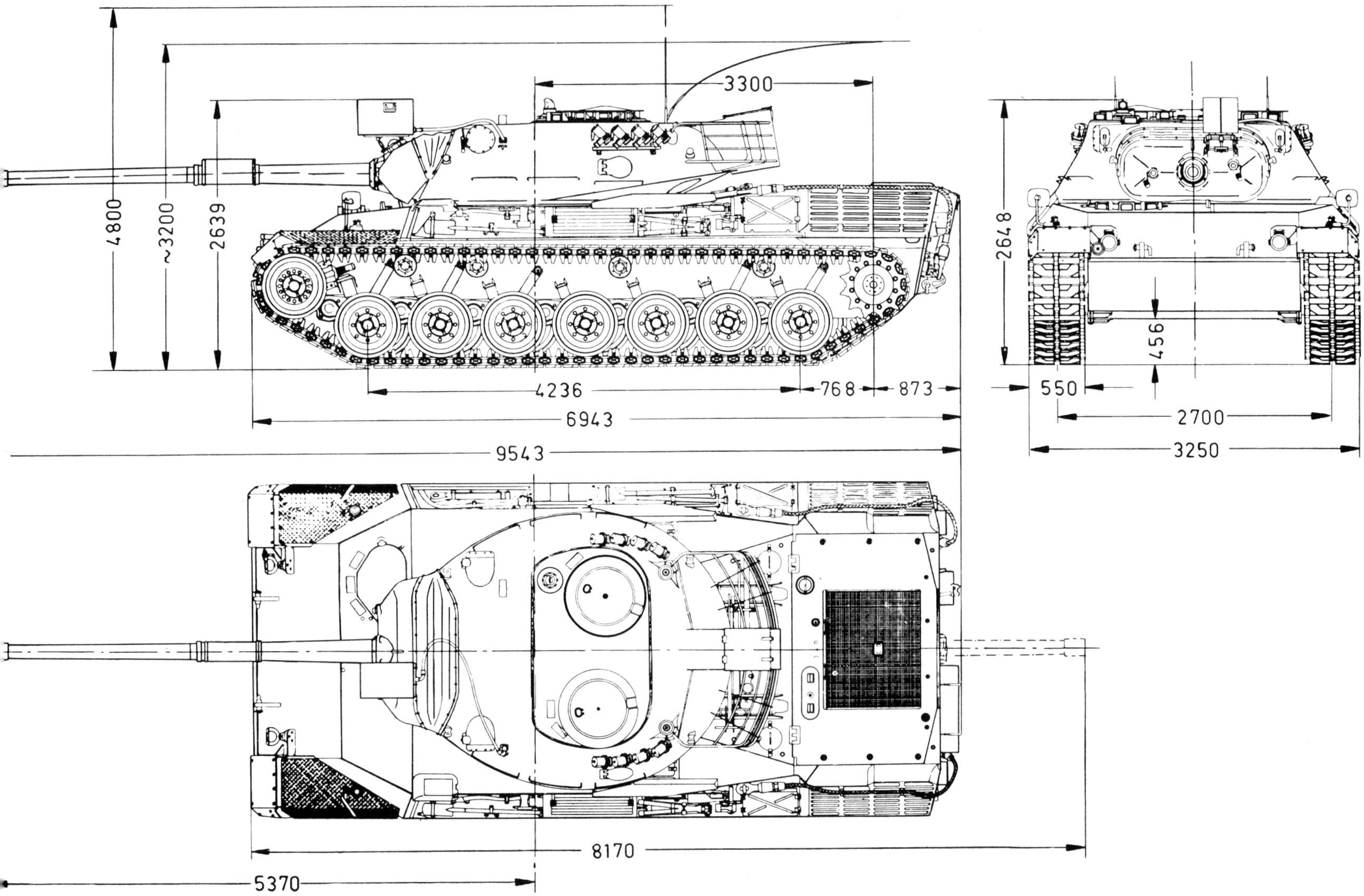

Kampfpanzer Leopard. Ursprüngliche Serienausführung.

Unter anderem wurde die Herstellerfirma auch mit der Erstellung der technischen Dienstvorschriften sowie der Kalkulation aller benötigten Ersatzteile belastet.
Die Planung und Erstellung einer Taktstraße für die Serienfertigung sowie der Bau eines firmeneigenen Prüfgeländes waren ebenfalls in der Verantwortung des Generalunternehmers. Dabei ergab sich für die Produktion eine Taktstraße mit 17 Stationen, welche durch eine Unterflurkette miteinander verbunden waren. Ein ähnliches, jedoch kürzeres Band diente der Vormontage des Triebwerkblockes. Das Gesamtaggregat wurde mit Motor, Getriebe und Kühlanlage fertig montiert und vor Einbau einer Funktionsprüfung unterzogen. Da ein Großteil der insgesamt 12000 Einzelteile des Kampfpanzers bei der Krauss-Maffei AG selbst gefertigt werden mußte, wurde die Einführung von ca. 1800 Vorrichtungen notwendig.

Die Schulung des Lehrpersonals der Bundeswehr wurde ebenfalls von Krauss-Maffei übernommen, die auch zur Betreuung der abgenommenen Fahrzeuge einen technischen Außendienst zur Verfügung stellte.
Das Prüfgelände besteht aus einem Rundkurs von 1200 m Länge und Steigungen bis zu 30° oder 60%. Ein Tauchbecken bis zu 4,5 m Tiefe sowie ein Querhang mit 17° Neigung vervollständigt die Einrichtung.
Die Fertigung des Kampfpanzers läuft in folgenden Stufen ab:

Herstellung von Einzelteilen
Herstellung von einbaufähigen Aggregaten
Vormontage der Baugruppen
Endmontage des Fahrzeuges
Ausrüstung des Fahrzeuges
Abnahme und Erprobung des Fahrzeuges
Reinigung, Lackierung und Fertigmachen zum Versand

Werkabnahme und Bauaufsicht der Bundeswehr sind in dieses Taktverfahren eingeschaltet und gewährleisten ein Höchstmaß an Qualitätskontrolle.
Rund 2700 Firmen sind an der Herstellung der Einzelteile des »Leopard« beteiligt. Die Hauptgruppen Wanne (Blohm & Voss AG, Hamburg), Triebwerk (Motoren- und Turbinen-Union Friedrichshafen GmbH), Schalt- und Lenkgetriebe sowie Seitenvorgelege (Zahnradfabrik Friedrichshafen AG) und Turm (Rheinmetall GmbH, Düseldorf, und Waggonfabrik und Fahrzeugbau Wegmann & Co, Kassel), werden neben zahlreichen anderen Baugruppen und Einzelteilen bei der Krauss-Maffei AG angeliefert.
Das erste Serienfahrzeug verließ das Montageband der Krauss-Maffei AG am 9. 9. 1965.
Die Walzstahlwanne des Porschetyps »814«, aus hochwertigen Stahlplatten zusammengeschweißt, ist in einen Kampfraum und einen Motorraum unterteilt. Eine querlaufende, hermetisch abgedichtete Trennwand erzielt diese Unterteilung. Die Beschußfestigkeit der Wanne wurde vor allem durch Schrägstellung der Platten, aber auch durch Abstützen in der Hauptschußrichtung liegenden Platten erreicht. Durchbrüche durch die Panzerung wurden weitgehend vermieden. Im Wannendach ist das Leichtmetall-Turmkugellager (Hersteller Hösch Rothe Erde Schmiedag AG, Dortmund) eingesetzt. Der Fahrersitz befindet sich rechts vorne im Kampfraum, um links davon den Einbau eines größeren

Am 9. September 1965 wurde der erste Serien-Leopard in München der Truppe übergeben.

Der erste Serien-Leopard auf der Krauss-Maffei-Teststrecke.

Munitionsbehälters zu ermöglichen. Davor ist die ABC-Schutz-und Belüftungsanlage untergebracht. Die im Wannendach vorgesehene Fahrerluke ist gegen direkten Beschuß gesichert. Der Fahrer hat drei Winkelspiegel zur Verfügung, welche ihm einen Sichtbereich von ca. 130° ermöglichen. Der mittlere Spiegel kann gegen ein Infrarot-Nachtsichtgerät (Hersteller AEG-Telefunken, Werk Hamburg) ausgetauscht werden. Die abnehmbaren, wasserdichten Fahrscheinwerfer können wahlweise für Normal- bzw. Infrarotlicht verwendet werden. Die vom Drägerwerk in Lübeck und von der Anton Piller KG in Osterrode gefertigte Belüftungs- und ABC-Schutzanlage versorgt den hermetisch abgedichteten Kampfraum mit gefilterter Luft. Zusammen mit der an der Kanone befindlichen Absaugvorrichtung werden toxische Gase entfernt und die Atemluft erneuert. Auswechselbare Filter halten Kampfstoffanhäufungen zurück.

Die motorunabhängige Heizanlage (Hersteller J. Eberspächer KG, Esslingen) ist rechts im Kampfraum untergebracht und dient in erster Linie der Kampfraumbeheizung. Dieses Vielstoffaggregat kann auch zur Vorwärmung der Kühlflüssigkeit des Hauptmotors sowie zur Erwärmung der Batterien verwendet werden. Das Frischluftgebläse der Heizung dient im Sommer zur Kampfraumbelüftung.

Motor und das kombinierte Schalt- und Lenkgetriebe sind im Motorraum untergebracht. Dort befinden sich

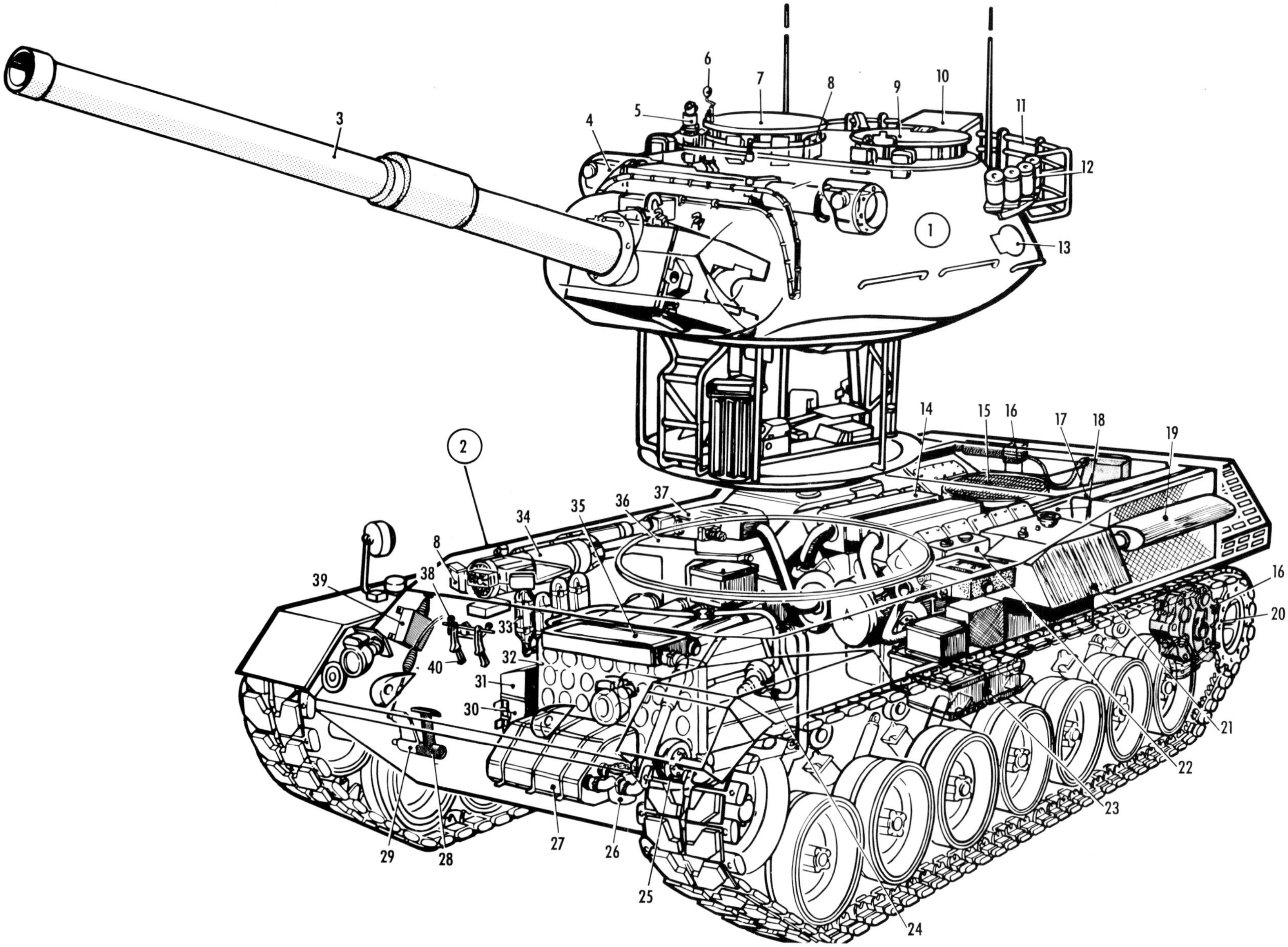

Diese Übersichtszeichnung des Fahrzeuges zeigt alle Hauptaggregate des Kampfpanzers.

1 Turm
2 Wanne
3 Bordkanone 105 mm
4 Entfernungsmesser
5 Pankratisches Rundblickzielfernrohr
6 Lafette Fla-MG
7 Kommandantenluke
8 Winkelspiegel
9 Ladeschützenluke
10 Aufbewahrungskasten für IR-Zielscheinwerfer
11 Heckablage
12 Nebelmittelwurfanlage
13 Munitionsluke
14 Motor
15 Lüfter
16 Bremsanlage
17 Kühler
18 Getriebe
19 Schalldämpfer
20 Triebrad
21 Kraftstoffvorratbehälter
22 Krafstoffentnahmebehälter
23 Batterien
24 Staubabsaugegebläse (Belüftungs- und ABC-Schutzanlage)
25 Hauptgebläse (Belüftungs- und ABC-Schutzanlage)
26 Umschalthahn (Belüftungs- und ABC-Schutzanlage)
27 Filterteil (Belüftungs- und ABC-Schutzanlage)
28 Bremspedal
29 Fahrpedal
30 Geräteschrank
31 Instrumententafel
32 Munitionshalter
33 Löschmittelflaschen
34 Kühlflüssigkeitsvorwärm- und Luftheizgerät
35 Grobstaubfilter (Belüftungs- und ABC-Schutzanlage)
36 Warmluftkanal
37 Verbrennungsluftfilter
38 Lenkgriff
39 Reihengangschalter
40 Handbremse

Die Wanne des Fahrzeuges wird von der Firma Blohm & Voß AG auf Drehständen aus hochwertigen Stahlblechen zusammengeschweißt.

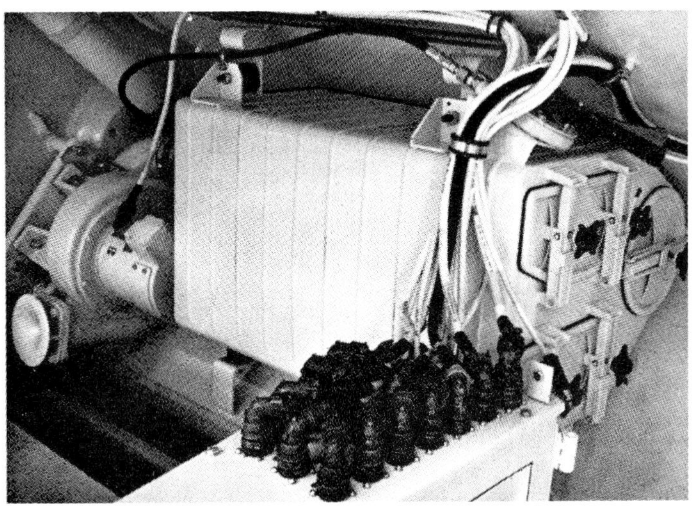

Vorne im Fahrzeugbug ist die Belüftungs- und ABC-Schutzanlage untergebracht.

Die von der Firma A. Teves beigestellten innenbelüfteten Scheibenbremsen entsprechen den Mindestforderungen der StVZO.

noch die Kühlanlage, die Luftfilter, die Auspuffanlage, Bremsanlage und Kraftstoffbehälter. Der Motor ist mit dem Schalt- und Lenkgetriebe sowie der Kühlanlage zu einem Triebwerksblock zusammengefaßt. Das Auswechseln dieses Triebwerkblockes kann von ausgebildeten Soldaten einschließlich Vor- und Nacharbeiten innerhalb von 30 Minuten durchgeführt werden. Dazu ist die elektrische Anlage mit mehrpoligen Steckern, die Kraftstoff- und Bremsanlage mit Steckkupplungen versehen. Die Gestängeverbindungen werden mit gesicherten Steckbolzen an die zugehörigen Gegenstücke in der Wanne angeschlossen. Schnell lösbare Zahnkupplungen trennen die Verbindung zwischen Getriebe und Seitenvorgelegen. Die Bremsen des Fahrzeuges (Hersteller A. Teves GmbH, Frankfurt) genügen den Mindestforderungen der StVZO und sind als Teil-Scheibenbremsen ausgelegt. Sie sind zwischen dem Getriebe und den Seitenvorgelegen untergebracht. Die Hydraulik der Fußbremse wirkt auf Kolben, die in zwei Sätteln je Bremsscheibe untergebracht sind. Die Bremssattelgehäuse enthalten je vier Bremsbeläge. Wartungsöffnungen im Wannenboden ermöglichen ein rasches Auswechseln der sich selbst nachstellenden Bremsbeläge. Eine Drehflügelpumpe erzeugt den Bremsdruck. Die Handbremse, welche gleichzeitig als Feststellbremse dient, ist als Zangenbremse ausgelegt. Zwei Handbremshebel betätigen unabhängig voneinander mechanisch die Bremszüge.

Im Motorraum ist beiderseits je ein Auspufftopf (Hersteller F. Boysen GmbH, Altensteig) untergebracht. Die Abgase vermischen sich vor dem Austritt ins Freie mit der Motorenfrischluft. Dadurch wird durch starke Abkühlung der Abgase die Wärmeortung erschwert. Bei Unterwasserfahrten werden die Auspuffleitungen durch Rückschlagklappen verschlossen. Bei stehendem Motor während Unterwasserfahrt wird dadurch der Eintritt von Wasser vermieden. Ein Wiederanlassen des Motors unter Wasser ist möglich.

Beim Laufwerk wurde auf die bewährte Drehstabfederung zurückgegriffen. Im Zusammenhang mit dem Sieben-Rollen-Laufwerk ermöglicht sie eine ausreichende Federung des Fahrzeuges, ohne auf aufwendige und störungsanfällige hydraulische Stabilisierungen angewiesen zu sein. Den gestellten Forderungen hinsichtlich Beweglichkeit und Dauerfestigkeit konnte nach dem derzeitigen Stand der Technik optimal entsprochen werden. Die querliegenden Drehstäbe erfordern eine Staffelung der Leichtmetall-Laufrollen (Hersteller Otto Fuchs, Meinzerhagen, und VAW, Leichtmetall-Werke, Bonn). Diese bestehen aus je zwei Laufrollenhälften, auf die je eine Vollgummibandage aufvulkanisiert ist. Sie sind mittels Schwingarm mit den Drehstäben verbunden. Die Verankerung der Drehstäbe erfolgt im gegenüberliegenden Teil der Wanne. Die drei vorderen sowie die zwei hinteren Laufrollen sind je Fahrzeugseite mit je einem hydraulischen Stoßdämpfer (Hersteller H. Hemscheid, Wuppertal) versehen. Maximalausschläge der Schwingarme sind durch Kegelstumpffedern begrenzt. Die Leiträder, austauschbar mit den Laufrollen, sind am Fahrzeugbug befestigt. Eine Verstellspindel betätigt den Leitradarm. Vier Stützrollen pro Seite unterstützen das obere Kettentrumm. Sie sind versetzt angeordnet, indem zwei die innere und zwei die äußere Seite der Gleiskette tragen.

Die mittelgeführten Gleisketten sind gummigelagerte

Diese Schemazeichnung zeigt den Gesamtaufbau des Sieben-Rollen-Laufwerkes. Das Antriebsrad liegt hinten.

1 Kettenspannvorrichtung, 2 Stützrolle, 3 Kegelstumpffeder, 4 Stoßdämpfer, 5 Triebrad, 6 Laufrollenschwingarm, 7 Laufrolle, 8 Kette, 9 Leitrad

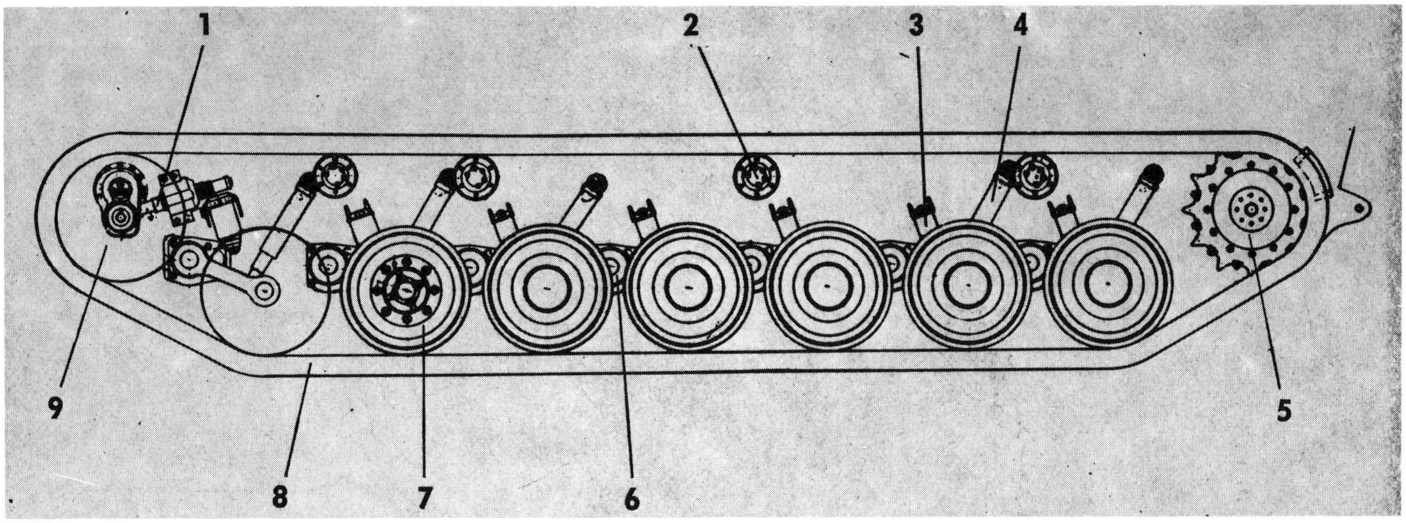

und mit Gummipolstern versehene Verbundketten. Die einzelnen Glieder werden durch Kettenverbinder und Mittelführungsstege zusammengehalten. Die hauptsächlich von der Firma Diehl KG in Remscheid gelieferte Kette verbindet in idealer Weise Geländegängigkeit mit geringer Straßenabnützung. Die hinten liegenden Antriebsräder sind an den Seitenvorgelegen angeflanscht. Die Triebkränze sind auswechselbar.

Die Lenkung des Fahrzeuges erfolgt mittels eines Lenkrades über Gestänge im Kampfraum zum Lenksteuerventil am Getriebe. Eine Trennkupplung zwischen Motor und Getriebe kann auch vom Kommandanten bedient werden. Dadurch bleibt bei Ausfall der Bordelektrik das Getriebe mit zweitem Gang mit Wand-

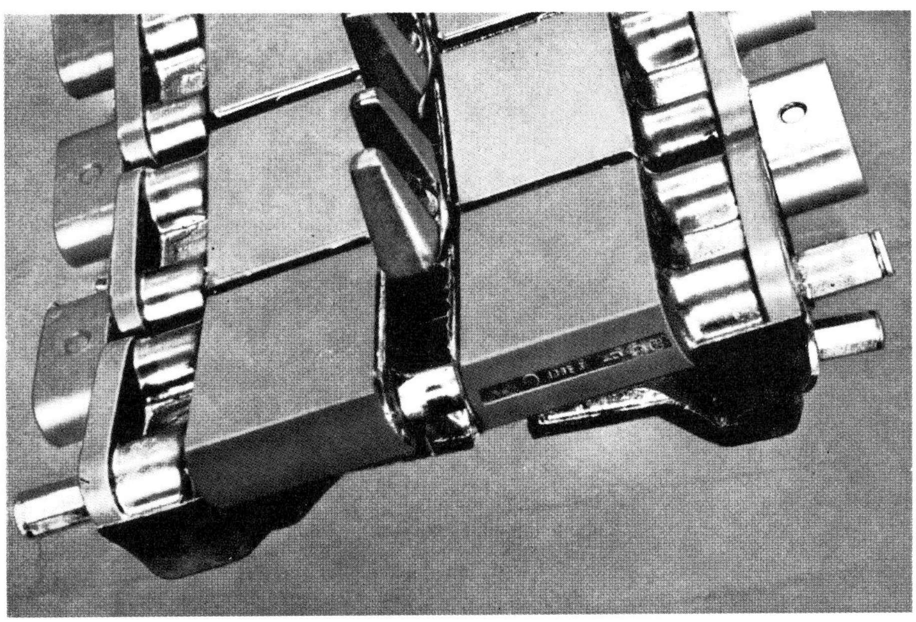

Unser Bild zeigt Einzelheiten der mittelverzahnten Gleiskette des Fahrzeuges.

ler mechanisch geschaltet. Der Panzer kann dadurch im Notfall bewegt werden.
Die Tauchhydraulik ermöglicht das Schließen und Öffnen der Luft- und Abgasklappen. Der dafür erforderliche Öldruck wird durch eine sich im Kampfraum befindende Handpumpe erzeugt. Im Kampf- und im Motorraum ist je eine, elektrisch betriebene, Lenzpumpe vorhanden, welche eventuell eingedrungenes Sickerwasser ins Freie befördert.
Eine automatische Feuerlöschanlage (Hersteller Deugra GmbH, Ratingen), bestehend aus vier Löschmittelflaschen, ist in der Lage, Feuerlöschflüssigkeit durch im Motorraum verlegte Sprührohre und Löschdüsen zu verteilen. Im Motorraum verlegte Warnelemente, welche auf überhöhte Temperaturen ansprechen, ermöglichen die automatische Auslösung der Feuerlöschflüssigkeit.
Der Bau von Prototypen gepanzerter Fahrzeuge läßt sich nach vorliegenden Erfahrungen innerhalb von zwei bis drei Jahren durchführen.
Voraussetzung dafür ist das Vorhandensein fertiger Baugruppen wie Motor und Getriebe, damit diese Prototypen auch tatsächlich als Erprobungsträger fahren und schießen können. Die Entwicklung eines Motors mußte daher mindestens drei Jahre vor Beginn der Prototypenentwicklung anlaufen, um diesen Motoren die notwendige Standfestigkeit zu geben.
Dies bewies sich schnell während der »Leopard«-Entwicklung, als die Fahrzeuge der Firmengruppe B auf Grund ihres neu zu entwickelnden Triebwerkes zurückgestellt werden mußten.
Im Gegensatz dazu hatte die Daimler-Benz-AG bereits 1952 auf Anregung des kriegstechnischen Amtes der Schweiz die Entwicklung einer Baureihe von Hochleistungsmotoren begonnen, welche für einen neu zu entwickelnden 30-t-Kampfpanzer verwendet werden

Der bei der Motoren- und Turbinen-Union in Großserie gefertigte 10-Zylinder-Mehrbereichsmotor vom Typ »MB 838« hat eine Nennleistung von 830 PS.

Die Ansicht des Motors von vorne rechts oben und hinten links oben.

1 Kraftstoff-Förderpumpen
2 Kurbelgehäuse-Entlüftung
3 Glühkerzen
4 Motorenöl-Behälter
5 Kraftstoff-Hauptfilter
6 Lader

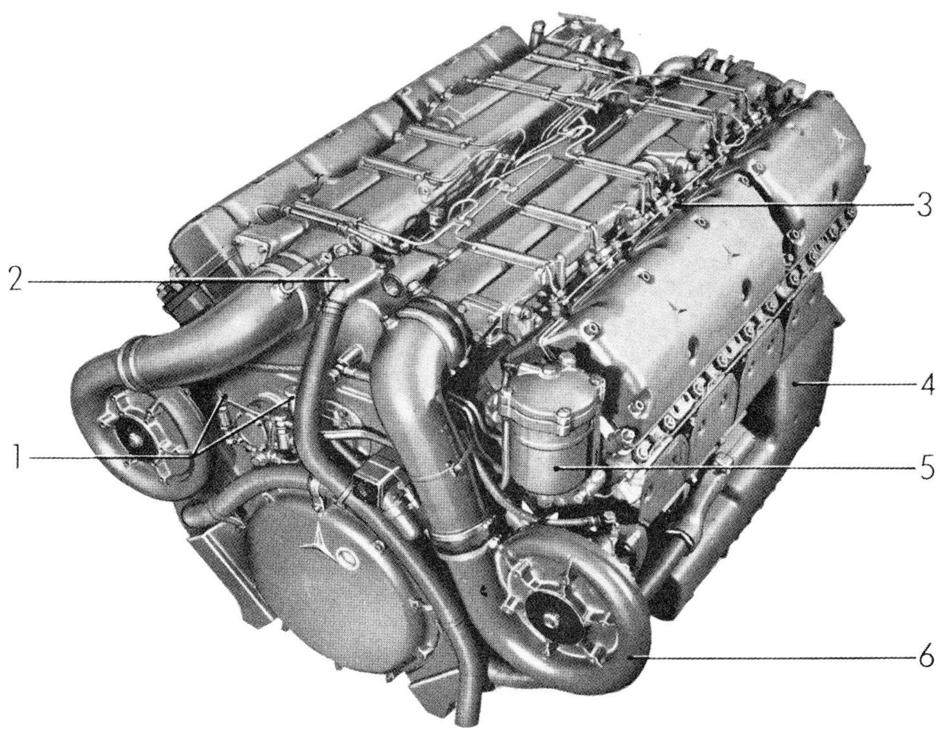

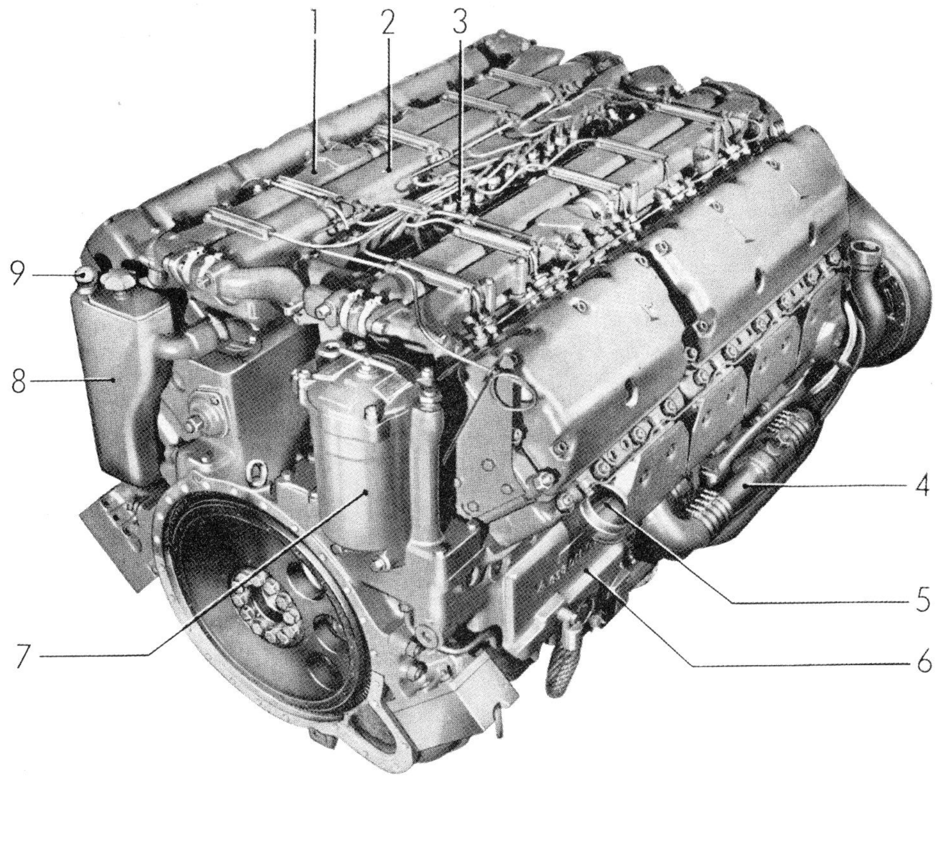

1 Kühlwasser-Sammelleitung
2 Ladeluft-Sammelrohr
3 Einspritzpumpe
4 Injektor
5 Auspuff-Sammelrohr
6 Motorenöl-Wärmetauscher
7 Motorenölfilter
8 Öleinfüllstutzen
9 Ölmeßstab

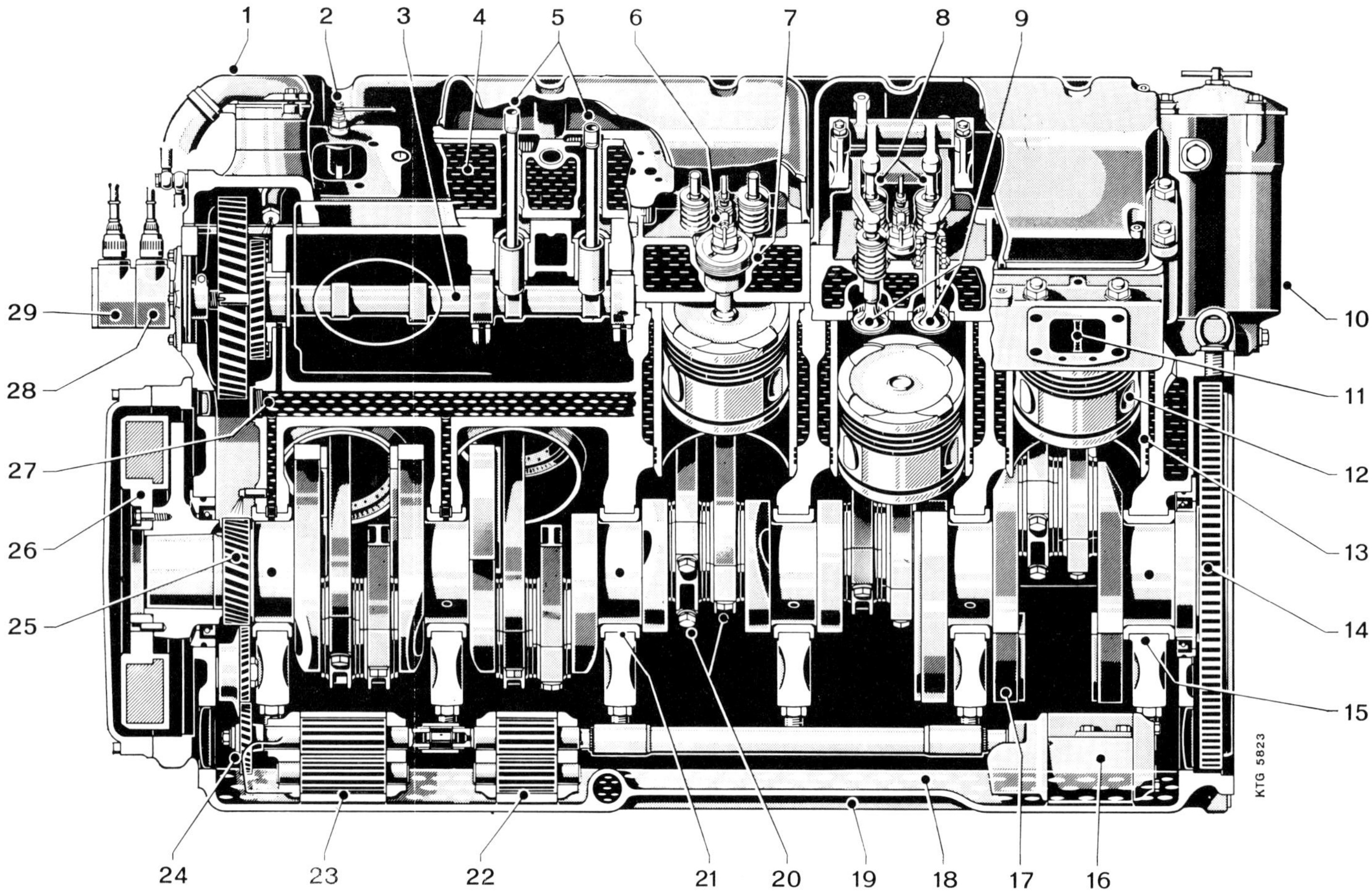

Der Längs- und Querschnitt des Motors MTU »MB 838«.

1 Kurbelgehäuse-Entlüftung
2 Glühkerze
3 Nockenwelle
4 Kühlwasserraum im Zylinderkopf
5 Stoßstangen
6 Düsenhalter mit Einspritzdüse
7 Vorkammer mit Brenner
8 Einlaßventile
9 Auslaßventile
10 Motorenölfilter
11 Auslaßkanal
12 Kolben
13 Zylinderlaufbüchse
14 Schwungrad mit Anlasserzahnkranz
15 Kurbelwellenlager (Paßlager)
16 Saugölpumpe hinten
17 Gegengewicht an der Kurbelwelle
18 Motorenöl
19 Ölwanne
20 Pleuel
21 Kurbelwellenlager
22 Druckölpumpe
23 Saugölpumpe vorn
24 Antriebszahnrad für die Ölpumpen
25 Antriebszahnrad für das Rädergetriebe
26 Schwingungsdämpfer
27 Hauptölkanal
28 Geber für elektrische Drehzahlmesser und Warnkontakt für Drehzahlüberschreitung
29 Geber für Anlaß-Sperrschütz

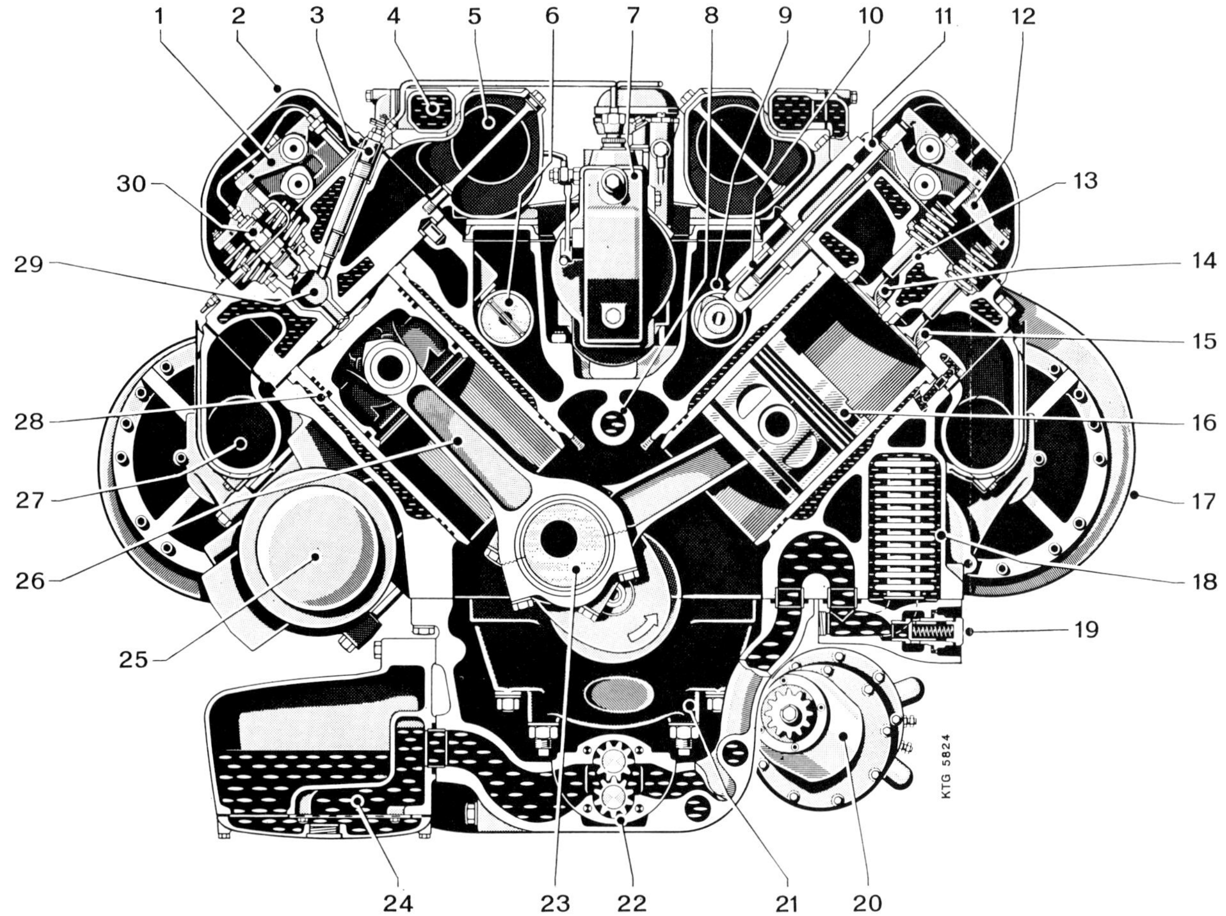

1 Kipphebel für Einlaßventile
2 Zylinderkopfhaube
3 Glühkerze
4 Kühlwasser-Sammelleitung
5 Ansaugluft-Druckrohr
6 Nockenwelle links, Lagerung
7 Einspritzpumpe mit Regler
8 Hauptölkanal
9 Nockenwelle rechts
10 Stößel
11 Stoßstange
12 Kipphebel für Auslaßventile
13 Ventilführung
14 Einlaßventil
15 Auslaßventil
16 Kolben
17 Ladergehäuse rechts
18 Motorenöl-Wärmetauscher
19 Umgehungsventil am Wärmetauscher
20 Anlasser
21 Kurbelwellen-Lagerdeckel
22 Querschnitt durch die Druckölpumpe
23 Kurbelzapfen
24 Motorenölbehälter
25 Lichtmaschine
26 Pleuel
27 Auspuff-Sammelrohr
28 Zylinderlaufbüchse
29 Vorkammer mit Brenner
30 Düsenhalter mit Düse

sollten. Unter anderem verlangte man damals folgende Eigenschaften für diese Motoren:

hohe Raumleistung
geringes Gewicht
Verwendungsmöglichkeit mehrerer Kraftstoffe
Betriebsbereitschaft unter extremen klimatischen Bedingungen – von den Tropen bis zur Arktis
hohe Zuverlässigkeit und lange Lebensdauer

Im Februar 1955 lief zum ersten Male der 8-Zylinder »MB 837« auf dem Prüfstand. Bis 1957 hatten die ersten Motoren bereits ca. 45oo Laufstunden hinter sich, davon war ein Motor des Typs »MB 837 Aa« bereits über 1100 Stunden gelaufen. Im Jahre 1957 wurde, im Auftrage des BWB, die konstruktive Entwicklung der 10-Zylinder-Variante »MB 838« begonnen. Die ersten Serienmotoren liefen anfangs 1960. Bis 1970 waren 2900 Motoren des Typs »MB 838 Ca« ausgeliefert.

Da bekanntlich die Motorbeanspruchung und insbesonders die Beanspruchung der Triebwerksteile beim Beschleunigunsvorgang im Fahrzeug anders geartet war als bei reinen Testläufen auf Prüfständen, wurde von seiten der Daimler-Benz AG ein Erprobungsträger gesucht, dessen Getriebe- und Antriebsaggregate eine Leistung von 600 PS zuließen. Dafür stand letztlich ein Kampfpanzer amerikanischer Herkunft vom Typ »M 47/Patton« zur Verfügung. Damit wurden die ersten Versuche gefahren. Gegenüber den ursprünglich bei diesen Fahrzeugen eingebauten Vergasermotoren versprach man sich von einem Dieselmotor gleicher Leistung folgende erwähnenswerten Vorteile:

Nur der Dieselmotor läßt eine Verwendung als Vielstoffmotor ohne wesentlichen Umbau zu.

Höhere Brandsicherheit.

Vor allem im Teillastgebiet ganz erheblich besserer spezifischer Verbrauch bei gleicher Motorleistung und gleicher Tankgröße, dadurch gesteigerter Fahrbereich.

Nimmt man für den Dieselmotor bei Fahrt im leichten Gelände einen mittleren spezifischen Verbrauch von 190 g/PS/h und für den Ottomotor einen solchen von 285 g/PS/h an, so folgt daraus, daß pro kg Kraftstoff der Fahrbereich sich um 50% erhöht. Dabei ist noch zu erwähnen, daß bei gleichem Tankvolumen das mitgeführte Gewicht an Dieselkraftstoff um ca. 10% höher liegt als das Gewicht des Ottokraftstoffes. Daraus ergibt sich eine Reichweitenvergrößerung von ca. 55%.

Mit entsprechenden Einspritzpumpen (z.B. zunehmende Fördermenge je Arbeitshub bei sinkender Drehzahl) ist bei gleichvolumigen Motoren die Büffelcharakteristik leichter zu erreichen als beim Vergasermotor.

Der Drehmomentanstieg bei abfallender Motordrehzahl gibt bei auftretenden Fahrwiderständen, besonders bei größeren Steigungen und beim Anfahren, ein besseres Fahr- und Beschleunigungsverhalten.

Bezüglich Überlastbarkeit eignet sich der Dieselmotor besonders für einen Betrieb, bei dem die Maximalleistung über längere Zeit verlangt wird. Er ist auch bezüglich der Wärmeverhältnisse im Einbauraum weitgehend unempfindlich.

Bei den Motoren der Daimler-Benz-Baureihe »MB 833/837/838« handelte es sich um stehende, wassergekühlte Viertakt-Dieselmotoren mit 6, 8, bzw. 10 Zylindern. Das für den Kampfpanzer »Leopard« ausgewählte Triebwerk war der kompakt gebaute Typ »MB 838 Ca-M 500«, der bei 37,4 l Gesamthubraum eine größte Nutzleistung von 830 PS aufwies. Das Triebwerk konnte auf Mehrstoffbetrieb umgestellt werden, was sich jedoch erst später während der Produktion verwirklichen ließ.

Die Aufladung der in V-Form um 90° gegeneinander geneigten Zylinder erfolgt durch mechanisch angetriebene Ladegebläse, die jeweils auf eine Zylinderreihe wirken.

Das geteilte Zylinderkurbelgehäuse sowie die Einzelzylinderköpfe sind aus vergütetem Leichtmetall hergestellt. Das Zylinderkurbelgehäuse ist vorn als Räderkasten ausgebildet, von dem aus die beiden Nockenwellen, die Einspritzpumpe und alle Aggregate über schrägverzahnte Stirnräder angetrieben werden. Die nassen Zylinderlaufbuchsen werden von der Kühlflüssigkeit umspült.

Am Boden des Kurbelgehäuseunterteils sind die beiden Saugpumpen und die Druckpumpe für das Motoröl befestigt. Der Ölbehälter befindet sich außen an der linken Seite des Kurbelgehäuseunterteils.

Die aus Stahl geschmiedete Kurbelwelle ist sechsfach gelagert, wobei das hintere Lager als Paß- und Führungslager ausgebildet ist. Der Massenausgleich erfolgt durch Gegengewichte. Die Drehschwingungen werden von einem Flüssigkeitsdämpfer aufgenommen. Die schräggeteilten Pleuelstangen zweier gegenüberliegender Zylinder sind paarweise nebeneinander auf einem Pleuelzapfen der Kurbelwelle gelagert und können nach oben durch die Zylinderlaufbuchsen ausgebaut werden. Die Leichmetallkolben sind mit je 3 Kompressions- und 2 Ölabstreifringen versehen.

Die Einzelzylinderköpfe schließen die zentrale Vorkammer ab, wo neben der Einspritzdüse und der Glühkerze noch 2 Einlaß- und 2 Auslaßventile untergebracht sind, die über Kipphebel und Stößelstangen von der Nokkenwelle betätigt werden.

Im V-Raum zwischen den Zylinderreihen ist die Einspritzpumpe (Typ Bosch PE 10) mit angebautem Regler angebracht. In ihrem Antriebszahnrad im Räderkasten ist der Spritzversteller eingebaut.

Zum Vorverdichten der Verbrennungsluft sind rechts und links vom Räderkasten Ladegebläse vorhanden. Es sind einstufige Radialgebläse, deren elastischer Antrieb über Kugel-Fliehkraftkupplungen vom Generator- bzw. Kühlflüssigkeitspumpenantrieb über je ein Übersetzungsgetriebe erfolgt.

Der Motor hat eine Trockensumpf-Druckumlaufschmierung. Das Öl wird durch eine Druckpumpe aus dem Ölbehälter gesaugt und dann über den Motorölwärmetauscher und das Motorölfilter in den Hauptölkanal gedrückt, von wo es an alle Schmierstellen des Motors und der angebauten Aggregate gelangt. Das abtropfende Öl wird in der Ölwanne im Ölsumpf gesammelt, durch die Saugpumpen vorn und hinten aufgesaugt und in den Ölbehälter gedrückt. Dadurch wird auch bei starker Schräglage ein sicherer Ölkreislauf gewährleistet.

Das Motorölfilter ist ein Kombinations- bzw. Stufenfilter. Größere Verunreinigungen werden von einem Spaltfilter zurückgehalten. Die weitere Reinigung erfolgt durch ein Feinfilter (Papierpatrone), das ringförmig um das Spaltfilter angeordnet ist.

Die Teile der Kraftstoffanlage am Motor sind mit schnell lösbaren Steckkupplungen an die Zu- und Rücklaufleitung des Entnahmebehälters angeschlossen.

Von der Förderpumpe wird Kraftstoff aus dem Entnahmebehälter angesaugt und durch das Hauptfilter zum Saugraum der Einspritzpumpe gedrückt. Über die Pumpenelemente gelangt dann die benötigte Kraftstoffmenge über Druckleitungen und Einspritzdüsen in die Zylinder des Motors.

Der zuviel geförderte Kraftstoff fließt vom Saugraum der Einspritzpumpe über eine Rücklaufleitung wieder in den Entnahmebehälter zurück. Durch einen in die Rücklaufleitung eingebauten Injektor, in dem die Leckkraftstoffleitung von den Einspritzdüsen mündet, wird ein Unterdruck in der Leckkraftstoffleitung erzeugt, der verhindert, daß bei Undichtigkeit Kraftstoff an den Anschlußstellen der Düsen auslaufen kann. Durch die Injektordüse wird gleichfalls der Kraftstoffrücklauf in der Rücklaufleitung stark gedrosselt, so daß im Saugraum der Einspritzpumpe ein relativ hoher Kraftstoffdruck entsteht. Dieser hohe Druck wirkt der Dampfblasenbildung in der Einspritzpumpe entgegen.

Angesaugte oder sich bildende Luft- oder Dampfblasen werden schon vorher aus dem Kraftstoff-Filter selbsttätig durch eine Bohrung im Filterdeckel über eine Entlüftungsleitung ausgeschieden. Nicht ausgeschiedene Luftblasen gelangen aus dem Saugraum in den Rücklauf. Daher kann auf Entlüftungsschrauben an Kraftstoff-Filter und der Einspritzpumpe verzichtet werden. Zum Entlüften und Füllen der Kraftstoffanlage genügt die Betätigung der elektrischen Förderpumpe, mit der alle Luft- und Dampfblasen aus dem Filter- und Saugraum herausgedrückt werden. Der Kraftstoff wird durch ein Zweistufenfilter gefiltert. Es besteht aus einem Filzrohreinsatz für gröbere Verunreinigungen und dem Feinfilter (Papierfilter).

Die Schmierung der Einspritzpumpe und des Reglers erfolgt über den Motorölkreislauf, wodurch Ölstandkontrollen an der Einspritzpumpe und dem Regler entfallen. Das über ein Aufstoßventil zugeführte Motoröl fließt durch einen Überlauf wieder in den Motor zurück.

Die Kühlung des Motors erfolgt durch einen geschlossenen Kühlflüssigkeitskreislauf, der mit einem Überdruckventil abgesichert ist. Damit beim Abkühlen der Anlage kein unzulässiger Unterdruck entstehen kann, ist zusätzlich ein Unterdruckventil vorhanden.

Die Kühlflüssigkeit wird durch eine Kühlflüssigkeitspumpe über den Motoröl-Wärmetauscher in die Kühlräume der Zylinder gedrückt, steigt zu den Zylinderköpfen auf und gelangt in einer für jede Zylinderreihe angeordnete Abfluß-Sammelleitung. Über einen Kurzschlußthermostaten gelangt schließlich die Kühlflüssigkeit in die beiden parallel geschalteten Kühler. Am

Das gesamte Triebwerk mit Motor, Getriebe und Kühlergruppe vor dem Einbau in das Fahrzeug.

Kurzschlußthermostaten ermöglicht eine Kurzschlußleitung die Umgehung der Kühler, solange die Kühlflüssigkeit die Betriebstemperatur von 80° noch nicht erreicht hat.
Durch den Getriebeöl-Wärmetauscher und den Gleichrichter für den Drehstrom-Generator gelangt die Kühlflüssigkeit über den Injektor, der eine erwünschte Druckerhöhung der Kühlflüssigkeit vor der Kühlflüssigkeitspumpe ermöglicht, wieder zur Kühlflüssigkeitspumpe.
Der Ausgleichsbehälter ist am hinteren Ende der rechten Motorseite befestigt und mit dem Kühlystem durch Entlüftungs- und Auffülleitungen verbunden. Er ermöglicht die Ausdehnung der Kühlflüssigkeit bei der Erwärmung und speichert einen Kühlflüssigkeitsvorrat. Zwei eingebaute Tauchrohrschalter überwachen den Flüssigkeitsstand.

Innerhalb des Luftführungskastens befindet sich der Regellüfter, der über eine hydrodynamische Regelkupplung durch einen Kegelantrieb vom Getriebe angetrieben wird. Ein Lüfterthermostat (Wachsthermostat), zwischen Kühlflüssigkeitsthermostat und Kühler eingebaut, regelt den Einsatz und die Drehzahl des Lüfters in Abhängigkeit von der Kühlflüssigkeitstemperatur.
Die Motor- und Getriebeöl-Wärmetauscher wärmen nach dem Anlassen das kalte Öl durch die sich schneller erwärmende Kühlflüssigkeit an; im Betrieb und bei starker Belastung wird das Öl von der Kühlflüssigkeit gekühlt. Bei niedrigen Außentemperaturen (unter −18° C) kann die Kühlflüssigkeit des Vorwärmekreislaufes im Wärmetauscher des Heizgerätes vorgewärmt werden. Eine Rückschlagklappe, welche zwischen Kühler und Kühlflüssigkeitspumpe eingebaut ist, ver-

hindert den Ablauf der angewärmten Kühlflüssigkeit in den Kühler. Die Klappe öffnet nur in Richtung über den Kühlerkreislauf des Motors. Bei extremer Kälte kann zur Erleichterung des Anlaßvorganges der Motor durch eine mechanische Trennkupplung vom Getriebe getrennt werden.
Die elektrische Anlage arbeitet mit 24 Volt Gleichstrom und ist entstört. Das Laden der Batterien (acht 12-Volt-Batterien, die in vier Gruppen parallel geschaltet sind) erfolgt durch einen Drehstrom-Generator mit gekühltem Gleichrichter und einer Leistung von 9 kW.
Zum Ein- und Abschalten der gesamten elektrischen Anlage – mit Ausnahme der Feuerlöschanlage, die immer unter Spannung steht – ist ein Batteriehauptschalter vorgesehen.
Alle zum Motor gehenden Leitungen sind durch Mehrfach-Steckverbindungen leicht zu trennen. Abstellmagnet, Warnleuchten und die Anzeigeinstrumente (außer Drehzahlmesser, der nicht mit Batteriestrom arbeitet) sind abgesichert. Zur Erreichung einer hohen Betriebssicherheit sind in der Vorglühanlage die Glühkerzen parallel geschaltet. Daher bleibt auch beim Ausfall einer oder mehrerer Glühkerzen die übrige Vorglühanlage funktionsfähig. Je ein Glühüberwacher ist für die Glühkerzen einer Zylinderreihe vorhanden. Zum Schutz des Anlassers (Typ Bosch AL/FTF-15 PS), der in Fahrtrichtung hinten rechts am Motor angebracht ist, ist ein Anlaß-Wiederholrelais und ein Sperrschütz eingebaut. Das Anlaß-Wiederholrelais wiederholt den Einspurvorgang des Anlasserritzels in den Zahnkranz des Motors so lange, bis ein Ineinandergreifen der Zähne erfolgt. Ein Einschalten des Anlassers in den drehenden Motor wird durch den Sperrschütz verhindert.
Das Getriebe »4 HP-250« der Zahnradfabrik Friedrichshafen ist ein kombiniertes Schalt- und Lenkgetriebe, das für eine Antriebsleistung von 830 PS bei 2200 U/min (bzw. 270 mkp) ausgelegt ist. Es ist ein Planetengetriebe mit 4 elektro-hydraulisch geschalteten Vorwärts- und 2 Rückwärtsgängen. Ein hydrodynamischer Drehmomentwandler mit Überbrückungskupplung ist vorgeschaltet. Die Lenkung wird durch ein zweistufiges Überlagerungslenkgetriebe, das die Summierungsgetriebe am Abtrieb mit verschiedenen Drehzahlen und Drehrichtungen antreibt, erreicht.
Vom Radius »unendlich« bis zum festgelegten großen festen Radius erfolgt eine stufenlose Drehzahlregelung, während im kleinen Radius ein festes Drehzahlverhältnis besteht.

Das kombinierte Schalt- und Lenkgetriebe »4 HP-250« der Firma Zahnradfabrik Friedrichshafen AG.

Das Getriebe besteht aus folgenden Baugruppen:
a) Wandlervorgelege
b) Drehmomentwandler mit Überbrückungskupplung
c) Wendegetriebe zur Drehrichtungsumkehr
d) 4-Gang-Schaltgetriebe
e) 2-Radien-Überlagerungs-Lenkgetriebe
f) Summierungsgetriebe am Abtrieb
g) Seitenvorgelege

Das Wandlervorgelege treibt das Pumpenrad des Drehmomentwandlers an. Gleichfalls werden von diesem Wandlervorgelege die Antriebe der Ölpumpen, der Lenkung, des Lüfters, des Nebenantriebes und des Bremspumpenantriebes abgenommen.
Der Wandler stellt ein stufenloses Getriebe dar. Das Drehmoment steigert sich selbsttätig beim Absinken der Fahrgeschwindigkeit. Steht der Abtrieb, so wird vom Wandler das höchste Drehmoment abgegeben. Das Motordrehmoment wird bei dem verwendeten Wandler bis auf das 2,8fache gesteigert.
Dem Drehmomentwandler ist ein Wendegetriebe nachgeschaltet, bestehend aus einem Doppelplanetensatz,

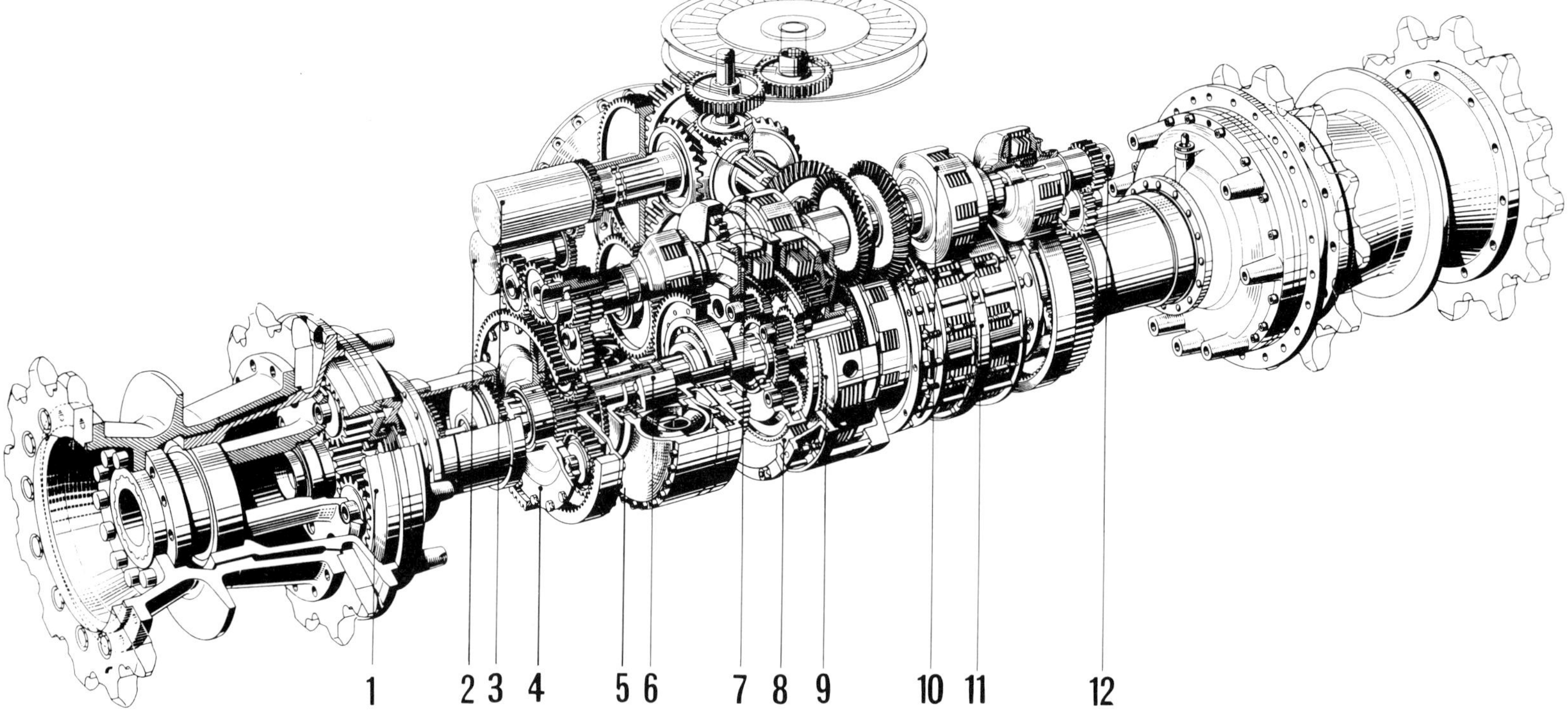

Der Aufbau des Schalt- und Lenkgetriebes mit angeflanschten Seitenvorgelegen.

1 Seitenvorgelege, 2 Wandlerpumpe, 3 Druckpumpen, 4 Summierungsgetriebe, 5 Drehmomentwandler, 6 Wandlerfreilauf, 7 Kupplung großer Radius, 8 Wendegetriebebremse – R, 9 Wendegetriebekupplung – V, 10 Kupplung – kleiner Radius, 11 4-Gang-Planeten-Schallgetriebe, 12 Lenkwelle

einer umlaufenden Lamellenkupplung für gleiche Drehrichtung und einer feststehenden Lamellenbremse zur Drehrichtungsumkehr.

Bei dem Schaltgetriebe in Planetenbauweise sind die Hohlräder der Planetensätze im 1., 2. und 3. Gang wechselweise durch öldruckbetätigte Lamellenbremsen am Getriebekörper festgehalten. Für den 4. Gang ist eine Lamellenkupplung vorhanden, die durch Öldruck betätigt wird. Die einzelnen lastschaltbaren Kupplungen vom Wende- bzw. Schaltgetriebe werden über elektromagnetische Steuerschieber mit Öl betätigt.

Das 2-Radien-Überlagerungs-Lenkgetriebe mit 4 hydraulisch betätigten Lamellenkupplungen liegt parallel zur Achse des Drehmomentwandlers und Schaltgetriebes. Es setzt sich aus zwei Stabilisierungskupplungen zusammen sowie zwei Kupplungen für die Drehzahländerungen im Summierungsgetriebe. Der Freilauf ermöglicht, ohne Zugkraftunterbrechung vom großen auf den kleinen Radius überzugehen. Die Steuerung der Lenkgetriebekupplungen erfolgt über einen Axialschieber, der vom Lenkrad aus durch ein Lenkgestänge betätigt wird. In den beiden Summierungsgetrieben am Abtrieb wird die Lenkleistung der Vortriebsleistung überlagert. Die Seitenvorgelege sind als Planetentrieb ausgebildet und fest mit der Fahrzeugwanne verbunden. Die Anflanschung der Seitenvorgelege erfolgt mittels Schiebemuffen.

Bei einer Vorgelegeuntersetzung von 3,8 ergibt sich für den 39,6 t schweren »Leopard« eine Höchstgeschwindigkeit von 64 km/h.
Die Hauptbewaffnung des »Leopard« ist in einem Gußstahl-Drehturm untergebracht, welcher eine Panzerdicke bis zu 60 mm aufweist. Obwohl konventionell in seinem Aufbau, verbindet dieser Turm in Formgebung und Raumausnutzung zeitgemäßen Fortschritt. Der passive Schutz des Fahrzeuges wurde durch diesen Entwurf weitgehend erhöht, vor allem in Hinblick auf die Trefferanfälligkeit des Drehturmes, welcher nach russischen Ermittlungen während des Zweiten Weltkrieges bis zu 45% aller Treffer aufnahm. Der Unterbringung der Turmbesatzung, nämlich des Kommandanten, des Richt- und des Ladeschützen, wurde besondere Bedeutung zugemessen. Durch Anwendung der letzten Erfahrungen in der Anthropotechnik wird der Besatzung die Möglichkeit gegeben, auch längere Kampfeinsätze, selbst im völlig geschlossenen Panzer, zu überstehen. Ein Vergleich der Turmgewichte und der Standhöhe innerhalb des Turmes einzelner bekannter Kampfpanzer zeigt die Überlegenheit des Wegmann-Turmes.

	Leopard	M 48	M 60	Chieftain
Turmgewicht (t)	9	12	14	15
Standhöhe (mm)	1770	1740	1770	1735

Die Halbeiform des Turmes, wegen seiner geschoßabweisenden Form besonders vorteilhaft, wird lediglich durch die Ausbauten für den Entfernungsmesser unterbrochen. Die Anzahl der An- bzw. Aufbauten wurde möglichst gering gehalten, so wurde sogar auf eine Kommandantenkuppel verzichtet. Auch die Turmblende wurde trotz ihres etwas ungeschickten Aussehens vorteilhaft entwickelt, denn die tatsächliche Blendenöffnung konnte sehr schmal gehalten werden. Die seitlich um die Schildlagerzapfen herumgezogene Panzerung erhöht den Schutz des Turmes. Zwei Dachluken, eine beim Kommandanten, die andere beim Ladeschützen, dienen dem Ein- und Ausstieg der Turmbesatzung. Die Deckel selbst sind federunterstützt und leicht bedienbar. In der linken Turmseitenwand ist eine von innen zu betätigende Munitionsluke vorgesehen. Der Turm ist gas- und wasserdicht, da der Überdruck im Kampfraum ein Eindringen ausschließt. Der Schwerpunkt des Drehturmes liegt dicht an der Schwenkachse, um die Beweglichkeit auch bei höherer Geschwindigkeit und allen Schräglagen sicherzustellen. Die von der Firma Rheinmetall umgebaute Hauptbewaffnung konnte auf einen Gewichtsausgleicher verzichten. Dadurch wurde der Schwerpunkt der höhenrichtbaren Teile praktisch zur Schildzapfenachse verlegt. Eine Stabilisierung der Waffenanlage wurde so weitgehend vorbereitet.
Die Hauptbewaffnung des »Leopard« ist die vom »Centurion« und M 60 her bekannte englische Hochleistungskanone mit einem Kaliber von 105 mm bei einer Kaliberlänge von L/51. Die Kanone hat einen Horizontal-Flachkeilverschluß, welcher eine hohe Feuerge-

Die aus Großbritannien bezogene Hauptbewaffnung des Fahrzeuges mit Einzelheiten der sich im Drehturm befindlichen Aggregate.

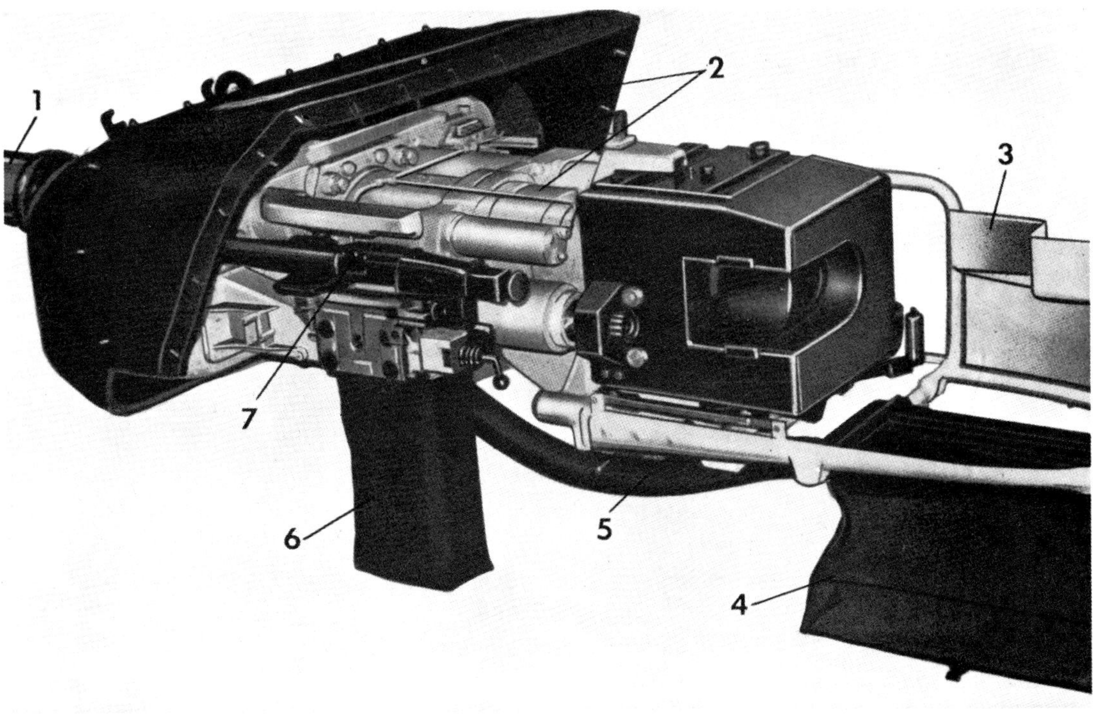

1 Bordkanone
2 Wiege mit Blende
3 Abweiser
4 Hülsensack (Kanone)
5 Rauchabzugsanlage
6 Hülsensack (MG)
7 Blenden-MG mit elektrischer Abfeuerung

schwindigkeit ermöglicht. Bei einem Horizontal-Schwenkbereich von 360° ergeben sich Höhenrichtbereiche von –9° bis +20°.
Mehrere panzerbrechende Munitionsarten sind vorhanden, von denen eine auch als Explosionsgeschoß verwendet werden kann. Damit können alle anfallenden Ziele unter allen Kampfentfernungen wirkungsvoll bekämpft werden.
Die gegenüber anderen Fahrzeugen mit gleicher Bewaffnung längere Führung des Rohres ermöglicht bei mittleren Kampfentfernungen eine schnelle Zielerfassung und Feueröffnung auch ohne Hilfe des E-Messers. Eine hohe Treffsicherheit ist gewährleistet. Die noch bei den Fahrzeugen »Panther« und »Tiger« vorhandene Trennung der Rohrbremse in einen Brems- und einen Vorholerzylinder entfällt nunmehr. Die Bremskraft wird auf zwei Bremszylinder verteilt. Die Vorholerkraft wird von einem getrennten Zylinder aufgenommen. Der Vorholer selbst wird pneumatisch betätigt. Um dem verhältnismäßig hohen Rohrverschleiß moderner Hochleistungskanonen Rechnung zu tragen, wurde der schnellen Austauschbarkeit des Rohres besondere Aufmerksamkeit gewidmet. Der durchschnittliche Zeitbedarf für diese Arbeit liegt bei ca. 15 Minuten.
Links neben der Hauptbewaffnung ist ein koaxial gelagertes 7,62-mm-MG 1 eingebaut. Weiterhin ist ein Fla-MG gleicher Art vorhanden, welches wahlweise vom Kommandanten oder vom Ladeschützen bedient werden kann. Dafür sind beide Turmluken mit Ringschienen und Unterlafetten versehen. Das Fla-MG ist um 360° schwenkbar und hat einen Höhenrichtbereich von –15° bis +75°.
Die Richtanlage, eine elektrohydraulische Anlage der Firma Feinmechanische Werke Mainz GmbH, erlaubt eine hohe Schwenkgeschwindigkeit, eine Übersteuerungsmöglichkeit des Richtschützen durch den Kommandanten zur schnelleren Zielerfassung und beinhaltet verschiedene Sicherungsvorrichtungen zum Schutz der Anlage.
Im Jahre 1967 waren die Vorbereitungen abgeschlossen, die Waffenanlage des »Leopard« mit einer Cadillac-Gage-Stabilisierung zu versehen, mit der auch alle bereits vorher gelieferten Fahrzeuge ausgerüstet werden. Dazu kam noch eine elektronische Datenverarbeitungsanlage sowie eine verbesserte Optik. MIt diesen Verbesserungen ist es dem Fahrzeug möglich, auch während des Fahrens Ziele zu erfassen und zu bekämpfen. Der ursprünglich um DM 928 000 liegende Stückpreis erhöhte sich dadurch auf fast DM 1,1 Millionen.
Um dem Kommandanten größtmögliche Bewegunsfreiheit in bezug auf Führungs- und Feuerleitaufgaben zu gewähren, ermöglichte man ihm eine lückenlose Rundumsicht mittels acht Winkelspiegeln. Der Richtschütze hat einen und der Ladeschütze zwei weitere dieser Spiegel zur Verfügung. Ferner steht dem Kommandanten ein pankratisches Rundblickfernrohr (Hersteller Steinheil-Lear Siegler AG, Ismaning) zur Verfügung, welches er als Entfernungsermittlungsgerät und als Zieleinrichtung verwenden kann. Es ist unabhängig von der Drehrichtung des Turmes. Dadurch wird die Zielerfassung vereinfacht, indem der Kommandant durch Übersteuerung den Richtschützen an ein neues Ziel heranführen kann. Der bereits erwähnte Entfernungsmesser hat eine Basislänge von 1720 mm bei 16facher Vergrößerung.
Als zweite Zieleinrichtung steht dem Richtschützen, neben dem E-Messer, ein monokulares Fernrohr mit 8facher Vergrößerung, das sogenannte Turmzielfernrohr, (Hersteller Carl Zeiss, Oberkochen) zur Verfügung. Eine Feuerblende, die beim Abschuß der Bewaffnung für 0,25 s die betreffende Optik verschließt, verhindert eine Blendung der Besatzung. Ein indirektes Richtverfahren ist möglich.
Am Turmheck befindet sich neben der Ablagemöglichkeit ein Aufnahmebehälter für den Infrarot-Zielscheinwerfer, der auch im Weißlichtbereich arbeitet. Zusammen mit dem Infrarot-Zielfernrohr, welches anstelle des Kommandanten-Rundblickfernrohres in dessen Halterung gesetzt werden kann, ermöglicht er Zielerfassung und Kampf bei Nacht.
Die als Sonderausrüstung für alle gepanzerten Fahrzeuge der Bundeswehr benützte Nebelwurfanlage ist beim »Leopard» in je zwei Gruppen von je vier Wurfbechern an beiden Seiten des Turmes angebracht. Sie ist fächerförmig gestaltet und kann entweder in Gruppen oder nacheinander elektrisch gezündet werden.
Die Turmdurchbrüche für Optik und Bewaffnung sind in Marschfahrt durch Gummistopfen verschlossen. Durch Drehung des Turmes werden sie herausgerissen, um den Panzer gefechtsklar zu machen. Vor dem Drehturm

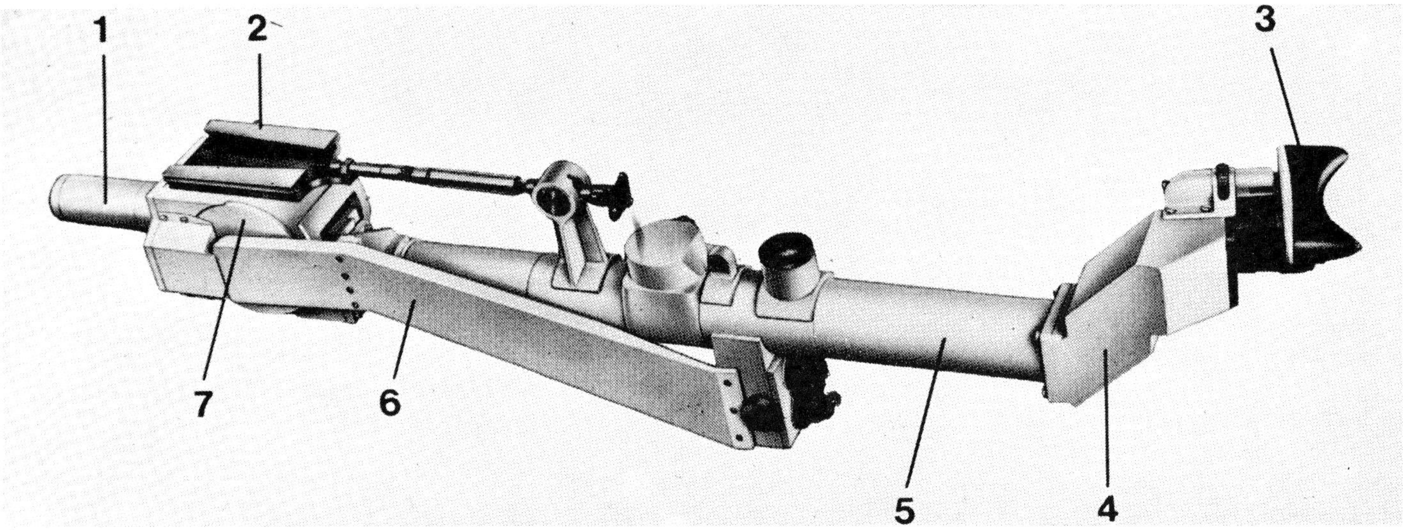

Das von der Firma Carl Zeiss gelieferte monokulare Fernrohr mit 8facher Vergrößerung, auch Turmzielfernrohr TZF 1 A genannt.

1 Objektivstutzen
2 Befestigungsschwalbe
3 Stirnstütze
4 Okulararm
5 Rohr
6 Schutz für Gelenkwellen
7 Gelenk

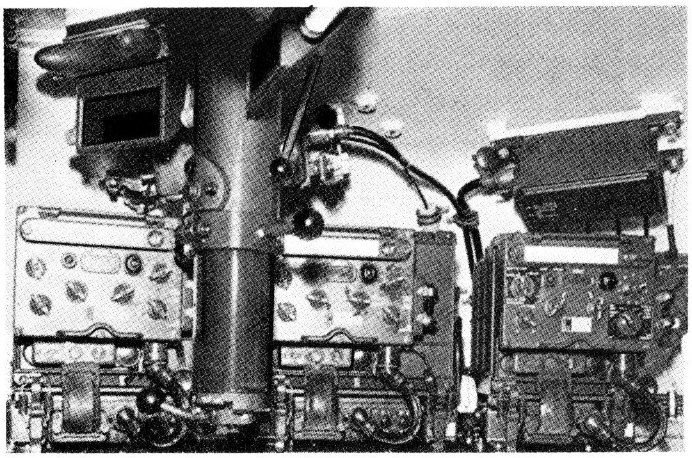

Das ebenfalls im Drehturm untergebrachte Fernmeldegerät SEM 25 der Firma Standard-Elektrik-Lorenz.

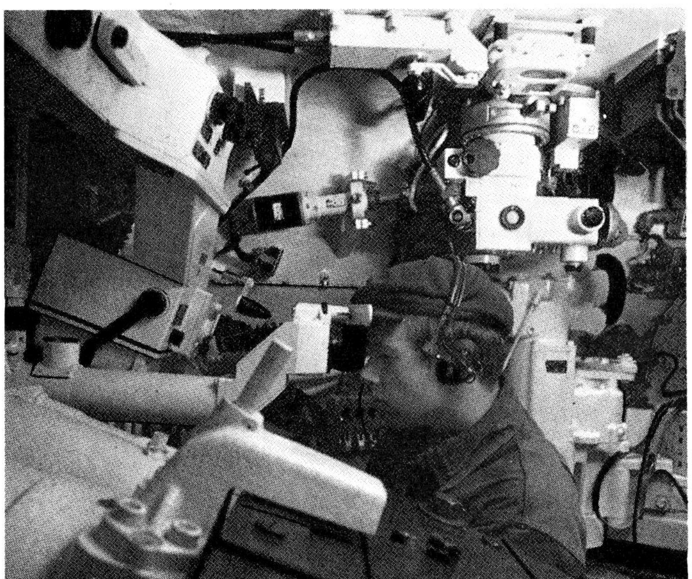

Unser Bild zeigt das Innere des Kampfraumes mit dem Richtschützen.

Hier sind Motoren und Drehtürme für den Ein- bzw. Aufbau bereitgestellt.

ist ein Geschoßabweiser aufgeschweißt.
An Munition werden 63 Schuß Munition für die Hauptbewaffnung mitgeführt. 5500 Schuß MG-Munition stehen zur Verfügung.
Zwei Kraftstoffbehälter (Hersteller Luther-Werke, Braunschweig) fassen zusammen 1010 l Treibstoff. An Fernmeldegeräten, die sich schon im Zweiten Weltkrieg als das »Ohr« der Truppe bewiesen hatten, standen zu Beginn der »Standard«-Panzer-Entwicklung fast ausschließlich solche amerikanischen Ursprungs zur Verfügung. Einer der größten Nachteile dieser Geräte war ihr geringer Frequenz-Überdeckungsbereich. Die durch die Firma Standard Elektrik Lorenz neuentwickelte zweite Gerätegeneration (Typenbezeichnung SEM 25) war als mobiles Funkgerät für die vordere Kampfzone ausgelegt. Beim Kampfpanzer »Leopard« besteht diese Fernmeldeanlage aus zwei Sendeempfängern, die auf je einer Antenne arbeiten. Mittels Kehlkopfmikrofon, Kopfhörern und Umschaltkasten kann der Funkverkehr im Wechselsprechverfahren abgewickelt werden. Ein Bordsprechkreis ermöglicht die Eigenverständigung der Besatzung. Ferner ist ein Ortsbesprechgerät vorhanden, mit dem von außerhalb des Fahrzeuges die Besatzung anzusprechen ist.
Die am 13. 10. 1961 geforderte Tauchfähigkeit bis zu 8 m erforderte die Entwicklung von Zusatzvorrichtungen, da das Normalfahrzeug ja nur bis zur Turmoberkante tiefwatfähig war. Die für den Tauchmarsch erforderliche Zusatzausrüstung besteht aus einem dreiteiligen, aufsetzbaren runden Schacht, der neben der Luftzufuhr auch dem Kommandanten als Beobachtungsplatz dient. Um ihm die Tauchtiefe zu vermitteln, ist der Schacht an der Außenseite mit weißen Markierungen versehen, welche die Tauchtiefe bis zu 5 m über der Turmoberkante angeben. Am Schacht ist ebenfalls eine Antenne angebracht, um die Funkverbindung mit dem

Die Fertigung selbst erfolgt im Taktverfahren.

getauchten Fahrzeug aufrechtzuerhalten.
Mit dieser Anlage versehene Fahrzeuge der 0-Serie durchquerten am 13. 6. 1964 in Porz bei Köln den Rhein. Am 12. 7. 1964 wurde diese Vorführung vor der Presse wiederholt und der Rhein bei Köln-Westhoven in Tauchfahrt durchschritten. Die Fahrzeuge waren unmittelbar nach dem Auftauchen gefechtsklar.
Diese Ausrüstung ermöglicht es dem »Leopard«, alle mitteleuropäischen Gewässer und Flüsse zu durchqueren, ohne auf andere Übersetzungsmöglichkeiten angewiesen zu sein.
Um den Einsatz der Panzerfamilie »Leopard« auch in Gebieten mit extrem hoher Umgebungstemperatur sicherzustellen, wurde ein Tropen-Rüstsatz entwickelt. Damit können bei Bedarf auch sämtliche bereits ausgelieferten »Leopard«-Fahrzeuge nachgerüstet werden. Der Rüstsatz ermöglicht eine Kühlleistungssteigerung und sichert die Einsatzbereitschaft von »Leopard«-Fahrzeugen auch bei Umgebungstemperaturen von über 50°. Da bei etwa gleichem Gewicht die wenigen Umbauteile ohne zusätzlichen Montageaufwand ausgetauscht werden können, ergeben sich keine logistischen Versorgungsprobleme.
Auf der anderen Seite der Klimaskala ergaben sich vom 3. 11. 1965 bis zum 23. 2. 1966 eingehende Wintererprobungen von zwei »Leopard«-Fahrzeugen bei den Außenstellen der Erprobungsstellen 41 und 91 in Kanada.
Vom Juli 1964 bis Oktober 1965 fand ein eingehender Truppenversuch mit 35 Standard-Panzern der 0-Serie bei der Kampftruppenschule II in Munster statt. Er wurde durch das Panzer-Lehr-Battailon 93 durchgeführt.
Bis 1968 hatte die deutsche Bundeswehr vier Fertigungslose mit einer Gesamtzahl von 1845 mittleren Kampfpanzern »Leopard« in Auftrag gegeben und ein 5. Fertigungslos über 111 Einheiten in Aussicht gestellt. Der Fahrgestellnummer-Bereich lief beim ersten Los von 5001 – 5999, beim zweiten von 6001 – 6999 und beim dritten von 7001 – 7999. Ab dem dritten Los wurden seitlich an der Wanne in Höhe des Fahrersitzes, je eine geschweißte Tragöse zum Heben des Fahrzeuges angebracht. Der Fahrgestellnummer-Bereich für das vierte Los war dreimal ausgewiesen, und zwar von 8001 – 8999, von 12 001 – 12 999 und von 13 001 – 13999.

Kampfpanzer Leopard der ersten Baulose. Bilder zeigen Vorder- und Rückansicht des Fahrzeuges.

Fahrzeug von vorne oben. Ursprünglich wurde die Nachtsicht durch Schwarz/Weiß- bzw. Infrarot-Scheinwerfer sichergestellt.

Fahrzeug von vorne unten. Gut sichtbar die Notausstieg-luke hinter dem Fahrersitz.

Rückansicht des Leopard 1.

Schießscheinwerfer auf der Walzenblende. Darunter Fahrzeug beim Nachtschießen.

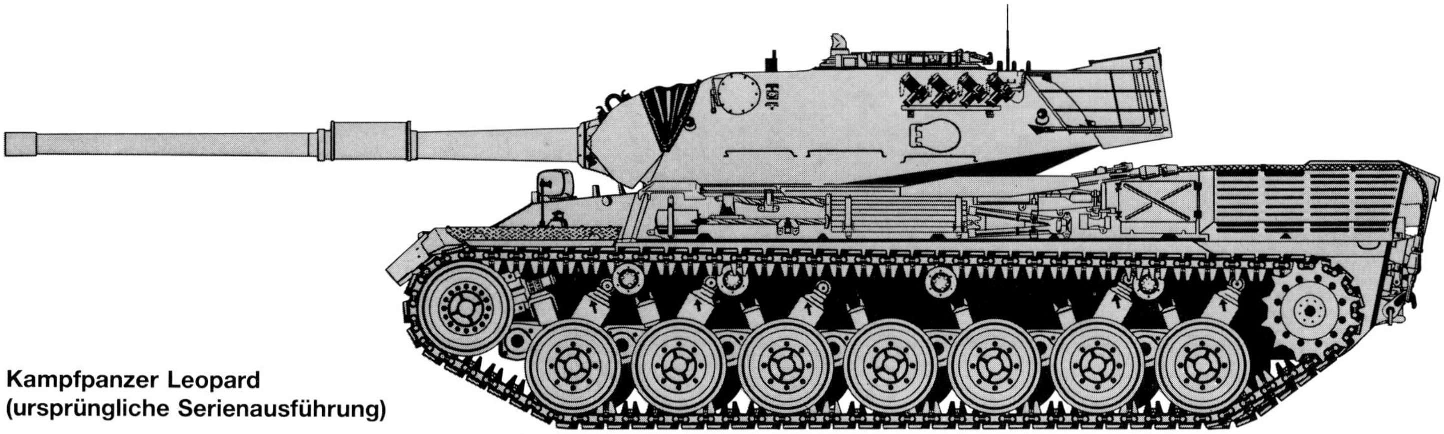

Kampfpanzer Leopard
(ursprüngliche Serienausführung)

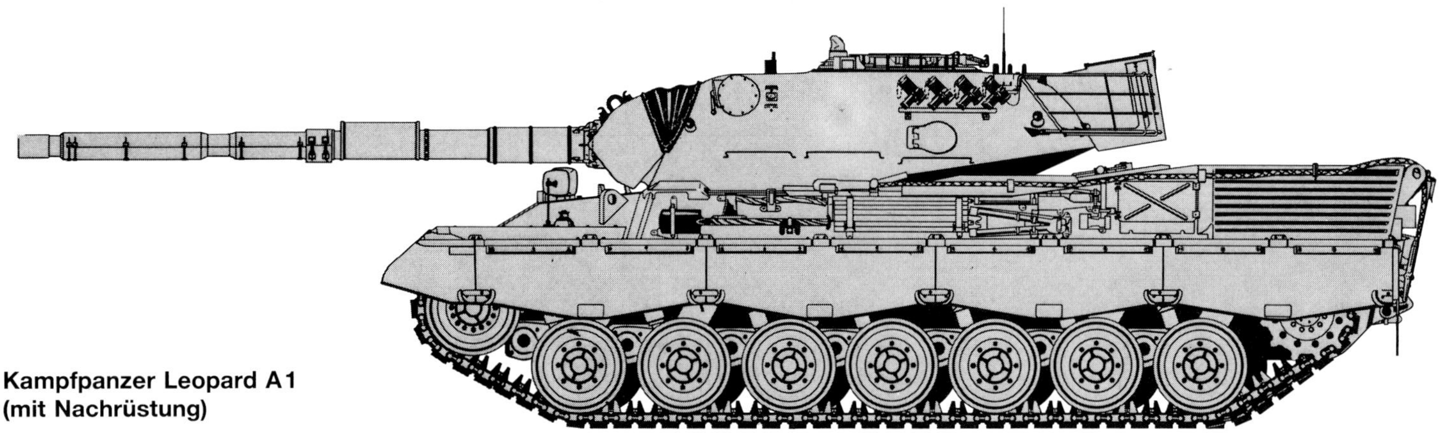

Kampfpanzer Leopard A1
(mit Nachrüstung)

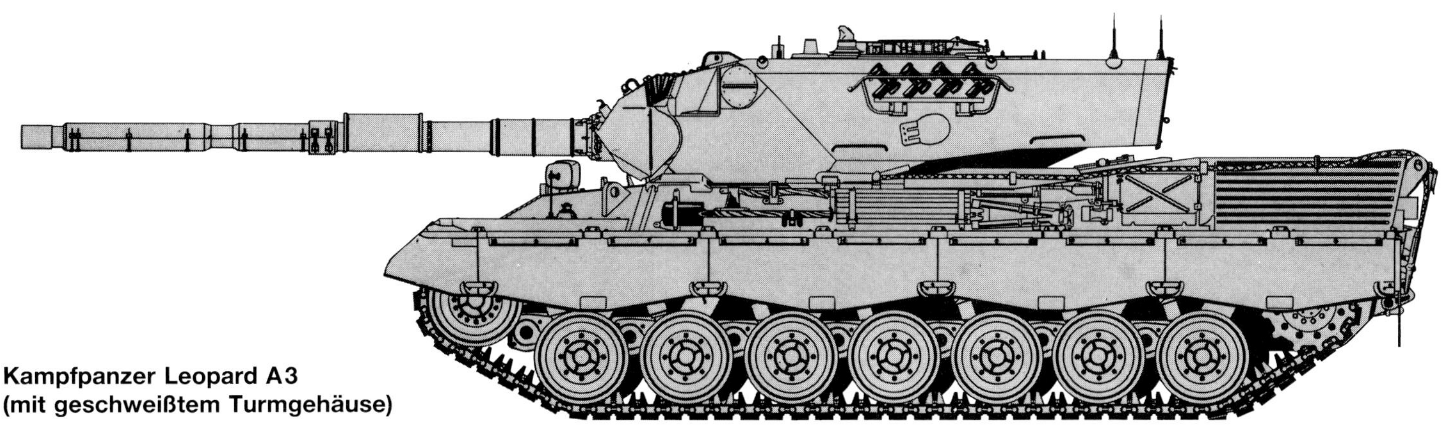

Kampfpanzer Leopard A3
(mit geschweißtem Turmgehäuse)

Nachrüstung

Das Zusammenspiel von Entwicklung, Konstruktion, Ausbildung und Materialerhaltung hat innerhalb von Jahren ein Waffensystem entstehen lassen, welches, vorwiegend auf europäische Verhältnisse zugeschnitten, auch noch gegen Ende dieses Jahrhunderts voll wirksam sein wird mit den vorgesehen Nachrüstungen.
An der Kampfwertsteigerung des Kampfpanzers »Leopard« wurde mit Nachdruck gearbeitet. Noch während der Fertigung des 4. Loses kam es ab 1972 zur ersten Abwandlung des Grundmodelles, welches nunmehr als »KPz Leopard 1 A 1« ausgewiesen wurde. Diese Nachrüstungen ließen sich ohne großen Aufwand auch bei Fahrzeugen früherer Fertigungslose durchführen, die nach Umrüstung auch als Ausführung »A 1« bezeichnet wurden.
Zur Einführung gelangten unter anderen:

- die Waffenstabilisierungsanlage 1 (WSA 1), die eine erheblich schnellere Feuereröffnung sowie das Gerichtetlassen von Rohr und Zielfernrohr während der Fahrt auf das Ziel ermöglicht (Hersteller Feinmechanische Werke Mainz).
- die Rohrschutzhülle 1 (RSH 1), die weitgehend eine Temperaturbeeinflussung des Rohres durch Sonnenbestrahlung sowie durch Schnee und Regen ausschließt. Damit konnte die Trefferwahrscheinlichkeit beim ersten Schuß erheblich verbessert werden.
- aufklappbare Panzerschürzen an beiden Seiten des Fahrzeuges, die gegen leichte Hohlladungen aus Panzerabwehr-Handwaffen weitgehend schützen und den Staubeinfall in die Luftfilter verringern.

Ferner wurde eine neue Gleiskette (D 640 A) mit auswechselbaren Laufpolstern und einschiebbaren Schneegreifern zur Einführung bestimmt. Eine Turmlukensicherung, welche die Besatzung vor dem gefährlichen Unterdruck bei unbeabsichtigtem Schließen der Kommandantenluke und eingeschalteter Tauchhydraulik schützt, wurde vorgesehen und das Zubehör »Tiefwat- und Unterwasserfahrausrüstung« eingeführt.
Ab 1975 wurden die Fahrzeuge der ersten vier Baulose mit einer Turmzusatzpanzerung versehen, die den ballistischen Schutz auf den Stand A 2 brachte. Die so nachgerüsteten Fahrzeuge erhielten die Bezeichnung Kampfpanzer »Leopard 1 A 1 A 1«.

Bereits beim vierten Baulos wurden die Auspuffgrätings aus Strangpreßprofilen neu gestaltet.

Das fünfte Baulos (Ausführung A2) erhielt einen aufgedickten Gußturm und alle Nachrüstungen, die in die Serie einflossen. Neue Gleisketten, seitliche Schürzen sind wesentlicher Bestandteil der Nachrüstung.

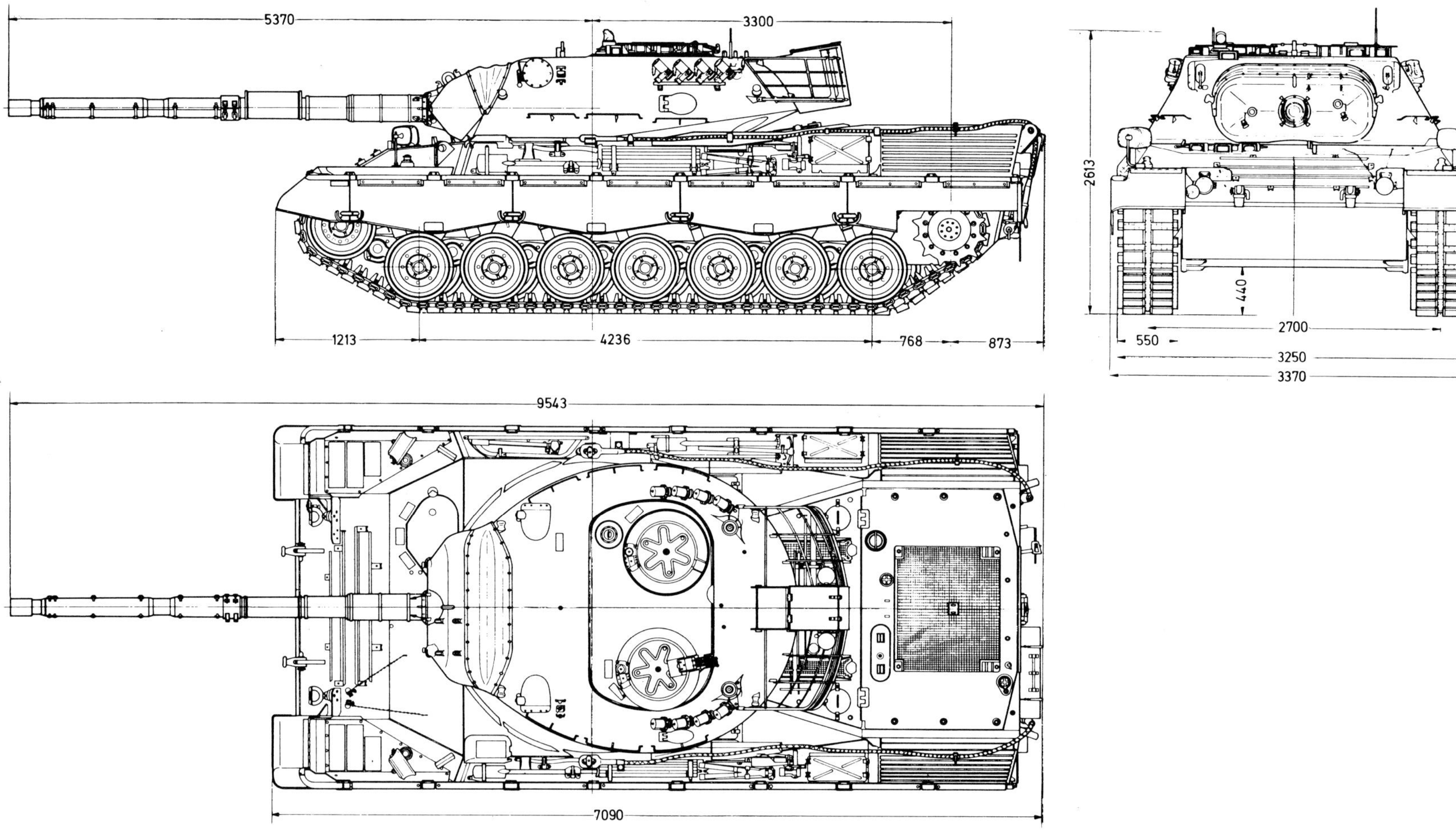

Kampfpanzer Leopard A2.

Auch die Rohrschutzhülle wurde nachgerüstet. Die Bilder zeigen ein nachgerüstetes Fahrzeug.

Weitere Leopard 1-Produktion

Die ursprüngliche Auftragsstückzahl für das 5. Fertigungslos wurde erhöht und damit 1973 die Ablösung der sich beim II. Korps befindlichen »M 48 A 2«-Bestände eingeleitet. Der Fahrgestellnummern-Bereich für das 5. Los läuft von 14 001 – 14 232. Davon wurden die ersten 232 Stück, gebaut von April 1972 bis Mai 1973, gegenüber der Ausführung »KPz Leopard 1 A 1« wie folgt weiter verbessert und erhielten die Bezeichnung »KPz Leopard 1 A 2«: Der Drehturm in Stahlgußausführung erhielt einen verstärkten Panzerschutz. Eine leistungsfähigere Verbrennungsluftfilteranlage wurde eingeführt. Die ABC-Schutzanlage erhielt wirkungsvollere Filter. Für Fahrer und Kommandant gab es nunmehr zur passiven Nachtsicht ein Bildverstärker-Fahrgerät. Bei einem Gesamtkostenaufwand von 280 Millionen DM für das 5. Los wurden von Mai bis November 1973 die restlichen 110 Fahrzeuge als »KPz Leopard 1 A 3« mit einem völlig neuen, geschweißten und langgestreckten Turmgehäuse in Schottbauweise mit keilförmig geschweißter Blende ausgestattet. Das Innenvolumen war gegenüber dem Gußturm um fast 1,5m³ vergrößert. Die im Turmheck mit in die Turmkontur einbezogenen Heckkästen dienen zur Unterbringung von Zielscheinwerfer und Zubehör. Der Ladeschütze hat einen dreh- und kippbaren Winkelspiegel zur Verfügung (Fahrgestell-Nr. 14 233 –14 342). Somit betrug der Gesamtstand an Kampfpanzern »Leopard» beim Feldheer 2120 Einheiten. Weitere 90 Stück befanden sich bei den Schulen und Erprobungsstellen. Eine Umlaufreserve von 227 Kampfpanzern »Leopard« war vorhanden.

Vom August 1974 bis März 1976 erfolgte die Auslieferung des letzten Bauloses Kampfpanzer »Leopard 1« an die Deutsche Bundeswehr. Neben einer automatischen Getriebeschaltung und Halterungen für Schneegreifer an der oberen Bugplatte (diese Änderungen erfolgten auch bei älteren Fahrzeugen) erhielt die Ausführung A 4 ein integriertes Feuerleitsystem für Kommandanten und Richtschützen. Dieses umfasste:

- EMES 12 A1 (ohne Laser) für den Richtschützen. Rechnergesteuertes Raumbild-Entfernungsmeßgerät als Hauptzielgerät
- PERI R 12; ein eigenstabilisiertes Rundblickperiskop mit IR-Nachtsichtkanal für den Kommandanten
- FLER HG; Feuerleitrechner

250 Fahrzeuge des 6. Bauloses wurden gebaut (Fahrgestell-Nr. 15 001 – 15 250).

110 Kampfpanzer Leopard des fünften Bauloses erhielten einen neugestalteten Schweißturm in Schottbauweise und...

..damit die Bezeichnung Leopard A3. Die Bilder geben einen Vergleich zwischen den Fahrzeugen mit Guß- und Schweißturm.

Kampfpanzer Leopard A3 mit Standard-Ausrüstung. Fahrzeuge dieser Konfiguration gingen auch an ausländische Streitkräfte.

Auf Wunsch kann der Kampfpanzer Leopard auch mit einer hydraulisch betätigten Räumschaufel ausgestattet werden. Die Bilder zeigen das Fahrzeug in Marschstellung.

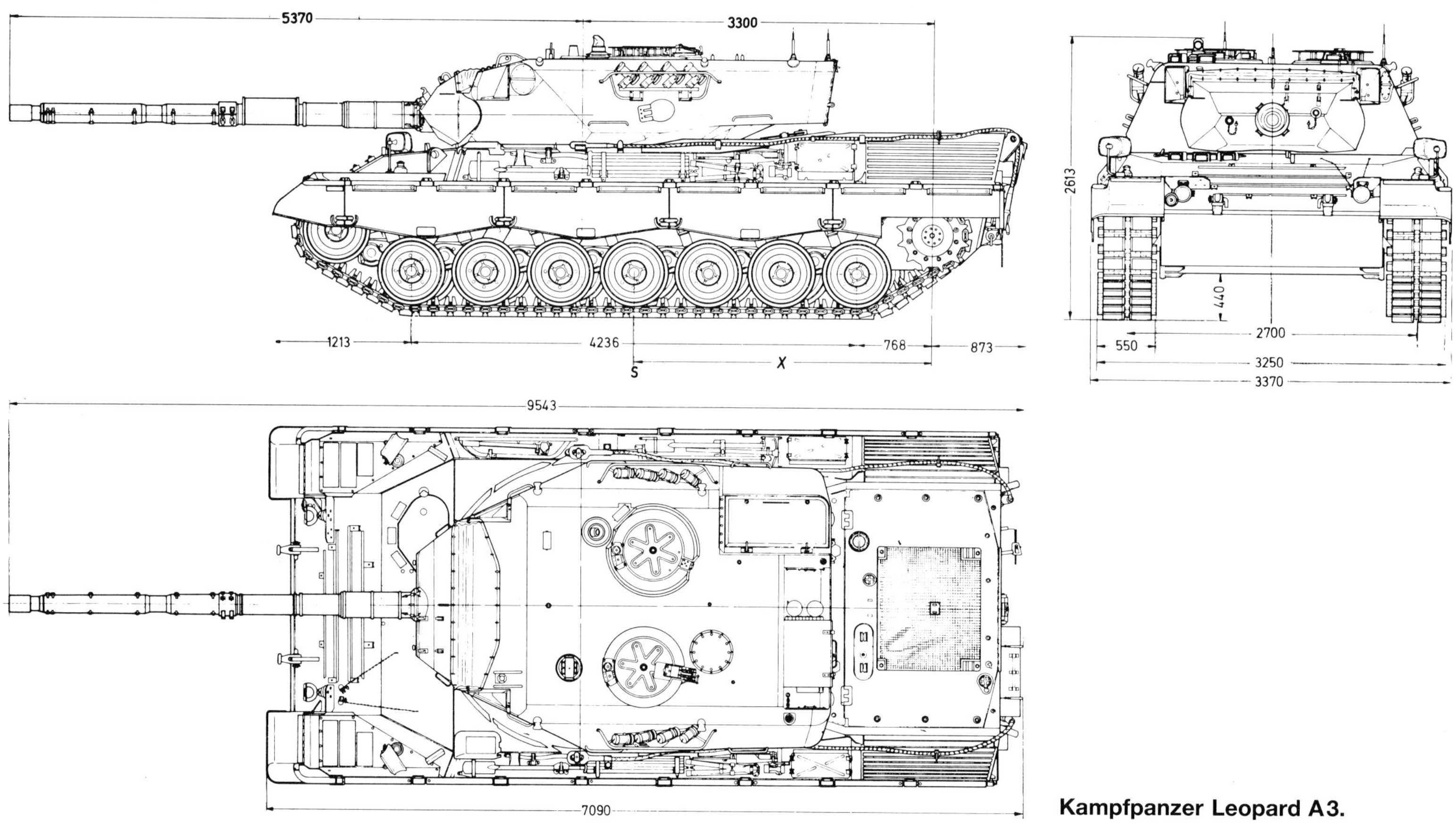

Kampfpanzer Leopard A3.

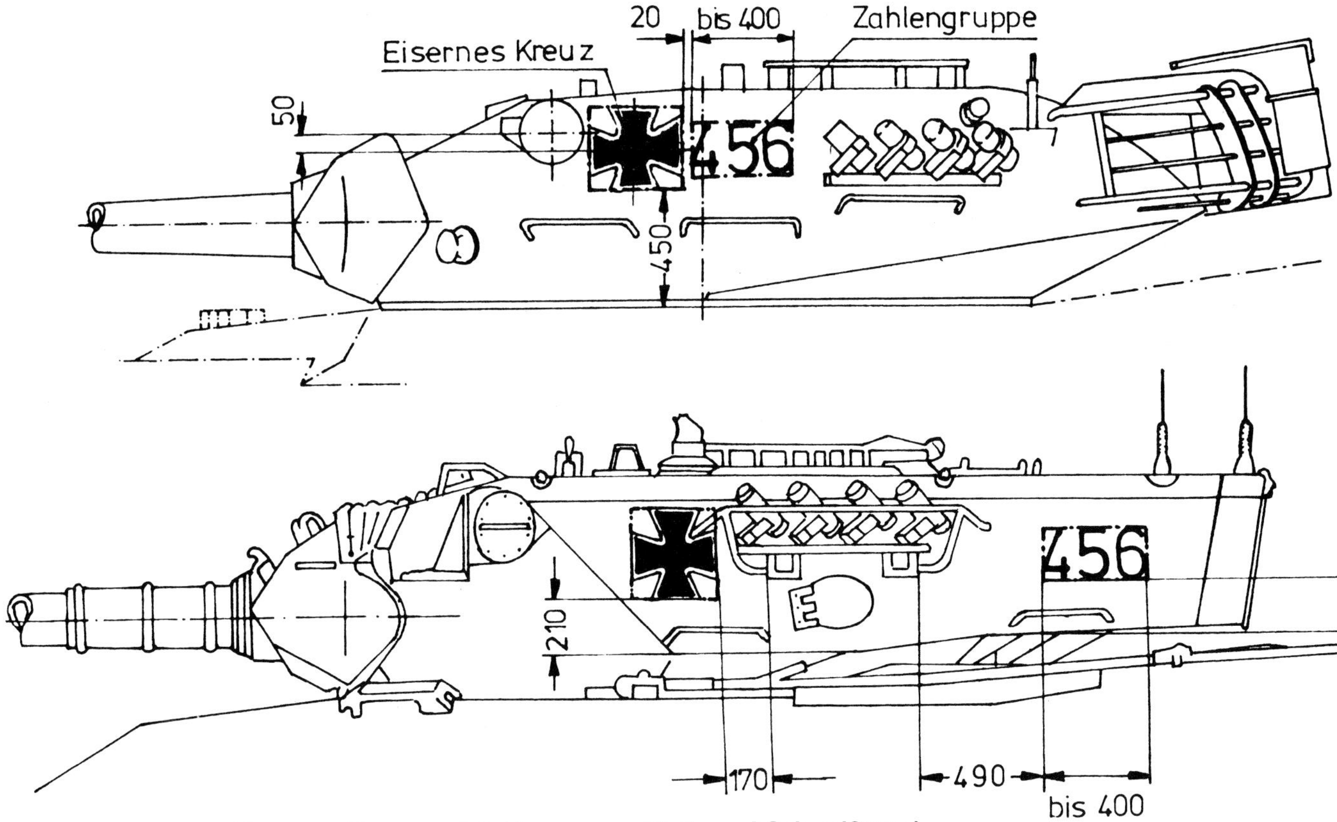

Kennzeichnung mit Eisernem Kreuz und Zahlengruppe (Guß- und Schweißturm).

Weitere Nachrüstung

Um die Nachtkampffähigkeit des Kampfpanzers »Leopard« zu erhöhen, mußten die zunächst mit aktiven Weiß- bzw. Infrarot-Scheinwerfern ausgerüsteten Fahrzeuge auf passive Nachtsichtmittel umgestellt werden. Ausgesucht wurde ein Restlichtverstärker vom Typ PZB 200 mit TV-Kamera, Kontrolleinheit und Monitoren. Die Kamera wurde auf der Walzenblende installiert und durch Abweiser gegen Beschädigung geschützt. Die so umgerüsteten Fahrzeuge erhielten die Bezeichnung:

alt	neu
Kampfpanzer Leopard A 1 A 1	Kampfpanzer Leopard A 1 A 2
Kampfpanzer Leopard A 2	Kampfpanzer Leopard A 2 A 1
Kampfpanzer Leopard A 3	Kampfpanzer Leopard A 3 A 1

Ende 1986 erfolgte die Auslieferung des ersten nachgerüsteten Kampfpanzers »Leopard 1 A 5«. Etwa 1300 der ersten Fahrzeuge der »Leopard 1«-Baureihen werden davon betroffen. Es gilt, diese Fahrzeuge bis über das Jahr 2000 hinaus als kampfkräftige Waffensysteme mit guten Überlebenschancen im Truppengebrauch zu behalten. Erreicht wurde eine Verbesserung der Erstschußtreffwahrscheinlichkeit bei Verkürzung der Reaktionszeiten bei Tag, Nacht und schlechter Sicht. Für die Möglichkeit weiterer Kampfkraftsteigerung, etwa die Umrohrung auf die 120-mm-Glattrohrkanone des »Leopard 2« werden bereits jetzt die Voraussetzungen geschaffen. Rheinmetall hat in der Zwischenzeit durch den Einbau dieser Waffe im »Leopard 1« die Machbarkeit bestätigt. Zu den nach technischer Anweisung (TA) weiter geforderten Verbesserung gehören u. a.:

- Winkelspiegel-Wisch-Waschanlage für den Fahrer
- Verstärkung der Schwingarmlagerung am Laufwerk
- Verbesserung der ABC-Schutzanlage.

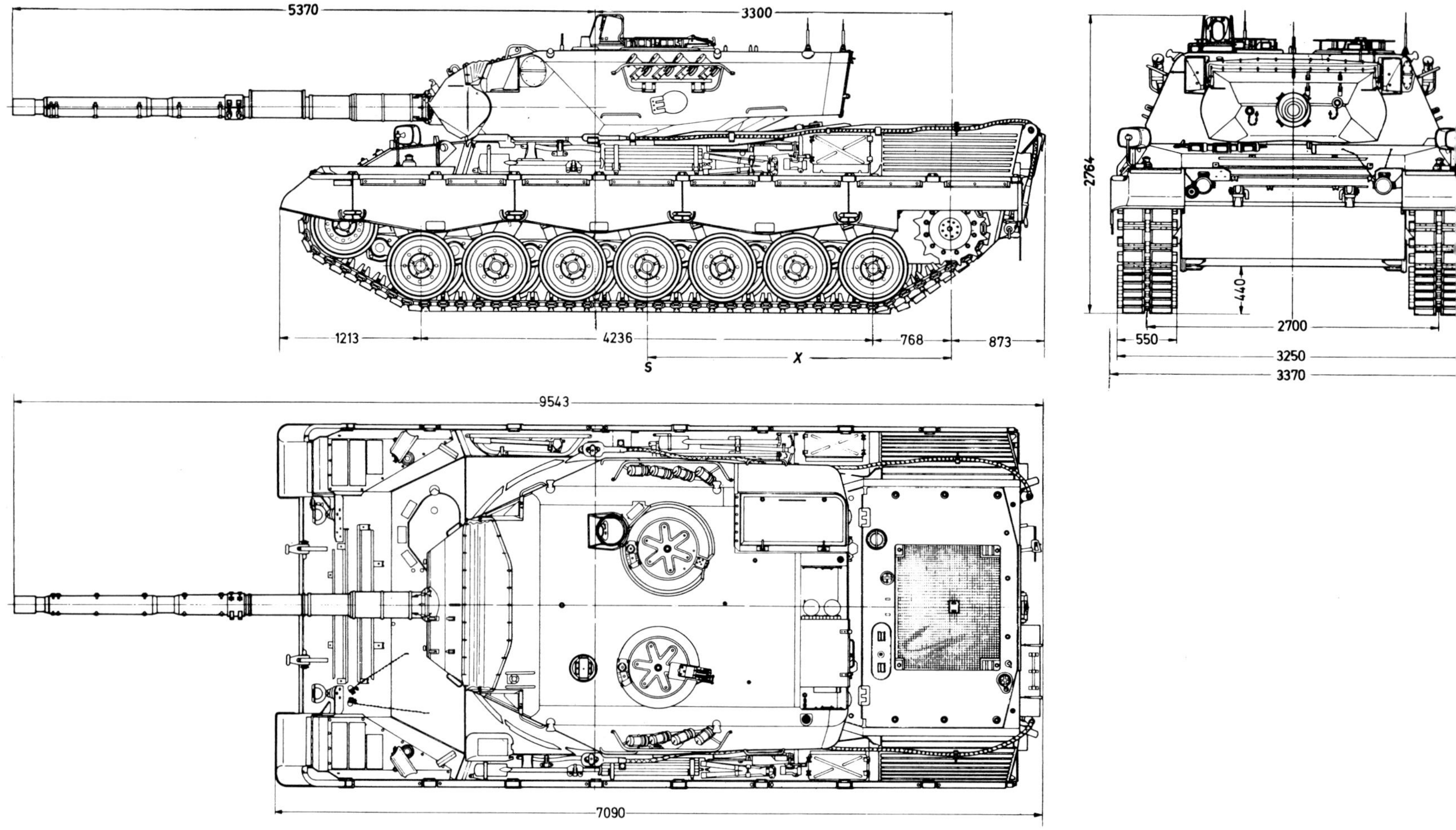

Kampfpanzer Leopard A4.

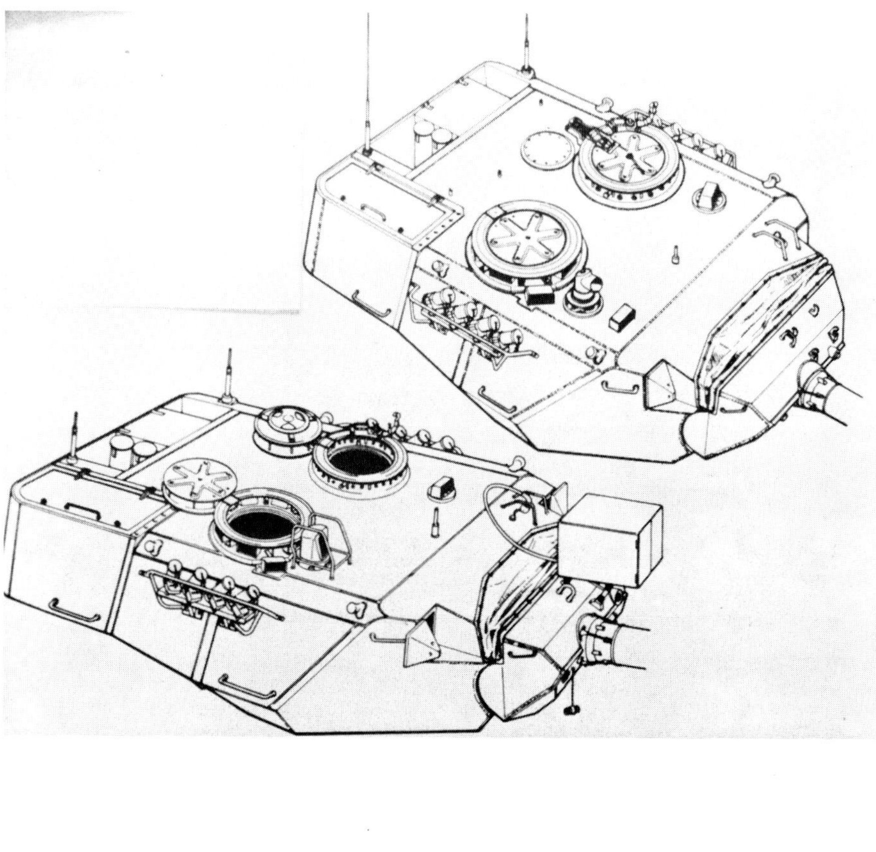

Vergleich der Turmgehäuse der Ausführungen A3 und A4 (Ausf. A3 oben).

Als nächster Schritt in der Kampfwertsteigerung wurden die Leopard der Baulose 1 bis 4 mit einer Turmzusatzpanzerung versehen. Die Montage erfolgt auf schockgedämpften Halterungen. Das Blendenschutzschild ist ein vorzufertigendes Teil aus Panzerstahl.

Nachgerüsteter Kampfpanzer Leopard A1 A1 mit Turmzusatzpanzerung.

Kampfpanzer Leopard A1 A1.

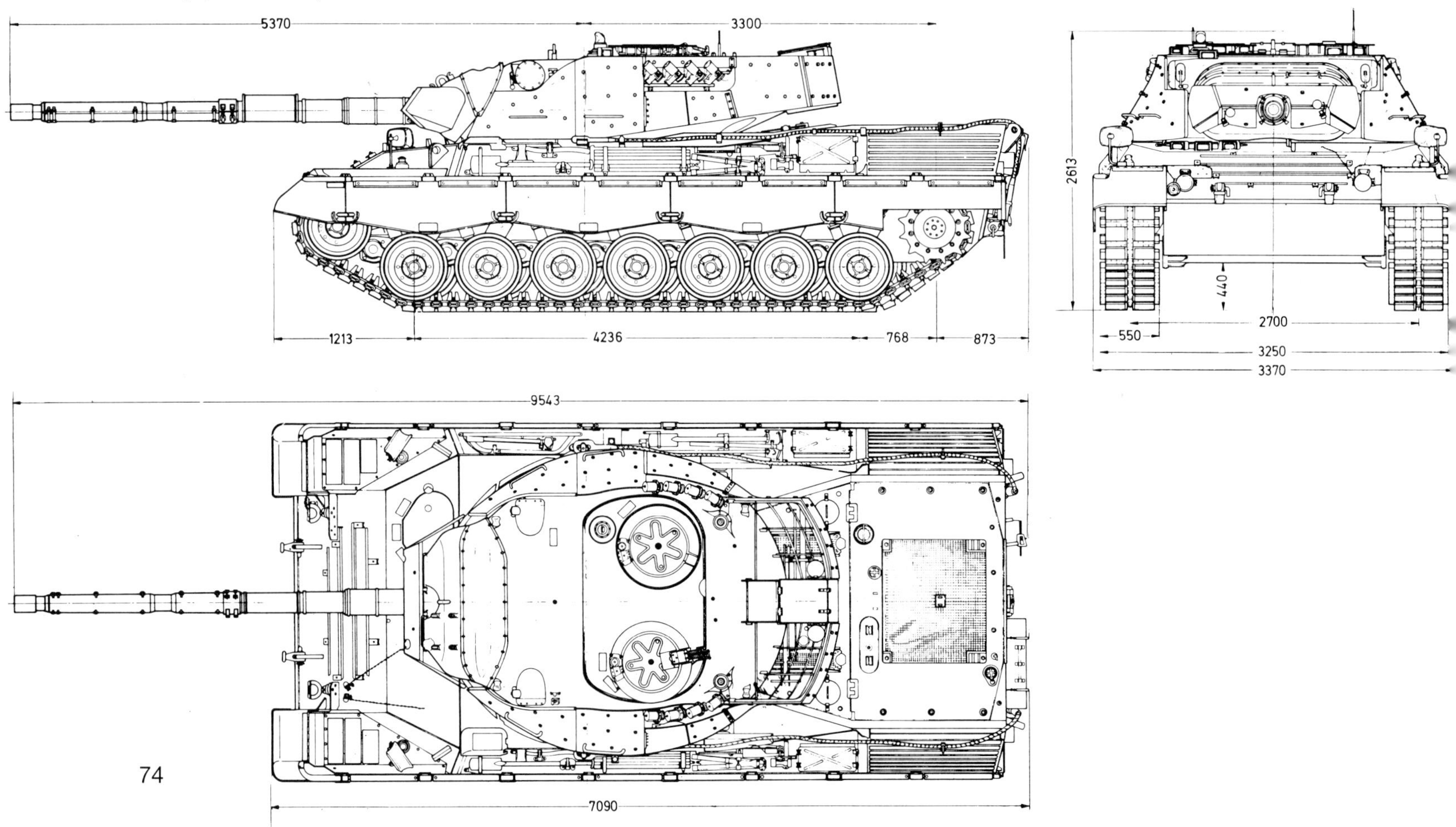

Auf der oberen Burgplatte wurden Halterungen für Schnee- und Schlammgreifer angebracht. Die Greifer können bei Bedarf anstelle der Gummipolster der Gleiskette eingesetzt werden.

Für den Schnee-Katastrophenfall ist der Anbau eines Schneepfluges am Kampfpanzer bzw. Berge/Pionierpanzer möglich.

Der Turm wird gezogen und völlig neu aufgerüstet. Dabei fallen u. a. folgende Arbeiten an:

- Ausbau des Raumbild-Entfernungsmessers
- Ausrüstung mit einer Feuerleitanlage EMES 18, einer dem »Leopard 1« angepaßten Variante des EMES 15 unter Verwendung von etwa 80% der auch im »Leopard 2« eingebauten Komponenten
- Umrüstung der Fernmeldeanlage auf die neuen VHF-Funkgeräte (separate Umrüstaktion)

Im Turmbereich wird weiter eingebracht:

- Laserschutz für alle optischen Geräte
- Einbau eines optischen Gelenks im Turmzielfernrohr für den Richtschützen
- eine 13-Schuß-Munitionshalterung
- Verbesserung der Halterung Höhenrichtzylinder
- Einbau neuer Schildzapfenlager

Das Richtschützen-Hauptzielgerät ermöglicht Zielerkennen und Erfassung während der Fahrt bei Tag, Nacht und schlechter Sicht (Wärmebildgerät), Verarbeitung der einfließenden Daten durch einen digitalen Rechner.

Das Rundblickzielfernrohr für den Kommandanten wird von der alten Feuerleitanlage übernommen, wobei es allerdings verlängert werden muß, damit der Ausblickkopf den Spiegelkopf des Hauptzielfernrohrs überragt. Wo immer möglich wurde eine weitgehende Angleichung an das Feuerleitsystem des »Leopard 2« angestrebt und erreicht. Die so umgerüsteten Fahrzeuge sollen bis Herbst 1992 wieder vollständig bei der Truppe sein und erhalten die Bezeichnung »Leopard 1 A 5«.

Auslandsverkäufe

Die Wirksamkeit des Waffensystems »Leopard« bewies sich innerhalb einer verhältnismäßig kurzen Zeit, indem andere NATO-Nationen ihr Interesse an dieser Entwicklung zeigten. Im Februar 1966 begannen bei der E-Stelle 91 der Bundeswehr in Meppen die ersten Vergleichsversuche zwischen dem britischen »Chieftain« und dem »Leopard«, wofür die britische Armee zwei ihrer Fahrzeuge zur Verfügung stellte. Zwei der deutschen Fahrzeuge gingen im Austausch nach England. Ab 1965 entwickelte die belgische Armee Interesse am »Leopard«, nachdem die Ablösung der dort laufenden US-»M 47«-Fahrzeuge dringend geworden war. Nach einer eingehenden Erprobung, die vom 1. 4. 1965 bis zum 31. 5. 1965 mit zwei Fahrzeugen der 0-Serie auf der Panzertruppenschule Leopoldsburg in Belgien stattgefunden hatte, kam es auf Grund eines Regierungsbeschlusses zu einem Auftrag über 334 Stück Kampfpanzer »Leopard«, welcher zwischen 1968 bis 1971 ausgeliefert wurde. Im Mai 1968 lief bei der Krauss-Maffei AG der erste Serien-»Leopard« für Belgien vom Band, nachdem bereits vorher einige Fahrzeuge aus deutschen Beständen bei der belgischen Armee eingesetzt worden waren. So nahm u. a. eine belgische Kompanie mit 12 »Leopard»-Fahrzeugen an der Parade beim Staatsfeiertag am 21. 7. 1967 teil. Der im Dezember 1967 erteilte Serienauftrag im Betrage von rund 360 Millionen DM sah eine monatliche Fertigung von zehn Fahrzeugen für Belgien vor. Die belgische Ausführung unterschied sich von der deutschen lediglich durch die Verwendung von belgischen FN-Maschinengewehren. Außerdem war die Fahrzeugbeschilderung in französisch und flämisch durchgeführt. Der Vergabe dieses Auftrages war eine harte Auseinandersetzung vorausgegangen. In der letzten Wahl stand

Die Belgische Armee war der erste NATO-Partner, der Kampfpanzer Leopard für sein Heer beschaffte.

Die seitlich an der Wanne untergebrachten Ausrüstungsgegenstände sind teilweise in Kästen untergebracht.

Auf dem Turmdach ist der Querwindsensor für die SABCA-Feuerleitanlage montiert.

Belgische Leopard bei einem Manöver in der Bundesrepublik Deutschland.

neben dem »Leopard« nurmehr der französiche »AMX 30«. Der günstigere Preis für den »Leopard« ergab schließlich den Ausschlag, da davon zu dieser Zeit monatlich bereits 90 Stück gefertigt wurden, während die Monatsproduktion des »AMX 30« nur ca. 10 Stück betrug. Der belgische Auftrag wurde zur Hälfte durch Bestellungen von Munition, elektronischer Aurüstung und Instandhaltungsdienstleistungen, zur anderen Hälfte durch Einkäufe der beteiligten deutschen Firmen in Belgien ausgeglichen.
Ab 1973 rüstet die belgische Armee ihre »Leopard«-Panzer mit der vollintegrierten Feuerleitanlage »Cobelda« der Firma SABCA aus. Diese von der belgischen Firma in Zusammenarbeit mit amerikanischen Firmen entwickelte Anlage besteht aus einem optischen Visier, einem Laser-Entfernungsmesser, Sensoren und einem Digitalrechner. Die Anlage verleiht dem »Leopard« eine bisher in keiner Weise erreichbare Treffgenauigkeit im Stand. Selbst während der Fahrt können feste und bewegliche Ziele erfaßt und bekämpft werden. Auch andere Staaten sind an dieser Umrüstung interessiert.
Vom Dezember 1967 bis Mai 1968 fanden bei der Panzertruppenschule Amersfoort in Holland eingehende Erprobungsvergleiche zwischen »Chieftain«- und »Leopard«-Kampfpanzern bei der holländischen Armee statt. Der Anschaffungspreis lag mit ca. 800 000 Gulden pro Fahrzeug auf gleicher Höhe. Ende 1968 entschloß sich die holländische Regierung zum Ankauf von 400 Kampfpanzern »Leopard« im Gegenwert von ca. 550 Millionen Mark. Holland war somit der zweite NATO-Partner, der sich für dieses Fahrzeug entschied. Anfang Oktober 1969 wurde das erste Produktionsfahrzeug des Hollandauftrages, der in der Zwischenzeit 468 Stück betrug, dem holländischen Staatssekretär van Haex übergeben. Die niederländische Ausführung des »Leopard« hatte außerhalb des Turmes liegende Antennenabstimmungen, ferner eine an das holländische MG angepaßte MG-Lafette. Der Schießscheinwerferkasten läßt sich auch hinten aufklappen. Eine

Die Niederländische Version des Kampfpanzers Leopard hatte die NL-typische Nebelwurfanlage und eine geänderte Antennenabstimmung.

Auch wurde das Werkzeug seitlich am Fahrzeug in Kästen untergebracht.

Die Nahaufnahme des Fahrgestells zeigt die Aufnahmefähigkeit des Laufwerks und die großen Federwege der Drehstabfederung.

Die holländische Ausführung verwendete bei der Truppe eingeführte Maschinengewehre für ihre Leopard-Panzer.

holländische Ausführung der Nebelwurfanlage ist angebaut. Der Werkzeugsatz ist in außenliegenden Kästen untergebracht. Rechts außen ist ein Handfeuerlöscher angebracht. Die Abluft/Auspuff-Grätings wurden nunmehr aus Strangpreßprofilen hergestellt und ab dem vierten Baulos für alle Fahrzeuge verwendet.

Am 22. 11. 1968 erteilte das norwegische Verteidigungsministerium einen Auftrag über 78 Stück des Kampfpanzers »Leopard«. Dieser Bestellung gingen eingehende Versuche vom 1. 10. 1966 bis zum 1. 10. 1967 voraus. Die Fahrzeuge wurden zwischen Januar bis Juli 1971 ausgeliefert.

Extreme Wetterbedingungen begleiteten die Erprobung der ersten Leopard in Norwegen.

Das Norwegische Heer beschaffte 78 Kampfpanzer Leopard.

Im Januar 1970 entschloß sich auch Italien endgültig für die Einführung des Kampfpanzers »Leopard«. Italien rüstet somit als viertes NATO-Land auf den »Leopard« um. Das italienische Heer hatte bereits in der Zeit von Mai bis Juli 1964 Versuche mit dem »Leopard« unter harten Bedingungen in Oberitalien und Sardinien durchgeführt. Deutscherseits wurden anschließend bis Ende August 1964 auf dem italienischen Truppenübungsplatz Teulada Warmwetterversuche fortgesetzt. Die dabei bei Staubentwicklung und hohen Außentemperaturen gewonnenen Erfahrungen konnten noch in die im September 1965 anlaufende Serienfertigung eingeschleust werden. Daneben wurden auch Durchbiegungen des Kanonenrohres durch Wettereinflüsse beobachtet, die dann in der Folgezeit durch eine Rohrschutzhülle erheblich verringert werden konnten.

Das gute Abschneiden des Fahrzeuges bei diesen Versuchen ergab schließlich einen italienischen Auftrag über 800 Stück »Leopard«-Fahrzeuge, wovon 200 in München gefertigt wurden. Davon wurden 1971 92 Stück und 1972 108 Stück ausgeliefert. Die restlichen 600 Fahrzeuge wurden in Italien durch die Firmen Fiat, Lancia und OTO-Melara in Lizenz gefertigt, weitere 120 Stück folgten. Motor, Getriebe und ein Teil der elektri-

Nachdem 200 Stück bei Krauss-Maffei in München beschafft worden waren, fing die Lizenzfertigung in Italien an.

schen Ausrüstung sollten ursprünglich aus Deutschland kommen. 1971 jedoch erhielt die Firma FIAT in Turin von der Motoren- und Turbinen-Union Friedrichshafen GmbH die Lizenz für den Nachbau des Motors »MB 838« für die in Italien gebauten »Leopard«, Lancia für das Getriebe.
Holland erteilte 1969 einen weiteren Auftrag über 36 »Leopard«-Fahrzeuge, womit sich der Gesamtauftragsbestand bis Anfang 1970 auf 3508 Stück Kampfpanzer »Leopard« belief.
In der Zwischenzeit hatten Dänemark und Spanien ihr Interesse am Kauf von »Leopard«-Fahrzeugen bekundet.

Die in den Jahren 1969/70 zwischen Spanien und der deutschen Bundesregierung geführten Verhandlungen über die Lieferung von mittleren Kampfpanzern »Leopard« waren ergebnislos verlaufen. Die deutschen Hersteller hatten sich geweigert, einer Lizenzfertigung des Fahrzeuges in Spanien zuzustimmen. Ebenso verweigerte die Labour-Regierung in England die Ausfuhr britischer 105-mm-Bordkanonen nach Spanien. Die spanische Regierung wich daraufhin auf den französischen »AMX 30« aus.

Die Firma Oto-Melara stellte weitere 720 Kampfpanzer Leopard für die italienischen Streitkräfte her.

1972 gingen zwei »Leopard« mit den nötigen Ersatzteilen zu einem Truppenvergleich nach Australien. Dänemark bestellte nach eingehender Erprobung 120 Kampfpanzer »Leopard A 3«, welche vom Februar 1976 bis August 1979 zur Auslieferung gelangten (Fahrgestell-Nr. 16 001 – 16 120). Die Türme dieser Fahrzeuge waren zur Nachrüstung einer integrierten Feuerleitanlage vorbereitet.

Dänemark folgte mit einem Auftrag über 120 Kampfpanzer Leopard.

Der Auftrag des Australischen Verteidigungsministeriums lag 1975 vor. Von der Ausführung »Leopard AS 1« wurden zwischen Juni 1976 bis November 1978 90 Fahrzeuge in den 5. Kontinent geliefert. Anstelle des Basis-Entfernungsmesser ist eine einseitige Öffnung an der rechten Turmvorderseite für das Hauptzielgerät mit Laser-Entfernungsmesser vorgesehen. Ein elektronischer Feuerleitrechner ermittelt die Schußdaten. Wind- und Luftdrucksensor auf dem Turmdach. An der unteren Bugplatte ist eine Anbauvorrichtung für eine Räumschaufel mit elektro-hydraulischer Höhenverstellung vorgesehen. Das Werkzeug ist seitlich am Fahrgestell in Kästen untergebracht. Fahrgestell-Nr.-Band für Australien 17 001 – 17 092.

Vorder- und Rückansicht des Kampfpanzers Leopard AS1 für Australien.

Die beiden Seitenansichten zeigen die Unterbringung der Ausrüstungsgegenstände in geschlossenen Kästen.

90 Kampfpanzer Leopard wurden 1978 an Australien geliefert.

Auf dem Turmdach der abgedeckte Querwindsensor für die SABCA-Feuerleitanlage. Die Fahrzeuge haben einen Laser-Entfernungsmesser.

Erstmals wurden für Australien einige der Kampfpanzer mit Räumschilden ausgerüstet, welche vom Fahrersitz aus kontrolliert werden können. Sie sind einfach demontierbar.

Als weitere NATO-Streitmacht entschloß sich Kanada, ihre »Centurion«-Bestände durch den »Leopard 1« abzulösen. Von der Ausführung »Leopard C 1« wurden zwischen Juli 1978 bis Juni 1979 114 Stück an die kanadischen Streitkräfte ausgeliefert, die zum Großteil bei den in der Bundesrepublik Deutschland stationierten kanadischen Truppen verblieben (Fahrgestell-Nr. 18 001 – 18 114). Neben der SABCA-Feuerleitanlage wurden diese Fahrzeuge erstmal serienmäßig mit passiven Nachtsicht-Ziel- und Beobachtungsgeräten ausgerüstet (Restlichtverstärker PZB 200). An der rechten Turmseite ist eine Kabeltrommel für Fernmeldekabel angebracht. Die Fahrzeuge erhielten, wie schon die für Dänemark, eine Winkelspiegel-Wisch-Waschanlage für den Fahrer. Eine Anbauvorrichtung für Räumschaufel ist vorhanden.

Kanada beschaffte 114 Kampfpanzer Leopard C1.

Oben und Mitte:
Vorder- und Rückansicht des kanadischen Fahrzeuges. An der unteren Bugplatte sind die Halterungen für das Räumschild sichtbar.

Auf der Walzenblende ist das Schutzgitter für das passive Nachtsichtgerät PZB 200 (Restlichtverstärker) zu erkennen.

An der rechten Turmseite ist eine Kabelrolle montiert, ein äußeres Erkennungszeichen der kanadischen Leopard.

Eine Zeichnung des Turmgehäuses für das Fahrzeug C1.

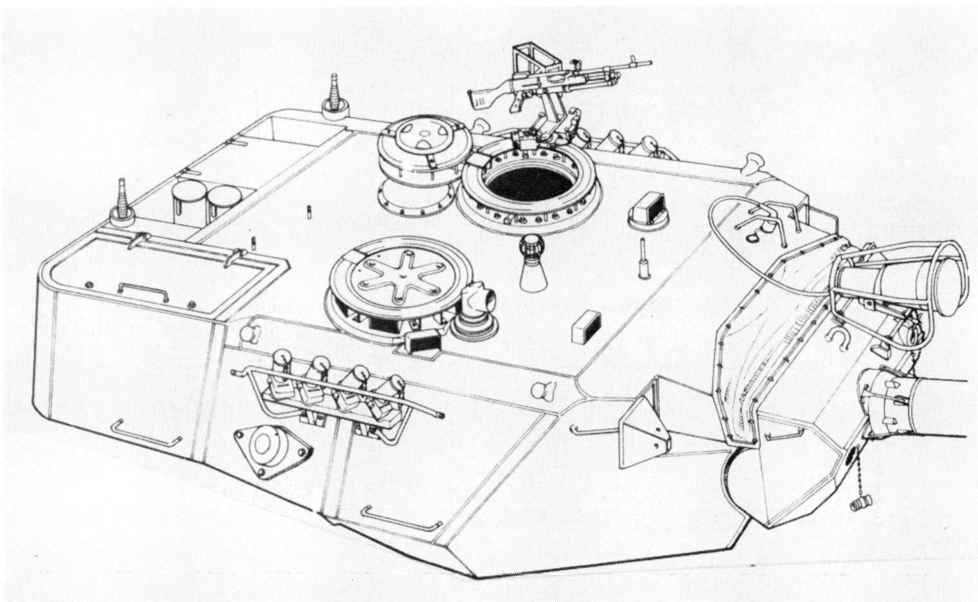

Die SABCA-Feuerleitanlage ermöglicht eine hohe Erstschuß-Treffwahrscheinlichkeit.

Das türkische Heer erhielt im Rahmen der deutschen Militärhilfe 1983 77 Stück des Kampfpanzes Leopard T1.

Nachdem im Juni 1979 die »Leopard 1«-Fertigung vorübergehend ausgelaufen war – die Serienfertigung des »Leopard 2« lief Ende 1979 an – kam es im September 1982 zu einer Wiederaufnahme des Baus des »Leopard 1«. Im Rahmen der deutschen Militärhilfe für die Republik Türkei erhielt das türkische Heer bis Dezember 1983 77 Kampfpanzer »Leopard 1« des Typs T 1. Die Fahrzeuge waren, wie auch die noch folgenden »Leopard 1« für Griechenland mit dem Feuerleitsystem AFS ausgerüstet, welches neben einem Laser-Entfernungsmesser auch den Raumbildentfernungsmesser beibehielt. Dadurch stehen zwei voneinander unabhängige E-Meßsysteme zur Verfügung. Es lassen sich dadurch Laser-Echos durch den Raumbildmesser identifizieren. Bei den Fahrzeugen beider Länder ist die Laser-Elektronik im Turmheck untergebracht. Der dafür benötigte Raum wurde sonst für Munitionslagerung verwendet. Nachtsicht für Kommandant und Richtschützen wird durch einen Restlichtverstärker PZB 200 sichergestellt. Der Fahrer erhielt ein Infra-Rot Nachtsichtgerät. Fahrgestell-Nr.-Band für die türkischen Fahrzeuge 14 501 – 14 577. Die Türkei ist an weiteren »Leopard 1« interessiert.

Die Bilder zeigen Vorder- und Rückansicht des türkischen Fahrzeuges.

Neben dem Feuerleitsystem AFS (Laser- und Raumbild-Entfernungsmesser) wurden die Fahrzeuge werkseitig mit dem passiven Restlichtverstärker PZB 200 ausgerüstet.

Ab Februar 1983 liefen dann die vorläufig letzten Kampfpanzer »Leopard 1« vom Band. Griechenland erhielt bis April 1984 106 Fahrzeuge der Ausführung A 3 GR mit dem Feuerleitsystem AFS. Dem Fahrer steht ein passives Bildverstärker-Periskop zum Fahren in der Nacht zur Verfügung. Ein PZB 200 dient der passiven Nachtsicht für Kommandant und Richtschützen. Erstmals kamen ab Werk hydraulische Endanschläge für die Laufrollen-Tragarme zum Einbau, welche die Leistungsaufnahme des Laufwerks entscheidend verbessern. Sie sind auch zur Nachrüstung bereits gelieferter »Leopard 1« verfügbar. Äußerlich unterschieden sich die griechischen Fahrzeuge durch einen Mehrfarben-Tarnanstrich, der erstmals im Werk aufgebracht wurde (Fahrgestell-Nr. 19 001 – 19 106).

Letztlich erhielt Griechenland 106 Fahrzeuge der Ausführung A3 GR.

Peripherie

Die Einführung eines modernen Großgerätes verlangt bei der Truppe umfangreiche Vorbereitungen, die nur auf Grund jahrelanger Erfahrungen mit Erfolg durchgeführt werden konnten. Dabei war die Ausbildung der Truppe vorrangig zu behandeln und auf der anderen Seite der Technische Dienst und die Instandhaltung aufzubauen.

Bei der Ausbildung am Panzer ist vor allem der verhältnismäßig hohe Verschleiß der Vollkettenfahrzeuge und die damit verbundenen Kosten zu berücksichtigen. Auch die Anlage von geeigneten Fahr- und Schießplätzen bereitet Probleme. Dadurch wurde bereits bei der Einführung des »Leopard« der Ausbildung »im Saale« besondere Aufmerksamkeit gewidmet. Bei der Kraftfahrausbildung ergaben sich vor allem Schnittmodelle aller Aggregate. Stationäre Fahrerstände erleichtern das Vertrautmachen der Truppe mit dem Gerät, weil ihre Gestaltung die Beteiligung einer Gruppe von Schülern zuließ, was im Panzer selbst nicht möglich war. Ein Lehrfahrgestell vereinfacht die Grundausbildung im Technischen Dienst, indem es die Durchführung der zur Materialhaltungsstufe 1a gehörenden Arbeiten ermöglicht. Dabei handelt es sich um ein vereinfachtes Fahrgestell, welches mit einem serienmäßigen Fahrwerk ausgerüstet ist, während die anderen Baugruppen als Attrappen ausgebildet sind. Es dient hauptsächlich zum Üben des Kettenwechsels. Weiterhin stehen zur Ausbildung betriebsfähige Aggregate zur Verfügung, die eine Schadensbehebung am »lebenden« Objekt ermöglichten. Wartungssimulatoren werden auch hier eine raschere Vertiefung des technischens Wissens der Truppe ermöglichen.

Bei der Fahrausbildung selbst setzte die Enge des Fahrerraumes im Panzer der Überwachung durch einen Fahrlehrer einschneidende Begrenzungen. Um dieses

Am Beispiel Panzerfahrer-Ausbildung sind hier einige wichtige Ausbildungsstufen aufgezeichnet. Der Hörsaalfahrerstand dient der intensiven Fahrerplatzorientierung und eignet sich als Vorschulgerät für Fahrsimulatoren und Fahrschulpanzer.

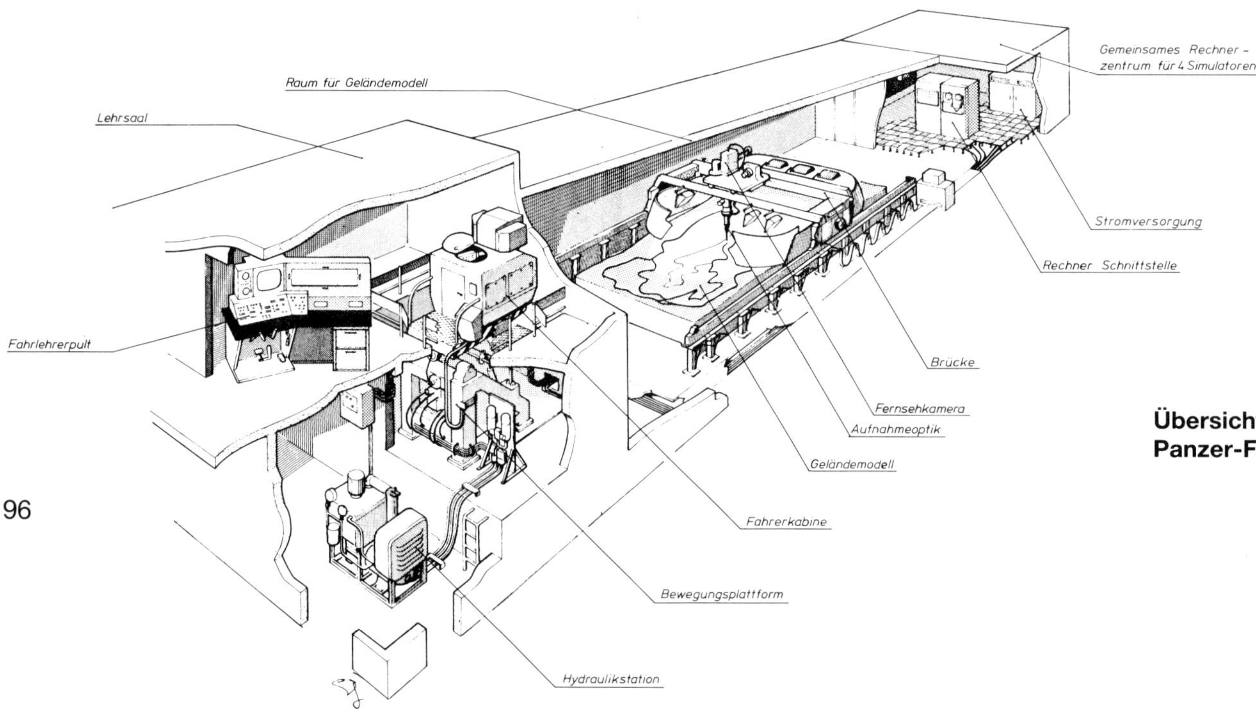

Übersicht über einen Panzer-Fahrsimulator.

Als Abschlußausführung für die deutsche Bundeswehr erschien ab 1974 die Ausführung A4 des Kampfpanzers Leopard. Ein Raumbild-Entfernungsmesser und eine integrierte Feuerleitanlage mit Rechner verbesserten die Erstschußtreffwahrscheinlichkeit. Äußerlich ist das Fahrzeug am Kommandanten-Rundblickperiskop zu erkennen.

Längsschnitt durch den Kampfpanzer Leopard

1 Infrarot-/Weißlicht-Schießscheinwerfer
2 Blenden-MG
3 Turmentfernungsmesser EMES 12 A1
4 Turmrundblickperiskop PERI R 12
5 Winkelspiegel/Kommandant
6 Aufnahmekasten für IR-/Weißlicht-Schießscheinwerfer
7 Turmlagerung
8 Hülsenwanne
9 Drehbühne
10 Richtschützensitz
11 Elektro-/hydrauliche Richtanlage
12 MG-Hülsensack
13 Turmblende
14 Bordkanone mit Wärmeschutzhülle
15 Rauchabsauger
16 Hebel für Festellbremsen
17 Elektrische Reihengangschaltung
18 Lenkung
19 Winkelspiegel/Fahrer
20 Heizung
21 Feuerlöschflaschen
22 Heizluftzuführung für Kampfraum
23 Batterien
24 Motor
25 Kühler
26 Werkzeugkasten
27 Getriebe
28 Fahrersitz
29 Bremspedal
30 Gaspedal

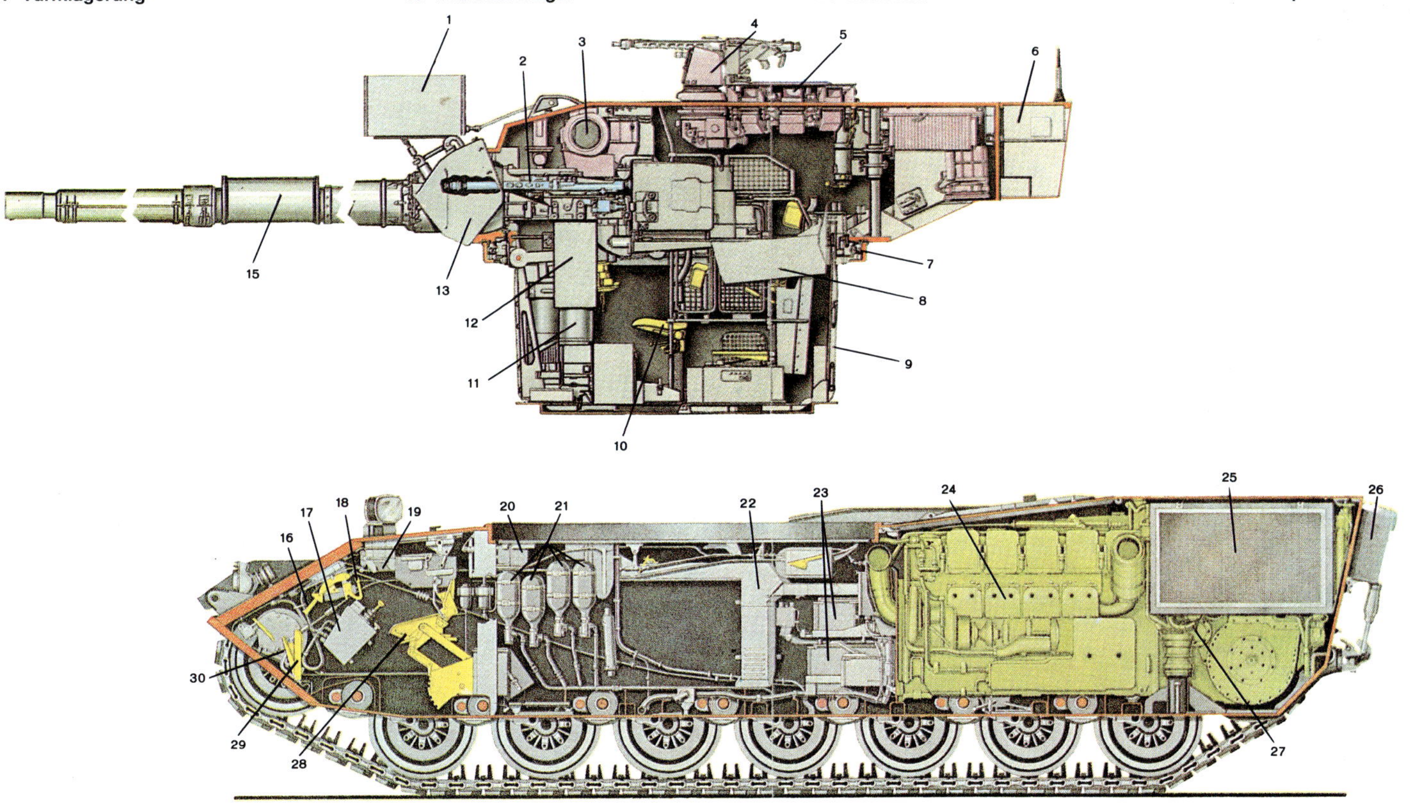

▲ Bei Erprobungen in Thailand wurde die neue Feuerleitanlage EMES 18 erstmals in einem Schweißturm erprobt.

Die deutsche Bundeswehr rüstet ab 1986 etwa 1300 Leopard Kampfpanzer der ersten Baulose mit einer neuen Feuerleitanlage EMES 18 nach. Diese vereinigt einen Tagsichtkanal mit einem Wärmebildgerät zum Einsatz bei schlechtem Wetter und Dunkelheit sowie einen Laser-Entfernungsmesser.

Gleichzeitig wies die Firma Rheinmetall die Möglichkeit der Nachrüstung des Leopard 1 mit der 120-mm-Glattrohrkanone des Leopard 2 nach. Die mit EMES 18 nachgerüsteten Fahrzeuge der Ausführung A5 sind bereits zur Aufnahme der größeren Hauptbewaffnung vorbereitet. Das Bild zeigt den Leopard mit Gußturm und eingebauter 120-mm-Kanone.

Italien – schon bei der Erprobung der Prototypen aktiv dabei – wählte den Leopard zum Standardpanzer seines Heeres.

Die Bilder zeigen ein Fahrzeug der Griechenland-Lieferung, die erstmals schon im Werk mit einem Mehrfarben-Fleckentarnanstrich versehen wurden.

Bergepanzer 2 beim Ziehen des Drehturmes des Kampfpanzers Leopard 2.

Das Fahrlehrerpult des Panzer-Fahrsimulators.

Problem zu beseitigen, wurde eine Panzerfahrschulanlage entwickelt, die es erlaubt, in kürzester Zeit einen Kampfpanzer in ein Fahrschulfahrzeug zu verwandeln. Eine »Rückrüstung« ist jederzeit gegeben. Anstelle des Drehturmes hat das Fahrschulfahrzeug eine Fahrlehrerkabine, die nebenbei noch die Mitnahme von Fahrschülern ermöglicht. Um die Fahreigenschaften des Originalfahrzeuges nicht zu verändern, wird durch einen ca. 8,5 t wiegenden Ballastring das fehlende Turmgewicht ausgeglichen. Die eingebaute Übersteuerungsanlage ermöglicht dem Fahrlehrer einen Eingriff in den Fahrbetrieb des Schülers, wobei die Bordverständigungsanlage eine wesentliche Erleichterung bringt. Die zur Verfügung stehende Ausbildungszeit reicht in

Die Fahrerkabine des Panzer-Fahrsimulators.

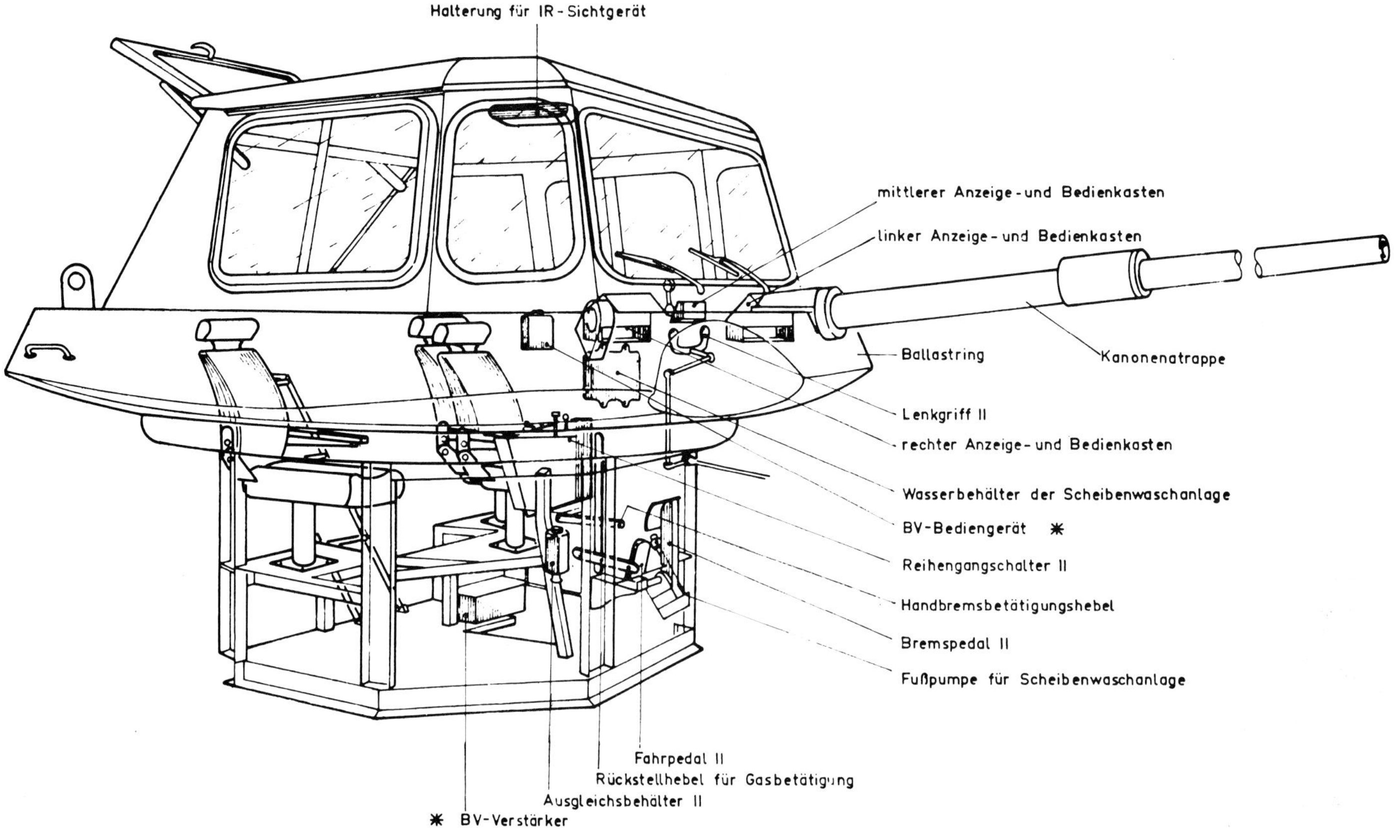

Die Fahrschulkabine, welche auf ein normales Kampfpanzer-Fahrgestell aufgesetzt wird.

der Regel nicht aus, um die volle Wirksamkeit des »Leopard«-Waffensystems auszunutzen. Daher wird der Ausbildung an sogenannten Fahrsimulatoren in den letzten Jahren entscheidende Bedeutung beigemessen. Eine der modernsten Anlagen entstand für den französichen »AMX 30«, die nun auch für die »Leopard«-Ausbildung verwendet wird.

Der Fahrschulpanzer Leopard 1, von dem die Deutsche Bundeswehr 60 Stück beschaffte. Die Ausbildung ist in Fahrschulzentren zusammengefaßt.

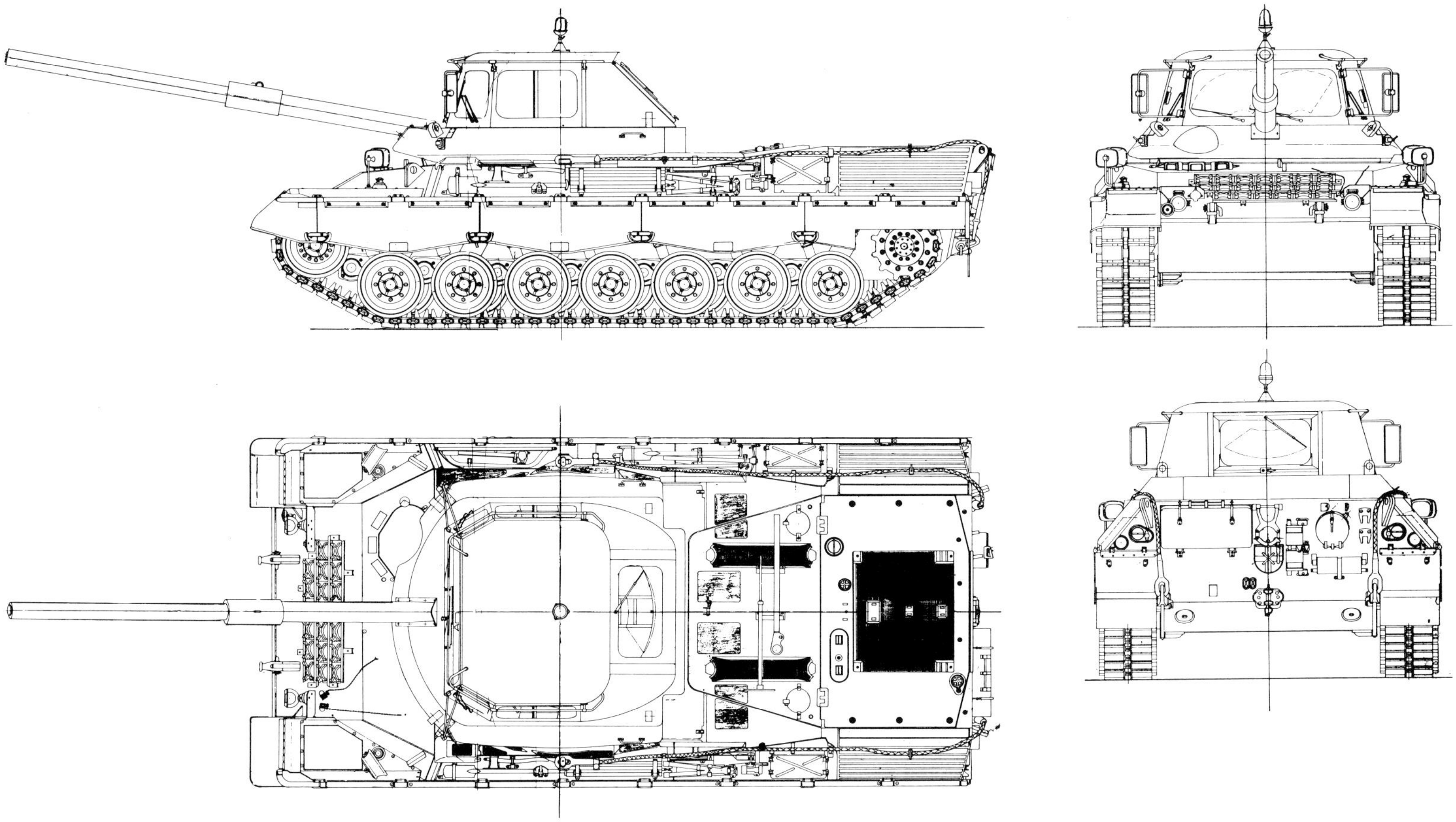

Fahrschulpanzer Leopard 1.

Selbst die hohen Kosten einer solchen Anlage stehen in keinem Verhältnis zu den beim normalen Fahr- und Schießbetrieb anfallenden Ausgaben. Dabei handelt es sich um eine von einer elektronischen Datenverarbeitungsmaschine gesteuerte, etwa 9 × 3 Meter große Modellandschaft im Maßstab 1:300, wodurch ein Übungsgelände von ca. 2,1 km zur Verfügung steht. Ein über dem Modellgelände laufender Schlitten trägt eine Fernsehkamera, welche die Bewegungen des vom Schüler gesteuerten modellmäßig verkleinerten Fahrgestelles zur Übungskabine überträgt. Der Innenraum dieser Kabine entspricht dem genauen Aussehen des Kampfpanzerfahrerraumes. Durch den Rechner werden angenommene Fahrzustände sowie eine entsprechende Geräuschkulisse dem Fahrschüler so naturgetreu übermittelt, daß eine tiefgehende Ausbildung ermöglicht wird.

Auch bei der Schießausbildung stehen in erster Linie maßstabgetreue Schnittmodelle zur Verfügung, die die Gewöhnung an die Platzverhältnisse im Drehturm sowie das Erlernen der wichtigsten Handgriffe erleichtern. Daneben stehen die den Fahrschulwagen entnommenen Drehtürme zur Verfügung, die auf einem fahrbaren Turmträger aufgesetzt und mit einer Stromversorgung versehen werden können. Somit können alle anfallenden Richt- und Zielübungen ausgeführt werden. Die Hauptbewaffnung kann dabei nicht eingesetzt werden, was die Entwicklung von Unterkaliber-Schießgeräten erforderlich machte. Dafür steht ein 14,5-mm-Schießgerät zur Verfügung, welches koaxial

Auf Grund der begrenzten Platzverhältnisse im Innern eines Kampfpanzers wurden auch für die Turmbesatzung Ausbildungshilfen geschaffen, welche das Training größerer Gruppen ermöglicht.

in das Patronenlager der Bordkanone eingesetzt ist. Das Ausbildungsgerät 20 mm dient dem Schießen auf echte Kampfentfernungen, da die Ballistik der 20-mm-Kanone der der 105-mm-Bordkanone auf mittlere Schußentfernungen fast gleich ist. Darüber hinaus wird der Entwicklung von Schießsimulatoren, ähnlich dem der Fahrsimulatoren, größte Aufmerksamkeit geschenkt. Dabei können alle anfallenden Gefechtssituationen sowie die Zusammenarbeit der Turmbesatzung erfaßt und durch nötige Korrektur deren Ausbildung intensiviert werden.

Bei Verbands-Gefechtsübungen kann nicht immer der Übung mit scharfem Schuß den Vorrang gegeben werden. Kostengründe und die schnelle Abnützung der

Kanonenrohre verlangten auch hier nach Schußsimulatoren, welche eine möglichst naturgetreue Gefechtswidergabe ermöglichen. Die Hoffmann-Werke in Lintorf entwickelten hierzu das Darstellungsgerät »Kanonenabschuß«, welches ohne eine Änderung an alle Panzer mit Rohrkalibern von 76 bis 105 mm angebaut werden kann. Es besteht aus neun sehr kurzen Rohren, den sogenannten Abschußbechern, die mittels eines Trägers und einer schellenartigen Halterung direkt am Rohr der Hauptbewaffnung montiert werden. Jeder Abschußbecher wird von vorne mit einem Feuerwerkskörper geladen. Die Zündung erfolgt elektrisch von der Innenseite des Panzers. Mit einem Zusatzgerät kann es weiterhin als Trefferanzeigegerät für den Beschuß von Zielscheiben und Attrappen verwendet werden.
Eine andere Methode ist ein Lichtblitz, der vom schießenden Fahrzeug ausgeht und vom Ziel als Teffer oder Fehlschuß rückgemeldet wird. Diese Geräte ermöglichen auch die Verwendung von Panzerattrappen, wie sie ursprünglich von der Bundeswehr, auf Unimog-S-Fahrzeugen aufgebaut, verwendet wurden.
Die HDv 140/1 beschreibt als Ziel jeder Materialerhaltung, mit möglichst geringem Aufwand an Arbeitskräften und Kosten für Werk- und Verbrauchsmaterial sowie Ersatzteile ein Höchstmaß an Lebensdauer und Gebrauchsfähigkeit des Materials sicherzustellen. Dazu hatte man bereits bei der Planung des Fahrzeuges die Stellen berücksichtigt, die später beim Einsatz besonders anfällig waren. Darauf basierten die erstellten technischen Durchsichten sowie die vorgeschriebenen Fristenarbeiten. Die Instandsetzung wird entsprechend den Erkenntnissen eines rationellen Arbeitsablaufes in bestimmten Stufen durchgeführt, die von der Art und dem Umfang des Schadens bestimmt sind. Zur Unterrichtung und Ausbildung des zur Instandsetzung und Unterhaltung eingeteilten Personals dienen die betreffenden Heeresdienstvorschriften (HDv) und Technischen Dienstvorschriften (TDv).
Für die vorgeschriebenen Pflegearbeiten stehen bestimmte Werkzeugsätze zur Verfügung, die entweder am Fahrzeug untergebracht sind oder bei dem Personal der Materialerhaltungsstufe 2 vorhanden sind. Die Baugruppeninstandsetzung erfolgt im Rahmen der sogenannten Feldinstandsetzung, während als Endstufe die Depotinstandsetzung verfügbar ist.
Die Erhaltung des Gerätes bestimmt vordringlich die Kosten und die Wirksamkeit des Waffensystems »Leopard«. Seiner laufenden Verbesserung wird daher größte Priorität zugestanden.

Auch für das Instandsetzungspersonal wurden eine Reihe zeit- und kostensparender Ausbildungshilfen geschaffen. Das Bild zeigt einen aufgeschnittenen Motor, der eine bessere Erklärung der Funktionen ermöglicht.

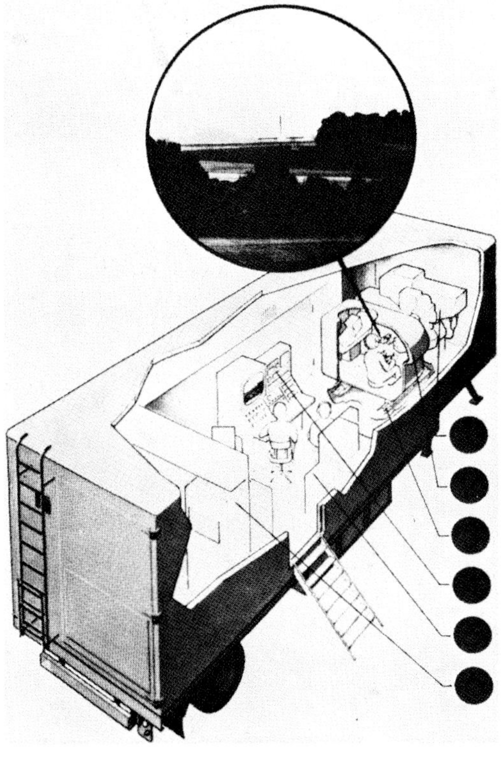

Neuerdings erleichtern auch Schießsimulatoren die Ausbildung der Turmbesatzung.

Familienfahrzeug

General Dietrich Willikens, maßgebend an der »Leopard«-Entwicklung beteiligt, erläuterte in seinen »Gedanken zur Panzerentwicklung« das Wechselspiel zwischen Speziallösungen und Mehrzweckfahrzeugen. So können für bestimmte Aufgaben entwickelte Spezialpanzer die wirkungsvollste Lösung für diesen einen Zweck ergeben. Gründe der Ausbildung, der Versorgung und letztlich der Wirtschaftlichkeit bei der Produktion sprechen jedoch gegen eine Vielzahl von Einzweck-Waffensystemen.
Auf der anderen Seite der Überlegung stehe der Mehrzweckpanzer, der für viele Aufgaben geeignet sei. Zwischen beiden Überlegungen liegt die Lösung, innerhalb bestimmter Gewichtsklassen Panzerfahrgestelle zu einer einheitlichen Familie zusammenzuschließen und nur durch unterschiedliche Aufbauten verschiedene Verwendungsmöglichkeiten vorzusehen. Diese Überlegung bestimmte grundsätzlich die Einführung des Waffensystems »Leopard« als schwere Panzerfamilie bei der deutschen Bundeswehr.

Bergepanzer

Als erste Abart des Kampfpanzers »Leopard« wurde ein Bergepanzerfahrzeug in Angriff genommen. Die militärischen Forderungen für dieses Fahrzeug vom 13. 10. 1961 bildeten die Grundlage für einen Entwicklungsvertrag zwischen dem BWB und der Firma Porsche. Dieser Entwicklungsvertrag wurde im Oktober 1963 abgeschlossen, er lief bis zum 30. 6. 1965.
Das neue Fahrzeug sollte die bei der Truppe eingeführten, bereits veralteten amerikanischen »M 74« ablösen, während die in geringerer Stückzahl beschafften »M 88«-Bergepanzer bei den noch mit dem »M 48«-Kampfpanzer ausgerüsteten Einheiten verbleiben sollten.
Das unter der Leitung der Herren Eyb und Grewing stehende Sonderbüro der Firma Porsche entwickelte daraufhin den Typ »807«, von dem bei der Firma Jung-Jungenthal zwei Prototypen gebaut wurden. Bereits im April 1964 konnte der erste Prototyp offiziell Vertretern der Truppe und des BWB vorgestellt werden. Bei diesem Fahrzeug wurden viele revolutionäre Merkmale verwirklicht, die damit richtungsweisend für eine Gene-

Der als Bergepanzer 2 ausgewiesene Bergepanzer auf Leopard 1-Basis war richtungsweisend für eine ganze Generation neuer Bergefahrzeuge für gepanzerte Einheiten.

ration neuer Bergefahrzeuge werden sollten.
Im September 1964 übernahm die MAK Maschinenbau GmbH in Kiel die Aufgabe einer Managementfirma für den Bergepanzer Standard. MAK übernahm auch den Truppenversuch, die Firma Jung führte neben der Werkserprobung auch noch den stationären Versuch durch. Die Firma Porsche betrieb nicht nur die Weiterentwicklung, sondern auch Grundsatzversuche wie Luftfiltermessung. Bis Frühjahr 1965 war von MAK der Gesamtplan für die Serienproduktion festgelegt, bis Mitte Mai 1965 der erste größere Umbau des Prototyps beendet. Nach weiteren Versuchen wurde das Fahrzeug im September 1965 der E-Stelle 51 übergeben. Die zweite Umrüstung des Fahrzeuges erfolgte im Oktober des gleichen Jahres, mit dem dann im serienähnlichen Zustand vom 19. 10. bis 23. 11. 1965 der zweite Truppenversuch durchgeführt werden konnte.
Noch während der Entwicklungsarbeiten im Frühjahr 1965 waren vom BWB zwei Vorserienfahrzeuge bei der MAK in Auftrag gegeben worden. Diese sollten bereits alle Merkmale der späteren Serienfahrzeuge aufweisen. Anfang Oktober 1965 wurde bei der MAK mit der

Vorder- und Rückansicht des von der Firma Krupp-MaK gebauten Bergepanzer 2.

Die folgenden drei Bilder zeigen alle Einzelheiten des Bergepanzer 2.

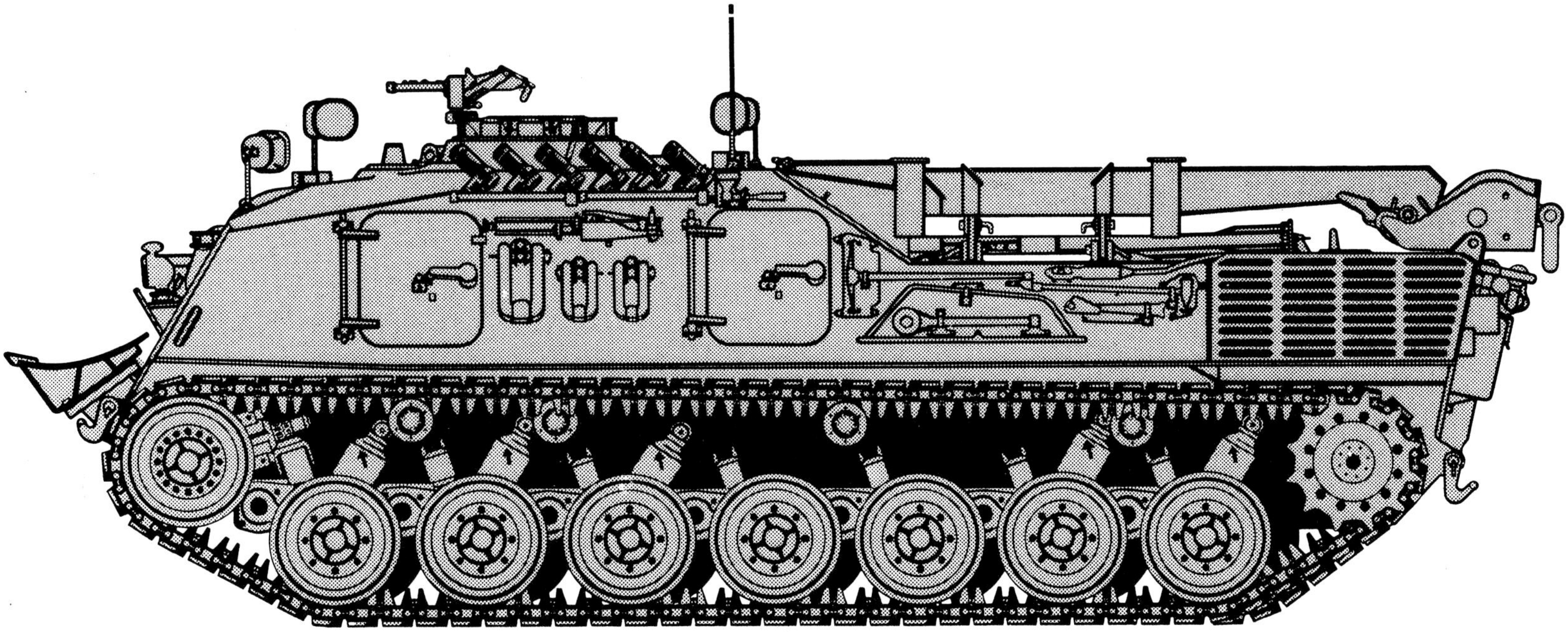

Bergepanzer 2.

Bergepanzer 2 mit aufgelastetem Ersatztriebwerk beim Abheben des Triebwerkblocks.

Montage der beiden Vorserienfahrzeuge begonnen. Der Unterschied zwischen dem Berge- und dem Kampfpanzer bestand lediglich in der Ausrüstung des einen mit der Bergeeinrichtung anstelle des Drehturmes. Auf das gemeinsame Fahrgestell wurde lediglich ein anderes Panzergehäuse gesetzt. Die neue Ausrüstung gab dem Fahrzeug folgende Verwendungsmöglichkeiten:

Schadfahrzeuge, auch mit einem wesentlich höhern Gewicht als der »Leopard«, konnten mittels Zugwinde geborgen werden.

Material im Gewicht bis zu 20 t, bis zu 7 m unter

Flur konnte bewegt werden. Der Austausch von Baugruppen wie ein »M 48«-Drehturm sowie ein »Leopard«-Triebwerk war gewährleistet. Ein einseitiges Anheben des »Leopard« mit Hilfe der Hubwinde und des um 270° schwenkbaren Drehauslegers war möglich.

Wegehilfe, Beseitigung von Sperren, Eingraben und Abstützen mit dem Räumschild waren vorgesehen. Die Möglichkeit, ein komplettes »Leopard«-Triebwerk auf der Heckplattform abzusetzen, bestand. Damit konnte auf dem Gefechtsfeld innerhalb kürzester Zeit das Triebwerk ausgewechselt werden. Das Bergen von Schadfahrzeugen in Minenfeldern in Vor- und Rückwärtsfahrt, um in der Spur des Schadfahrzeuges zu bleiben, war möglich.

Die Schnelligkeit, Beweglichkeit, Vielstoffähigkeit des Motors, ABC-Schutz sowie die Tauchfähigkeit entsprach der des Kampfpanzers »Leopard«. Werkzeug und Gerät zur Durchführung von Instandsetzungen der Erhaltungsstufe 2 konnten mitgeführt werden.

Die Arbeits- und Bergeeinrichtungen des Fahrzeuges bestehen aus den Antriebsaggregaten, der in der Mitte des Fahrzeuges untergebrachten Zugwinde, einer Hubwinde, dem Drehkran mit Schwenkwerk und dem Räumschild. Der Antrieb der hydraulischen Teile erfolgt vom Fahrzeugmotor her über zwei Hydraulik-Flügelpumpen (Hersteller Denison). Das auslaufende Seil der Zugwinde bleibt durch einen hydraulisch abgestimmten Vorlauf der Seilspannvorrichtung immer gespannt. Das Endstück des Seiles kann am Fahrzeugbug wasserdicht und beschußsicher abgedeckt werden. Die Zugkraft der Winde beträgt 35 t, deren Seillänge 90 m. Die Hubwinde ist an der rechten Fahrzeugseite untergebracht, der dazugehörige Ausleger ist vorne rechts auf dem Fahrzeug um 270° drehbar gelagert. Zwei splittergeschütze Hydraulikzylinder ermöglichen eine Erhöhung von 72°. Mit diesem Ausleger kann ein 4,3 t schwerer Triebwerkblock durch ein normales Hallentor gefahren werden. Das vorne am Fahrzeug angebrachte, hydraulisch bediente Räumschild dient als Stütze beim Anheben großer Lasten, als Anker beim Arbeiten mit der Zugwinde und als Arbeitsgerät zum Räumen, Planieren oder Schürfen.

Trotz der umfangreichen Ausrüstung ist der Bergepanzer »Standard« in seinem Gesamtkonzept einfach geblieben. Sein Gefechtsgewicht beträgt ca. 40 t. SmK-sichere Panzerung sowie ein eingebautes, neben dem Fahrer liegendes MG 1 und FlaMG schützen die Besatzung von vier Mann. Mit einem vergrößerten Treibstoffvorrat von 1550 l ließ sich der Fahrbereich auf 840 km erhöhen. Fast 75% der Baugruppen des Kampfpanzers konnten unverändert übernommen werden.

Ursprünglich war ein Bedarf von 300 dieser Fahrzeuge für die deutsche Bundeswehr festgelegt worden (Fahrgestellnummern-Bereich 9001–9999). Als Hersteller dieses Fahrzeuges trat die Atlas-MAK Maschinenbau GmbH in Kiel auf, von der am 9. 9. 1966 der erste deutsche Serien-Bergepanzer dem Bundesminister für Verteidigung übergeben wurde. Bereits 1968 konnten durch den raschen Zulauf der Bergepanzer »Standard« zur Truppe die zu den mittleren Kampfpanzern M 47 gehörenden Bergepanzer M 74 frei gemacht werden. Für die vorhandenen ca. 350 M-74-Fahrzeuge wurde eine entsprechende Verwendung gesucht. Anfang 1970 waren insgesamt 444 Bergepanzer »Standard« an die deutsche Bundeswehr ausgeliefert. Zusätzlich waren 36 Stück für Belgien, 41 Stück für die Niederlande und 6 Stück für Norwegen in Auftrag gegeben worden. 1971 kamen noch 69 Bergepanzer für Italien hinzu. Weitere Lieferungen sind zu erwarten.

Die offizielle Bezeichnung des Fahrzeuges lautet »Bergepanzer 2 (Standard)«.

Vorwiegend für die mit dem Flapanzer Gepard ausgerüsteten Einheiten der Bundeswehr wurde von der Firma Krupp-MAK ein leistungsgesteigerter Bergepanzer entwickelt. 100 Fahrzeuge wurden von Mitte 1977 bis 1978 gefertigt. Sie erhielten die Bezeichnung BPz 2 Los 3.

Die Leistungssteigerung bezieht sich vorwiegend auf einen verstärkten Kran, eine hinten rechts am Fahrzeugheck angebrachte Abstützung und eine Erhöhung der Seilausfahrgeschwindigkeit. Kanada erhielt acht, die Türkei vier und Griechenland ebenfalls vier dieser Fahrzeuge. Italien beschaffte sich die Genehmigung für den Lizenzbau von »Leopard«-Familienfahrzeugen und baute zusätzlich zu den bereits in der Bundesrepublik beschafften Geräten

- 68 Bergepanzer
- 28 Pionierpanzer
- 64 Brückenlegepanzer

Oben und links:
Der leistungsgesteigerte Bergepanzer 2, Los 3, mit dem vor allem Einheiten mit dem Flapanzer Gepard ausgestattet wurden, hatte hinten rechts am Heck eine hydraulische Abstützung.

Die leistungsgesteigerte Ausführung des Bergepanzer 2 führte an der linken Aufbauseite die Bodenplatte für die hydraulische Abstützung mit.

Pionierpanzer

Als drittes Mitglied der »Leopard«-Familie wurde Ende 1968 der Pionierpanzer »Leopard« vorgestellt. Mit ihm wurden die Panzerpionierkompanien der deutschen Brigaden verstärkt. Seine Einführung erfolgte ab Frühjahr 1969. Das ebenfalls von der MAK Maschinenbau GmbH in Kiel hergestellte Fahrzeug (Fahrgestellnummern-Bereich 10 001 – 10 999) gleicht in seiner Gestaltung dem Bergepanzer »Standard«, seine Hauptbaugruppen der Bergeeinrichtung stimmen völlig überein. Der Pionierpanzer soll die Kampftruppe hauptsächlich beim Überwinden und Anlegen von Hindernissen sowie beim Herstellen von Deckungen unterstützen.
Im Gegensatz zum Bergepanzer wurde beim Pionierfahrzeug Wert darauf gelegt, durch Erhöhung der

Berge- und Pionierpanzer auf Leopard 1-Basis beim italienischen Heer. Der Großteil der Fahrzeuge wurde in Italien lizenzgebaut.

Der von der Firma Krupp-MaK gefertigte Pionierpanzer führt offiziell die Bezeichnung Bergepanzer 2 A1. In seiner ursprünglichen Ausführung erhielt er neben der pionier-typischen Ausrüstung ein verstärktes Räumschild mit Reißzähnen und einen Erdbohrer zum raschen Herstellen von Schützendeckungen.

Pionierpanzer. ▼

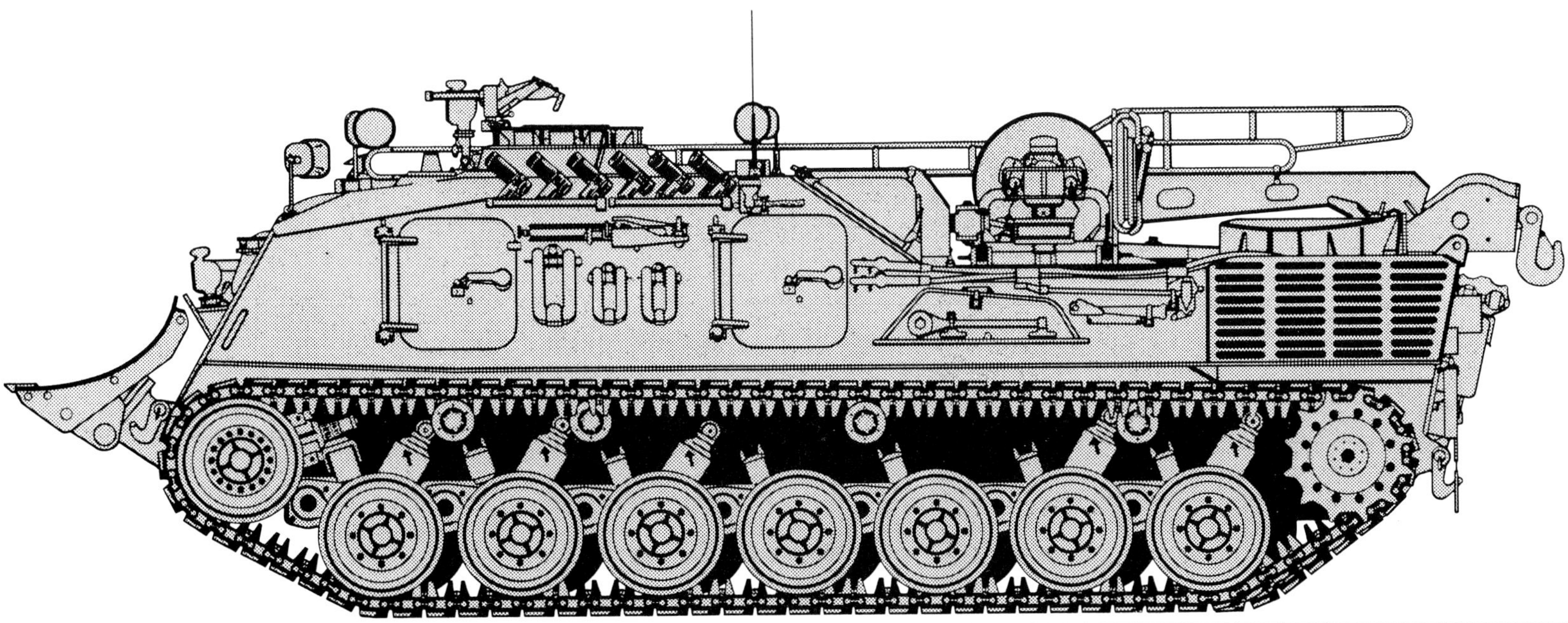

Pionierpanzer mit aufgesetztem Erdbohrer.

In kurzer Zeit können Deckungslöcher gegraben werden.

Räumleistung und Einsatz eines Erdbohrgerätes die Arbeitseinsatzmöglichkeiten zu vergrößern. Dazu wurde gegenüber dem Bergepanzer das Räumschild um 380 mm erhöht und an den beiden Seiten um je 250 mm verbreitert. Diese Schaufel kann auf Grund ihrer Formgebung zum Planieren, Räumen und Ausheben von Deckungsgräben verwendet werden. Eine Räumleistung von 200 m^3/h bei unbegrenzter Einsatzdauer ist vorausgesetzt. Der Anbau von vier Reißzähnen an die Schaufel ist möglich. Dadurch läßt sich der Pionierpanzer vielseitig verwenden:

- Erd-, Gestein- und Trümmermassen können gelöst und verschoben werden
- Sperren können geräumt bzw. angelegt werden
- Wälle, Dämme und Uferverbauungen können durchstoßen und geöffnet werden
- Einschnitte und Trichter können zugeschoben werden

Beim Pionierpanzer wurde gegenüber dem Bergepanzer die hydraulische Anlage verstärkt, um die Räumleistung zu verbessern.

Deckungen für Fahrzeuge und Material können hergestellt werden

Gefrorener und betonierter Boden kann bis zu einer Tiefe von 400 mm aufgerissen werden

Schnee kann geräumt werden

Der Drehkran, mit einer Tragkraft von 30 t, stimmt mit dem des Bergepanzers überein, ebenso die Seilwinde, welche eine Leistung von 70 t im Doppelzug aufweist. Damit können Sperren und Gebäudeteile eingerissen bzw. Hindernisse auseinandergezogen werden. Neuentwickelt wurde ein Erdbohrgerät, welches beim Arbeiten am Kranausleger befestigt wird. Sein Antrieb erfolgt über einen hydraulischen Radialkolbenmotor. Dieses Erdbohrgerät kann in der Stunde bis zu 30 Erdlöcher mit einem Durchmesser von 700 mm und einer Tiefe von 1900 mm herstellen. Zur besseren Bedienung und zum Auswechseln des Gerätes wurde der Ausleger mit einer aufgeschweißten Leiter versehen, die nach außen hin den Pionierpanzer vom Bergepanzer unterscheidet. Um die bei der Hydraulikanlage beim Dauerbetrieb anfallende Hitzeentwicklung abzubauen, wurde ein Ölwärmetauscher mit einer Kühlleistung von 10 000 kcal/h vorgesehen. Zusätzlich werden Spreng- und Zündmittel unter Panzerschutz mitgeführt, während das Triebwerkhebegeschirr und die Motorsäge des Bergepanzers beim Pionierpanzer entfallen.

Anfang 1970 hatte die Bundeswehr 36 dieser Fahrzeuge im Auftrag. Insgesamt wurden 105 Pionierpanzer an das Heer geliefert. Italien hatte für 1971 12 dieser Fahrzeuge bestellt, Belgien erhielt 6 Stück.

Nach eingehenden Untersuchungen mit Prototypen für eine gepanzerte Pioniermaschine (GPM) auf »Leopard 1«-Basis wurde entschieden, diese Entwicklung auf dem Fahrgestell des »Leopard 2« weiterzuführen. Die GPM-Entwicklung wurde Ende der 70er Jahre aber auch aus finanziellen Gründen eingestellt. Gleichzeitig mit der geplanten Entwicklung und Beschaffung eines Bergepanzers 3 auf »Leopard 2«-Basis wurde entschieden, der Pioniertruppe zu den 36 vorhandenen Pionierpanzern 1 weitere 104 Bergepanzer 2 (»Leopard 1«-Basis) zuzuteilen. Diese 140 Fahrzeuge sollen durch die Firma Krupp-MAK zu leistungsfähigeren und kampfwertgesteigerten Pionierpanzern 2 umgebaut werden.

Vorerst wurden drei Prototypen gebaut und eingehend erprobt. Der Pionierpanzer 2 hat im Gegensatz zu seinem Vorgänger folgende grundsätzlichen Änderungen:

- Anstelle des bisherigen Kranes einen Teleskoparmbagger mit Tieflöffel
- Ein verbessertes Räumschild mit Abreißkanten, verschiebbaren Seitenteilen und klappbaren Reißzähnen

Jahrelang wurde eine Verbesserung des Pionierpanzer von zwei Firmengruppen betrieben, die außer Prototypen keine Ergebnisse brachte (gepanzerte Pioniermaschine).

Auf Grund der angespannten Haushaltlage wurde entschieden, die gepanzerte Pioniermaschine nicht auf dem Fahrgestell des Leopard 2 weiterzuverfolgen, sondern die vorhandenen Pionierpanzer 1 zu modifizieren.

Neben den 36 Pionierpanzern werden noch 104 Bergepanzer 2 für die Aufgaben der Pioniere umgebaut. Wesentlicher Unterschied zum Original-Pionierpanzer ist der Einbau eines Teleskoparmbaggers.

Die Phantomzeichnung zeigt die wesentlichen Änderungen am Pionierpanzer 2.

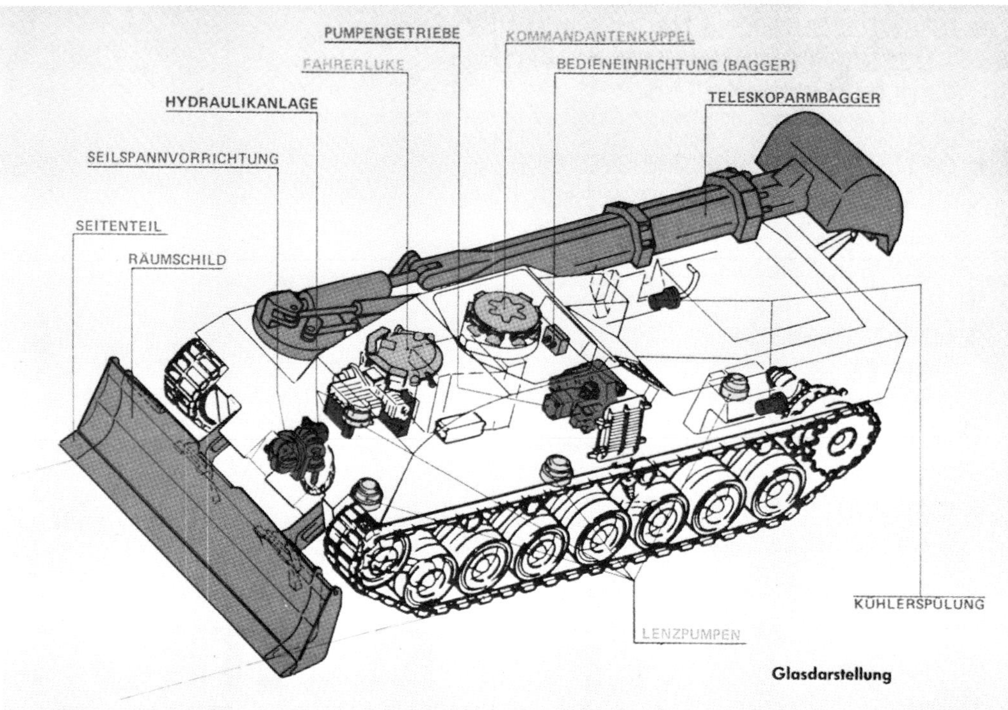

- Eine geänderte Seilspannvorrichtung. Ein Unterwassereinsatz der Winde ist nunmehr möglich

und andere wichtige Leistungsverbesserungen.
Als echtes Pionierfahrzeug ausgelegt, kann der Pionierpanzer 2 u. a. auch

- Baggerarbeiten unter Panzer- und ABC-Schutz durchführen
- aus dem Wasser heraus Steilufer abbaggern und Ausfahrten herstellen.

Der Zulauf zur Truppe erfolgt ab 1988.

Flapanzer

Als Ersatz für die bei der Bundeswehr laufenden amerikanischen Fla-Panzer vom Typ M 42 wurde zuerst ein Fahrzeug der neuen, noch in der Entwicklung befindlichen Schützenpanzerfamilie in Erwägung gezogen. Dieses als »Schützenpanzer neu Flakzwilling 30 mm« bezeichnete Fahrzeug mit den Außenmaßen 6005 × 2980 × 2475 mm hatte bei vier Mann Besatzung ein Gefechtsgewicht von 27 t. Nachdem davon drei Prototypen (RU 221 und 222 mit vorneliegendem Motor sowie RU 243 mit in der Mitte gelagertem Triebwerk) von der Hanomag gebaut wurden, ließ sich rasch überblicken, daß die sehr schwer werdende Waffen- und Feuerleitanlage vorteilhafter auf dem »Leopard«-Fahrgestell untergebracht werden konnte. Die vorgesehene Zwillingsbewaffnung besaß eine hohe Schußfolge und wies die nötige Feuerdichte zum Beschuß tieffliegender Düsenmaschinen auf. Wie wirkungsvoll diese schnellfeuernden Waffen bei der Fliegerabwehr sind, hatte sich während des Krieges in Vietnam überzeugend bewiesen. Auf eine Entwicklung des Zweiten Weltkrieges zurückzugreifen, war müßig, da der einzige vollständig geschlossene Fla-Panzer, das Fahrzeug »Kugelblitz«, nur als Prototyp gebaut wurde und tatsächlich Einsatzwerte nicht ermittelt werden konnten. Es erwies sich jedoch bereits damals, daß die Verwendung eines zu kleinen Fahrgestelles die Feuerkraft und dadurch den Einsatzwert des Fahrzeuges in Frage stellte. Die damalige Behauptung, daß das Fahrgestell des »Panther« zu wertvoll für eine solche Verwendung sei, wurde schnell widerlegt, als vor allem im Westen die Kampfpanzer wegen der drückenden Luftüberlegenheit der Alliierten nicht mehr wirkungsvoll zum Einsatz gebracht werden konnten.
Die Entwicklung des neuen Fla-Panzers wurde wie

üblich zweigleisig betrieben, wobei die folgenden militärischen Forderungen gestellt worden waren:

- Volle Kampfautonomie mit Freund-Feind-Kennung
- Hohe Abschußleistung gegen angreifende und aufklärende Flugzeuge, besonders im Tiefflug
- Große wirksame Kampfreichweite
- Kurze Reaktionszeit
- Allwetter-Einsatzfähigkeit
- Weitgehender Schutz gegen elektronische Störmaßnahmen
- Modernes Vollkettenfahrzeug
- Panzerung gegen leichte Infanteriewaffen und Granatsplitter sowie ABC-Schutz der Besatzung
- Wirkungsvolle Selbstverteidigung gegen Bodentruppen
- Einfache Bedienung, Wartung und Versorgung
- Großer schußbereiter Munitionsvorrat für Luft- und Erdzielbeschuß mit umschaltbarer Zuführung zur Waffe
- Ausgewogenes Gesamtsystem mit hoher Kostenwirksamkeit
- Einführungsreife des Systems innerhalb einer kurzen und überblickbaren Zeitspanne.

Eine der Firmengruppen, welche sich für diese Entwicklung zusmmenschloß, bestand aus den Firmen AEG-Telefunken, Krauss-Maffei, Porsche, Rheinmetall und Siemens. Das Projekt lief unter der Entwicklungsbezeichnung »Mobiles Allwetter-Tiefflieger-Abwehrsystem mit Doppler-Radar und 30-mm-Zwillingskanone auf Fahrgestell Leopard, Autonom« oder abgekürzt

Das 30-mm-Flugabwehrsystem Matador wurde unter der Federführung der Firma Rheinmetall konzipiert und in Form von Prototypen realisiert.

Der schematische Aufbau des Rheinmetall Tiefflieger-Abwehr-Systemes:

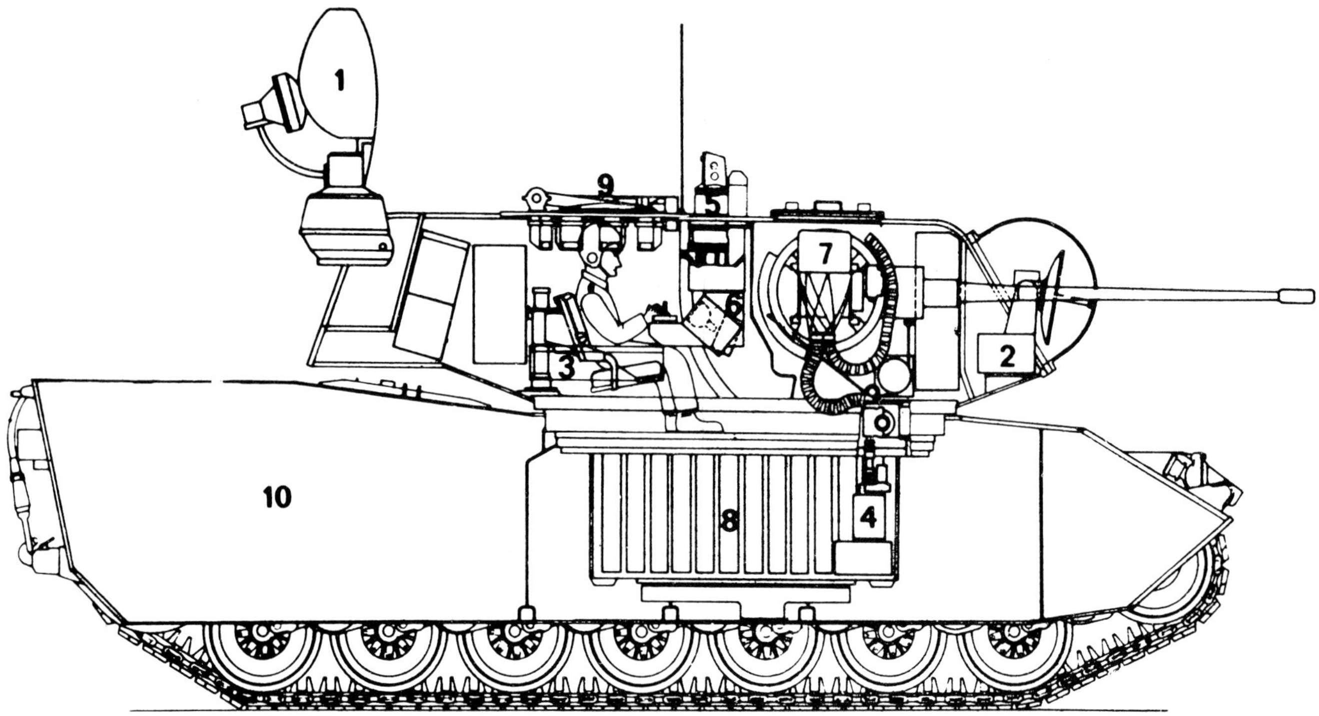

1 **Überwachungsradar (Siemens)**
2 **Feuerkontrollradar (AEG Telefunken)**
3 **Hauptrechner (AEG Telefunken)**
4 **Nebenrechner (Rheinmetall)**
5 **Überwachungsoptik (Rheinmetall)**
6 **Bedienungskonsole**
7 **Waffeneinbau (Rheinmetall)**
8 **Munitionsbehälter**
9 **Turm mit Turmluken (Rheinmetall)**
10 **Fahrgestell (Porsche/Krauss-Maffei)**

Schnittbild durch den Flapanzer Matador.

»Matador 30 ZLA«. Die Porschetypenbezeichnung lautete »1833«. Nur geringfügige Änderung am »Leopard«-Fahrgestell waren nötig und hauptsächlich dadurch bedingt, daß der das Waffensystem antreibende Generatorsatz von einem Mehrstoff-Verbrennungsmotor angetrieben wird, dessen Auspuffanlage vorne links am Fahrzeug untergebracht ist. Der Generatorsatz selbst ist im Vorderteil des Fahrzeuges neben dem Fahrer eingebaut und so angeordnet, daß dadurch auch unmittelbar die hydromechanische Turmschwenkeinrichtung angetrieben werden kann. Der von Rheinmetall entwickelte Drehturm enthält und schützt die wesentlichen Baugruppen des Waffensystems, nämlich das Rundsuchradargerät, die Feuerleitanlage, die Waffenanlage, die Munitionsbehälter und Gurtkanäle, die Optiken, die zentralen Bedienungseinrichtungen und den Kampfraum für die zweiköpfige Turmbesatzung. Kommandant und Richtschütze haben je eine elektrisch oder von Hand bediente Ausstiegsluke. Eine Klimaanlage sowie die Anwendung der letzten Erfahrungen der Anthropotechnik erlauben der Besatzung einen zeitmäßig fast unbegrenzten Aufenthalt im Fahrzeug.

Die zur Verwendung kommende 30-mm-Zwillingskanone ist ebenfalls eine Neuentwicklung der Firma Rheinmetall. Das Richten der Waffe erfolgt automatisch oder manuell. Im Notfall ist Handbetrieb vorgesehen. Toxische Gase sowie ausgestoßene Geschoßhülsen werden seitlich ins Freie befördert. Ein außergewöhnlich hoher Munitionsvorrat ist vorhanden.

Im Juni 1970 fiel die Entscheidung, die Entwicklung des 30-mm-Flakpanzer-Waffensystems Matador einzustellen.

Die Elektronik des Fla-Panzers ermöglicht die geforderte Autonomie und erledigt folgende Hauptaufgaben:

Luftlage-Ermittlung ohne Festzeichenstörung

Luftlage-Darstellung mit gleichzeitiger Freund-Feind-Ermittlung

Zielverfolgung und Feuerleitung

Zielbekämpfung.

Durch die Verwendung des sogenannten Dopplerradarprinzips können Flugziele nach Zielentfernung und Geschwindigkeit vermessen werden. Das als Rundsuchradargerät am hinteren Turmende aufgebaute Pulsdopplerradargerät kann alle im in Frage kommenden Höhen- und Entfernungsbereich fliegenden Ziele erfassen. Aufgefaßte und identifizierte Ziele werden dann vom vorne am Turm halbkugelförmig untergebrachten Feuerleitradargerät übernommen, während das Rundsuchradar sich mit neuen Zielen befaßt. Das Feuerleitradargerät übernimmt Feuerleitung und Zielverfolgung und errechnet unter anderem die Zielbahn und die Vorhaltswerte. Die aus einem Hauptrechner und einem Zweitrechner bestehende elektronische Datenverarbeitungsanlage ermöglicht die automatische Zusammenarbeit sämtlicher Geräte. Die Bekämpfung des Zieles erfolgt ebenfalls vollautomatisch. Zusammenfassend ergeben sich folgende Leistungen des neuen Waffensystems:

Luftlage-Ermittlung bei hohen Flugzeuggeschwindigkeiten und niedrigen Flughöhen, auch in schwierigem Gelände

Luftlage-Darstellung, die mit einer Panoramadarstellung alle im Erfassungsbereich befindlichen Flugzeuge darstellt und eine Bedrohungsabschätzung der einzelnen Flugzeuge ermöglicht

Zielverfolgung und Feuerleitung mit automatisch arbeitenden Geräten in geringstmöglichen Zeiten.

Zwei Prototyp-Fahrzeuge des »Matador«-Waffensystems gingen Anfang 1970 in den Werksversuch. Während die Erprobung der Waffenanlage hauptsächlich bei der Rheinmetall in Unterlüß stattfand, erfolgte die Systemüberprüfung der elektronischen Anlage bei der Firma Telefunken in Erbach bei Ulm. Nach Abschluß der Werksuntersuchung wurden beide Fahrzeuge einer Erprobungsstelle der Bundeswehr übergeben. Die Bundeswehr hatte auch die Finanzierung des »Matador«-Waffensystems übernommen.

Im Gegensatz dazu handelte es sich bei der Parallelentwicklung eines Fla-Panzers der Firmengruppe Örlikon-Bühle, Contraves und Albiswerk um eine reine Privatentwicklung. Wiederum war das Fahrgestell des »Leopard« als Grundlage des Waffensystems vorgesehen.

Nach einer Truppenerprobung kam es am 26. 6. 1970 zu folgender Entscheidung in der Fla-Panzer-Frage:

Auf Grund der jetzt vorliegenden Untersuchungsergebnisse wird die Entwicklung des 30-mm-Panzer-Fla-Waffensystems eingestellt; das im Zusammenhang mit dieser Entwicklung vorgesehen gewesene Feuerleitgerät soll jedoch weiter entwickelt werden.

Der Fla-Panzer M42 soll Mitte der siebziger Jahre durch ein 35-mm-Panzer-Fla-Waffensystem ersetzt werden.

Über die Beschaffung eines ersten Loses wird zu einem späteren Zeitpunkt entschieden.

Wesentliche Elemente der eingestellten Entwicklung werden in das 35-mm-System eingeschleust, andere kommen weiteren Aufgaben der Luftverteidigung zugute. Für die Entwicklung des 30-mm-Waffensystems waren insgesamt 185 Millionen DM vorgesehen, von denen bis zur Einstellung des Projekts 93 Millionen DM ausgegeben waren.

Die Entwicklung des ausgewählten 35-mm-Waffensystems begann mit Grundsatzüberlegungen im Jahre 1963. Der 1965 fertiggestellte Entwurf zeigte einen Fla-Panzer mit zwei 35-mm-Schnellfeuerkanonen der Werkzeugmaschinenfabrik Örlikon-Bührle AG in Zürich. Zur Aufnahme der Bewaffnung und der Feuerleiteinrichtung wurde ein Panzerfahrgestell der 30- bis 40-t-Klasse notwendig. 1966 hatte sich Örlikon-Bührle mit Albiswerk zusammengeschlossen, um die Entwicklung und den Zusammenbau eines selbstfahrenden 35-mm-Flugabwehrsystems durchzuführen. Im gleichen Jahr schloß diese Firmengruppe einen Entwicklungsauftrag mit dem Bundesverteidigungsministerium über die Lieferung von zwei Prototypfahrzeugen ab. Dabei sollte der Suchradar von der N. V. Hollandse Signaalapparaten beigestellt werden, während der Verfolgungsradar von der Firma Albiswerke geliefert werden sollte. Die Feuerleitanlage wurde bei Contraves gefertigt, die Bewaffnung selbst kam von Örlikon. Dazu stellte die Firma Krauss-Maffei ein »Leopard«-Fahrgestell zur Verfügung. Ein dritter Erprobungsträger wurde

Im Februar 1973 wurde entschieden, das Flugabwehrsystem Oerlikon-Contraves mit 35-mm-Waffenanlage einzuführen. Jahrelange Erprobungen von Prototypen waren vorausgegangen.

Die Bundesrepublik Deutschland und die Niederlande bauten jeweils ihre eigenen Radarsysteme ein.

Die seitlich angebrachten Kettenschürzen wurden bei der für die Bundesrepublik Deutschland eingeführten Serie nicht verwendet.

Das Waffensystem Gepard in seiner endgültigen Konfiguration mit Munitionsvorrat.

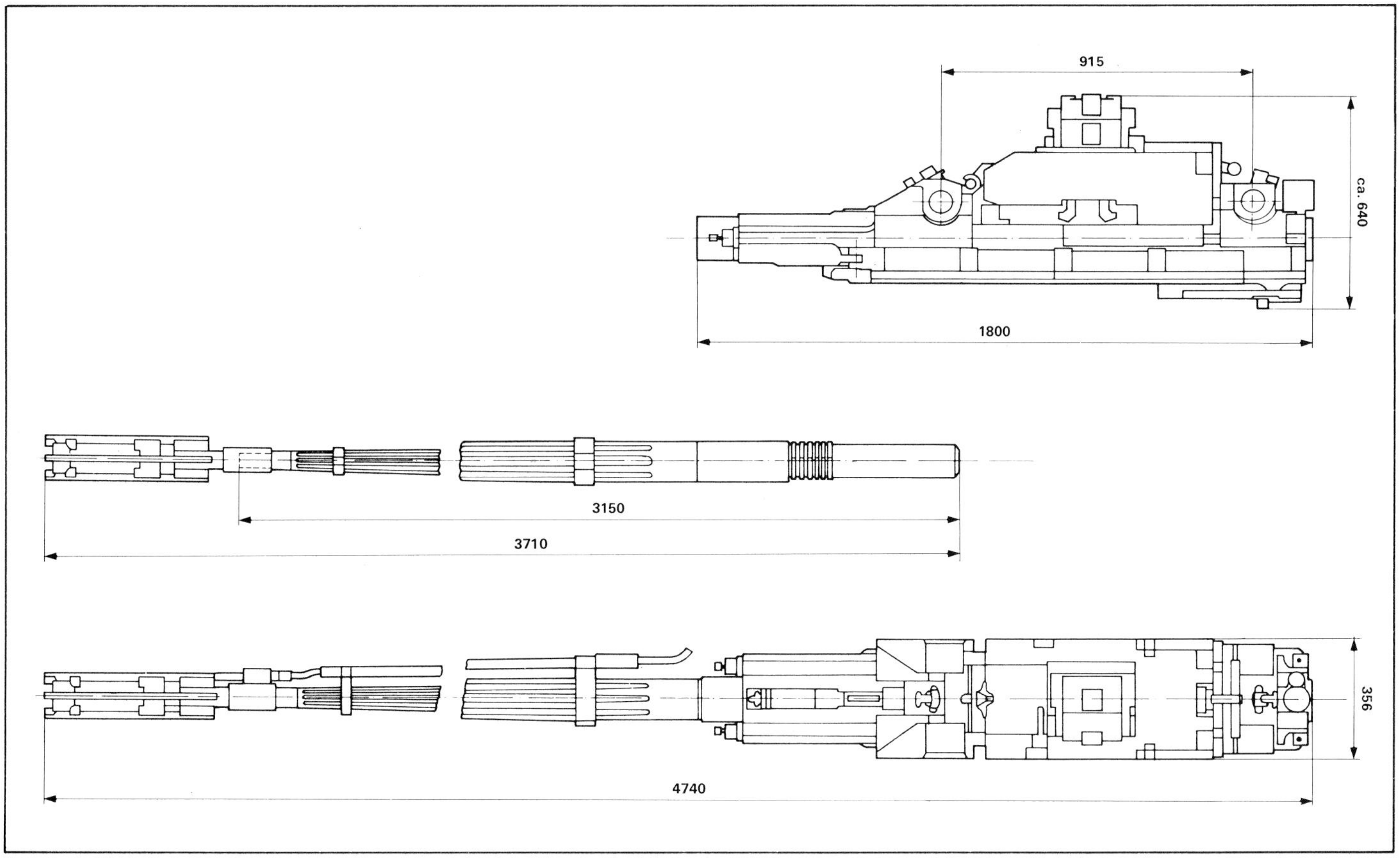

Die Abmessungen der 35-mm-Bewaffnung.

zur Weiterentwicklung bei Örlikon-Contraves bereitgestellt, dessen erste Prüfläufe im Mai 1968 begannen. Derselbe Prototyp wurde im November 1968 zu den ersten Schießversuchen eingesetzt und zeigte grundsätzlich die Einsatzfähigkeit des Waffensystems.

Dieser Fabriks-Prototyp diente als Grundlage für das erste Versuchsfahrzeug, welches unter der Typenbezeichnung »5 PFZ-A« Ende 1968 an das Bundesverteidigungsministerium geliefert wurde. Der zweite Prototyp folgte im Frühjahr 1969. Mit diesen zwei Prototypen wurden im Laufe des Jahres eingehende Versuche unternommen, wobei vor allem die radarkontrollierte Feuerleiteinrichtung und die Bewaffnung geprüft wurde. Schießversuche gegen gezogene und ferngesteuerte Luftziele rundeten diese Untersuchungen ab. Im Gegensatz zum Rheinmetall-System erfolgte der Waffeneinbau an der Außenseite des Drehturmes. Die Zugängigkeit zu den Kanonen wurde bedeutend erleichtert. Die Untersuchung war im Februar 1970 abgeschlossen.

Fortschritte in der Entwicklung von Radar führten zu einer zweiten Baureihe von Entwicklungsfahrzeugen. Dabei ergab sich der Typ »5 PFZ-B«, der nunmehr das von der Firma Siemens entwickelte Puls-Doppler-Radar vom Typ »MPDR 12« aufnahm. Das Feuerleitradar der Firma Albiswerke wurde ebenfalls auf Dopplerfunktion umgestellt. Die damit ausgerüsteten Prototypen des Fahrzeuges »5 PFZ-B« kamen im Frühjahr 1971 zur Auslieferung.

Eine holländische Ausführung dieses Fla-Panzers unter der Typenbezeichnung »5 PFZ-C« war 1968 in Auftrag gegeben worden. Dabei kam das Suchradar der Firma Hollandse Signaalapparaten zum Einbau. Der Prototyp wurde im Herbst 1970 abgeliefert, vier weitere wurden bis 1974 geliefert. Die holländische Armee benötigt rund einhundert dieser Fahrzeuge.

Der Fla-Panzer »Gepard« hat Such- und Feuerleitradar, Rechenanlage, Feuerleiteinrichtung sowie Waffenanlage auf einem nur leicht veränderten »Leopard«-Fahrgestell aufgebaut. Eine dreiköpfige Besatzung, bestehend aus Kommandant, Richtschützen und Fahrer, ist ausreichend, um das gesamte Waffensystem zum Einsatz zu bringen. In seinem Grundkonzept entspricht das Örlikonsystem dem des Fla-Panzers »Matador«. Die Bewaffnung hat eine Kadenz von 550 Schuß per Minute bei einer Mündungsgeschwindigkeit von 1175 m/sek. Die Munitionsversorgung erfolgt mittels Gurt. Die Abfuhr von toxischen Gasen und der Kartuschen ist auf Grund der Außenanbringung der Bewaffnung wesentlich erleichtert. Sämtliche außenliegenden Teile sind gepanzert. Die Munitionsergänzung kann durch die Besatzung innerhalb von 20 Minuten erfolgen. Insgesamt stehen 700 Schuß Munition zur Verfügung, davon 40 Schuß panzerbrechende Geschosse, welche gesondert in gepanzerten Behältern an der Außenseite der Bewaffnung untergebracht sind. Die gesamte Waffenanlage wird wiederum von einem Zusatztriebwerk bedient, welches über einen Generator unabhängig vom Haupttriebwerk die Unabhängigkeit der Waffenanlage sichert. Das Waffensystem »Fla-Panzer-Leopard« ist dadurch vollkommen autonom und als solches völlig unabhängig in seinem Einsatz. Es

Das erste Serienfahrzeug Gepard wurde im Dezember 1976 fristgerecht der Deutschen Bundeswehr übergeben.

Eine Fla-Panzerwanne vor dem Einbau des Triebwerkblocks.

Das Montageband bei der Firma Krauss-Maffei.

Die Firma Wegmann verlegte die Endabnahme der Türme nach München.

ist damit das erste einsatzfähige, allwetterfähige und gepanzerte Flugabwehrsystem zum Schutze der Kampfpanzer.

Es besteht zusammenfassend hauptsächlich aus

- den 35-mm-Örlikon-Zwillingskanonen. Diese Waffen entsprechen im wesentlichen der 35-mm-Zwillings-FLAMK. Die Kanonen der Fla-Panzer haben jedoch doppelte Munitionsgurtführung und können – für den Erdzielbeschuß – auf panzerbrechende Munition umgeschaltet werden. Die Munition ist die gleiche wie bei der 35-mm-FLAMK in Erdlafette.
- Rundsuchradar mit integriertem IFF-Gerät
- Zielfolgeradar, das in der Lage ist, mit hoher Festzeichenunterdrückung ein erfaßtes Flugziel vollautomatisch zu verfolgen und kontinuierlich zu vermessen
- Feuerleitgerät, das wie schon das Zielfolgeradar eine Weiterentwicklung des bekannten Feuerleitgerätes »Superfledermaus« ist.

Im Juni 1971 wurde der erste Prototyp des Fahrzeuges »PFZ-B« an die Bundeswehr geliefert, drei weitere folgten Ende des Jahres. Zwölf weitere Fahrzeuge, mit Auslieferung 1973, waren bei Krauss-Maffei in Auftrag gegeben. Die erste Erprobungsphase des nunmehr offiziell als »Fla-Panzer 1« bezeichneten Flugabwehrpanzers 35 mm (Örlikon) war im März 1972 abgeschlossen. Der Fahrzeugpreis wurde mit ca. 5 Millionen DM angegeben.

1973 lief die Beschaffung von insgesamt 432 »Fla-Panzern 1« im Gesamtwert von 2,1 Milliarden DM an. Damit werden 11 Flugabwehrbataillone ausgerüstet, deren je 3 schießende Kampfbatterien pro Batterie 12 Fla-Panzer erhalten.

Das 2. Fla-Lehr-Bataillon 610 erhält 12 dieser Fahrzeuge, und 14 weitere sind für die Truppenschulen des Heeres bestimmt. Die Umlaufreserve beträgt 10 Fahrzeuge.

Anfang September 1973 wurde auf dem Schießplatz der Flugabwehrtruppen in Todendorf an der Ostsee der neue Fla-Panzer unter der Bezeichnung »Gepard« der Öffentlichkeit vorgestellt. Ab 1976 soll die Zuteilung dieser Fahrzeuge zur Truppe erfolgen. Holland hat in der Zwischenzeit 95, Belgien 50 Fla-Panzer in Auftrag gegeben. Die endgültigen Produktionszahlen:

– Fla-Panzer B 2 (BRD)	1976 – 1980	420 Stück
– Fla-Panzer B 2 (Belgien)	1977 – 1980	55 Stück
– Fla-Panzer CA 1 (NL)	1977 – 1979	95 Stück

Flapanzer Gepard und CA 1 in der Endmontage. Das Fahrzeug vorne trägt auf dem Folgeradar einen Laser-Entfernungsmesser.

Bahnverladung von Flapanzern Gepard auf dem Werksgelände der Firma Krauss-Maffei.

Vorder- und Rückansicht der deutschen Ausführung des Flapanzers Gepard, der in dieser Form auch an Belgien geliefert wurde.

An der linken Fahrzeugseite ist die Abgasleitung für das im Bug eingebaute Zusatzaggregat gut zu erkennen.

Ein Bergepanzer 2, Los 3, beim Ziehen des Gepard Drehturmes.

Aus dieser Perspektive ist die deutsche von der holländischen Ausführung kaum zu unterscheiden. Neben dem Zielfolgeradar ist besonders die NL-typische Nebelwurfanlage ein Erkennungsmerkmal.

Abbildung links und rechte Seite: Die Serienausführung des holländischen Flapanzers CA 1.

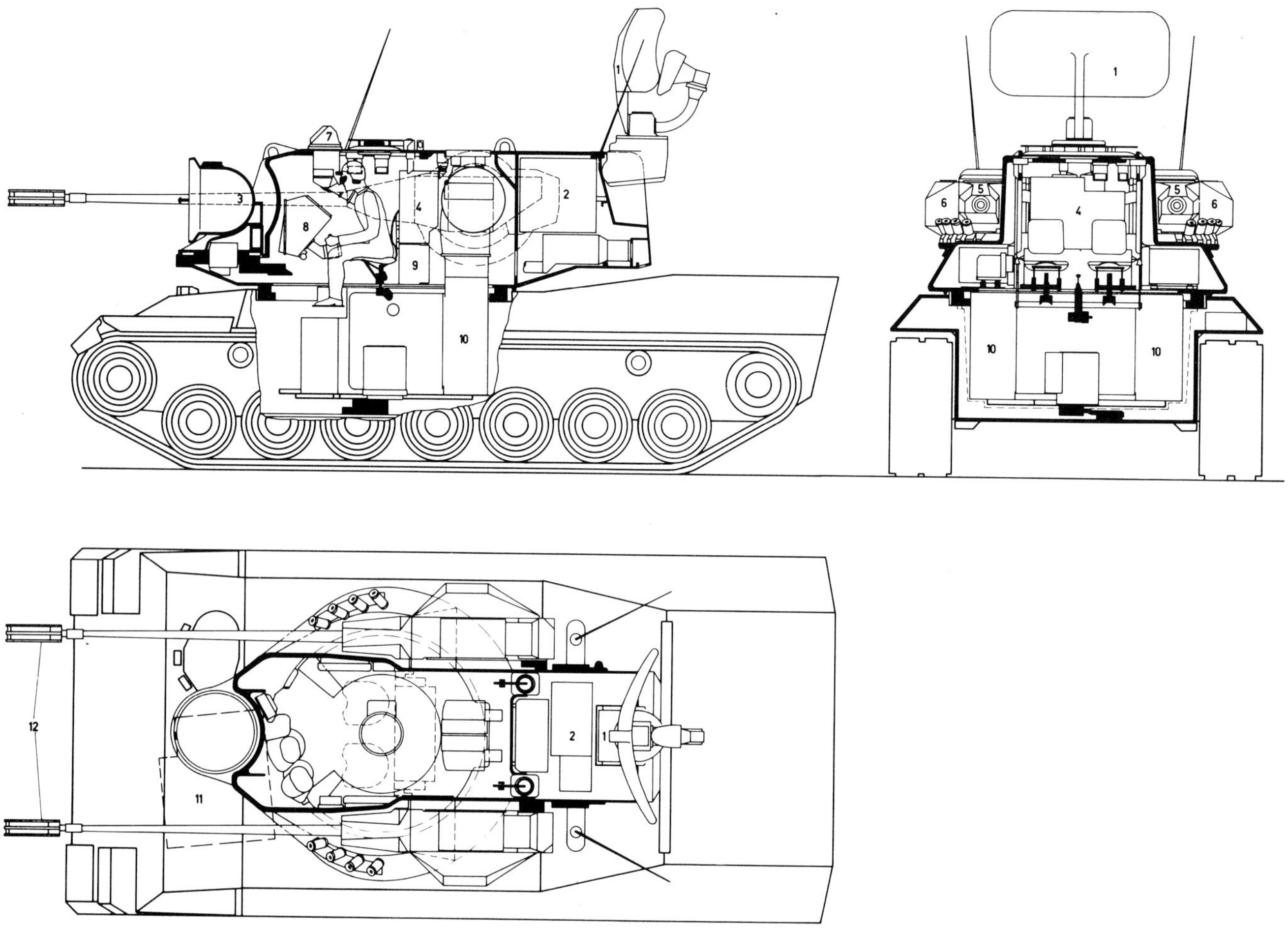

Beide schematischen Skizzen zeigen die Unterschiede zwischen der deutschen Ausführung »5 PFZ-B« und der holländischen Lösung »5 PFZ-C«.

1 Überwachungsradarantenne
2 Überwachungsradar mit Freund-Feind-Erkennung
3 Feuerleitradar
4 Feuerleitradar Sender/Empfänger
5 35-mm-Kanonen
6 Außenliegende Magazine für panzerbrechende Munition
7 Periskope
8 Bedienungskonsole
9 Rechner für Feuerkontrolle
10 Munitionsbehälter
11 Nebenantriebsaggregat
12 Mündungsgeschwindigkeitsermittler

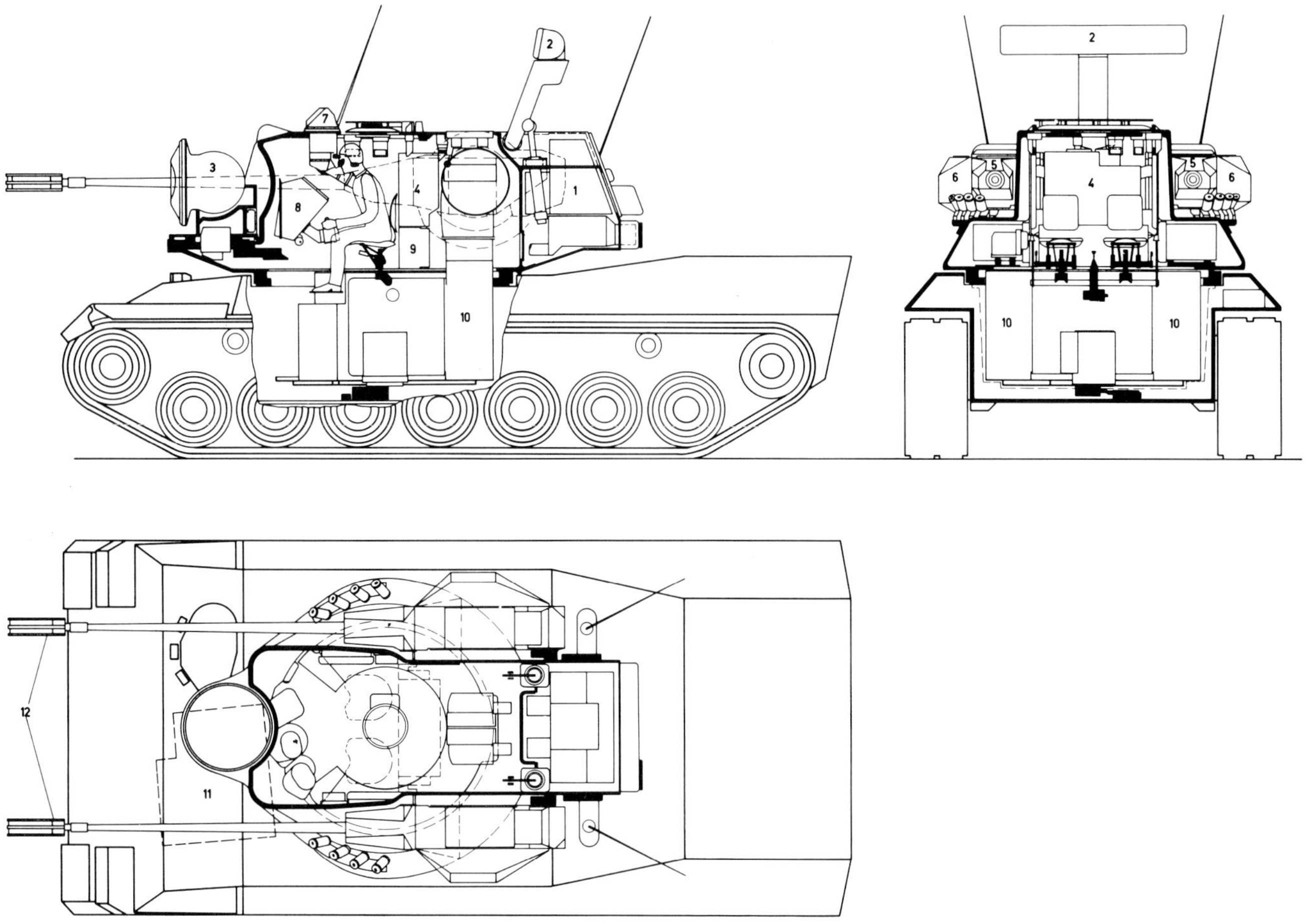

1 Überwachungsradar Sender/Empfänger mit Freund-Feind-Erkennung
2 Überwachungsradarantenne
3 Feuerleitradar
4 Feuerleitradarrechner
5 35-mm-Kanonen
6 Außenliegende Magazine für panzerbrechende Munition
7 Periskope
8 Bedienungskonsole
9 Rechner für Feuerkontrolle
10 Munitionsbehälter
11 Nebenantriebsaggregat
12 Mündungsgeschwindigkeitsermittler

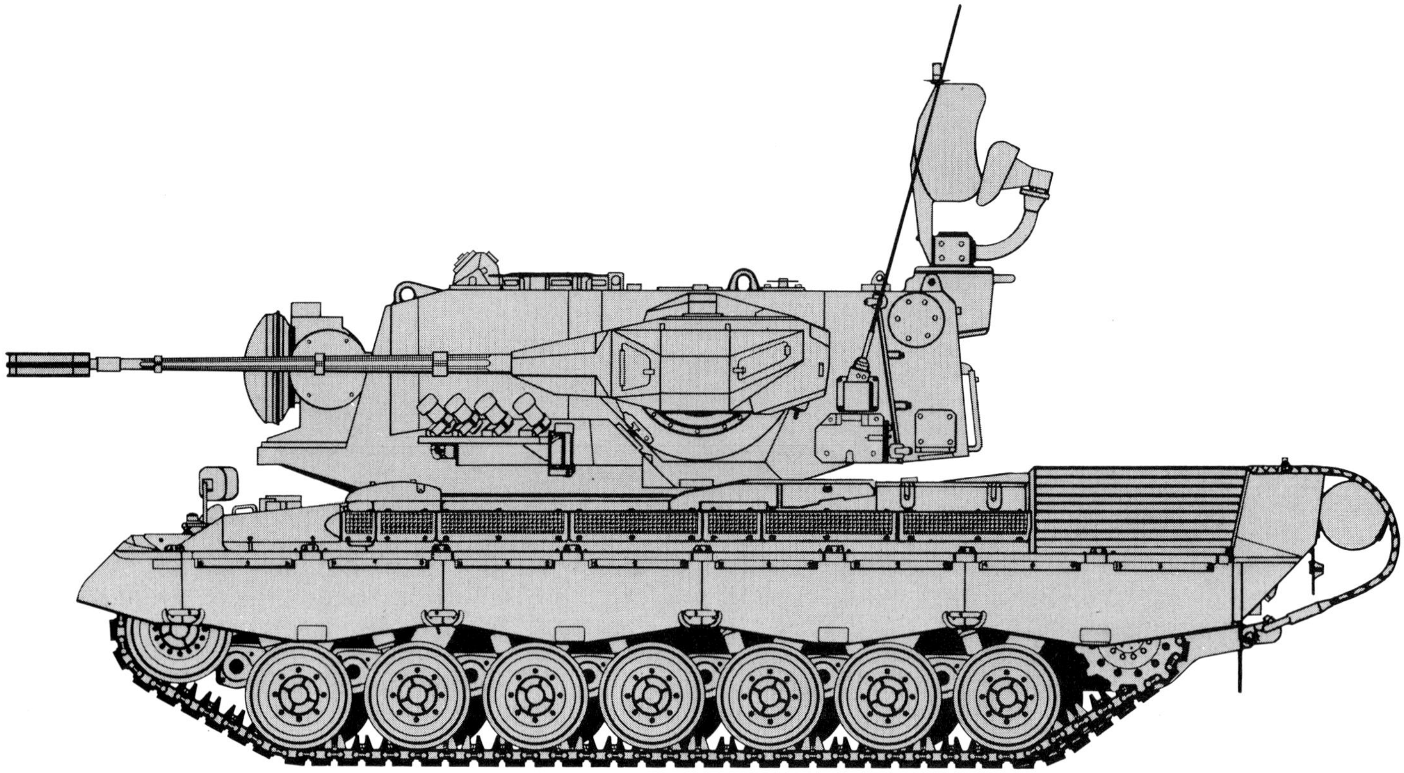

Flapanzer Gepard.

Flapanzer CA1.

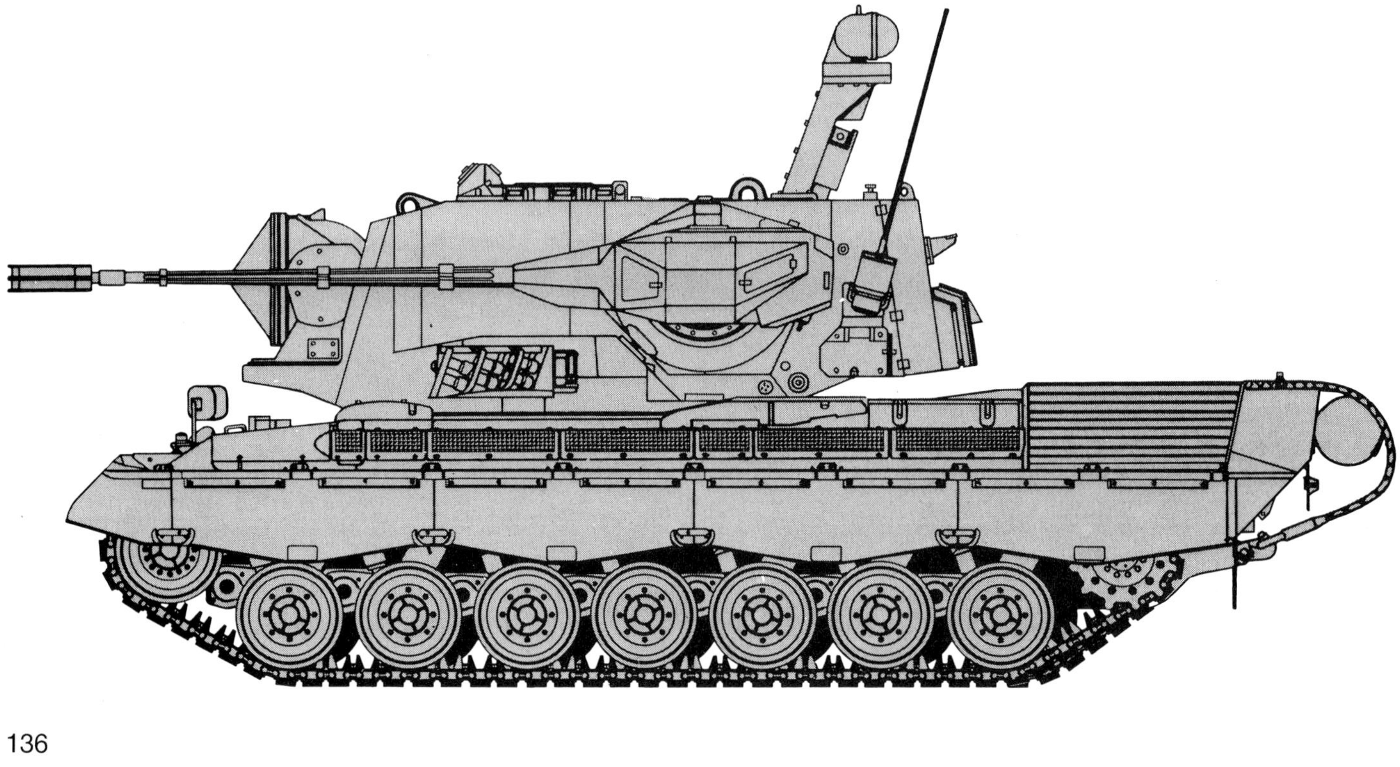

Brückenlegepanzer

Eine weitere Studie, angeregt durch die Firma Porsche (Porschetyp 1906), befaßte sich mit einem Brückenlegepanzer. Die bisher bei der Bundeswehr eingesetzten US-Brückenlegepanzer »AVLB« auf dem Fahrgestell des M 48 A 2 hatten sich bewährt, entsprachen jedoch wegen ihres umfangreichen Gesamtaufzuges nicht den taktischen Forderungen der Truppe. Vor allem ihre Anordnung als Klappbrücke ergab beim Verlegen für kurze Zeit ein nicht zu übersehendes Ziel. Als Grundforderung wurde daher bei der Neuentwicklung der Kampfbrücke ein flaches Verlegen gefordert. Mit ihm sollten Panzerpioniereinheiten unter Feindeinwirkung in kürzester Zeit schmale Geländeeinschnitte und Gewässer überwinden können. Bei einer vorgesehenen Stützweite von 20 Metern können ca. 60% aller Gewässer innerhalb der Bundesrepublik Deutschland überbrückt werden.

Als Grundlage für diese Entwicklung stand wiederum das Fahrgestell des »Leopard« zur Verfügung. Es wurde nur ganz geringfügig den besonderen Anforderungen eines Brückenlegefahrzeuges angepaßt. Die Veränderung der Schwerpunktlage erforderte eine Neueinstellung der Drehstäbe. Die Öffnung für den Drehturm wurde durch eine Abdeckplatte verschlossen. Vom Bergepanzer »Standard« konnte die gesamte Hydraulikanlage übernommen werden. Eine neue Sitzanordnung wurde notwendig, da die Besatzung nur mehr zwei Mann betrug.

In langer Versuchsarbeit und durch den Aufbau von Brückensimulatoren wurde das Fahrzeug in seinem Fahrverhalten erprobt und der Bewegungsablauf der Brücke und die dazu erforderlichen Materialuntersuchungen studiert. Die Brücke selbst war für die Lastenklasse MLC 50 ausgelegt, wobei sich bei 22 m Länge eine Fahrbahnbreite von 4 m ergab. Das Brückengewicht beträgt ca. 9,5 t. In Marschfahrt liegt die Brücke in zwei symmetrischen Teilen auf dem Fahrgestell. Die Konstruktion besteht aus Leichtmetallpreßprofilen der Formel AlZnMg 1 und setzt sich aus einem Obergurt (zugleich Fahrbahn) und einem Untergurt zusammen. Stegbleche verbinden beide Teile. Querverstrebungen machen die Brücke drehschwach in ihrer Längsachse. Zwei verschiedene Arten dieser Brücke wurden in den Versuch genommen; und zwar die Verlegeart

freier Vorbau und
teleskopartig

Beim Prinzip des »freien Vorbaus« fährt der Brückenpanzer an das zu überbrückende Hindernis heran. Nach dem Lösen der Verzurrung werden die beiden aufeinanderliegenden Brückenhälften so weit in Brükkenlängsachse auseinandergezogen, bis die obere

Zwei Varianten eines Brückenlegepanzers wurden konzipiert. Nicht eingeführt wurde die Lösung Verlegung einer Panzerschnellbrücke mittels Teleskoparm.

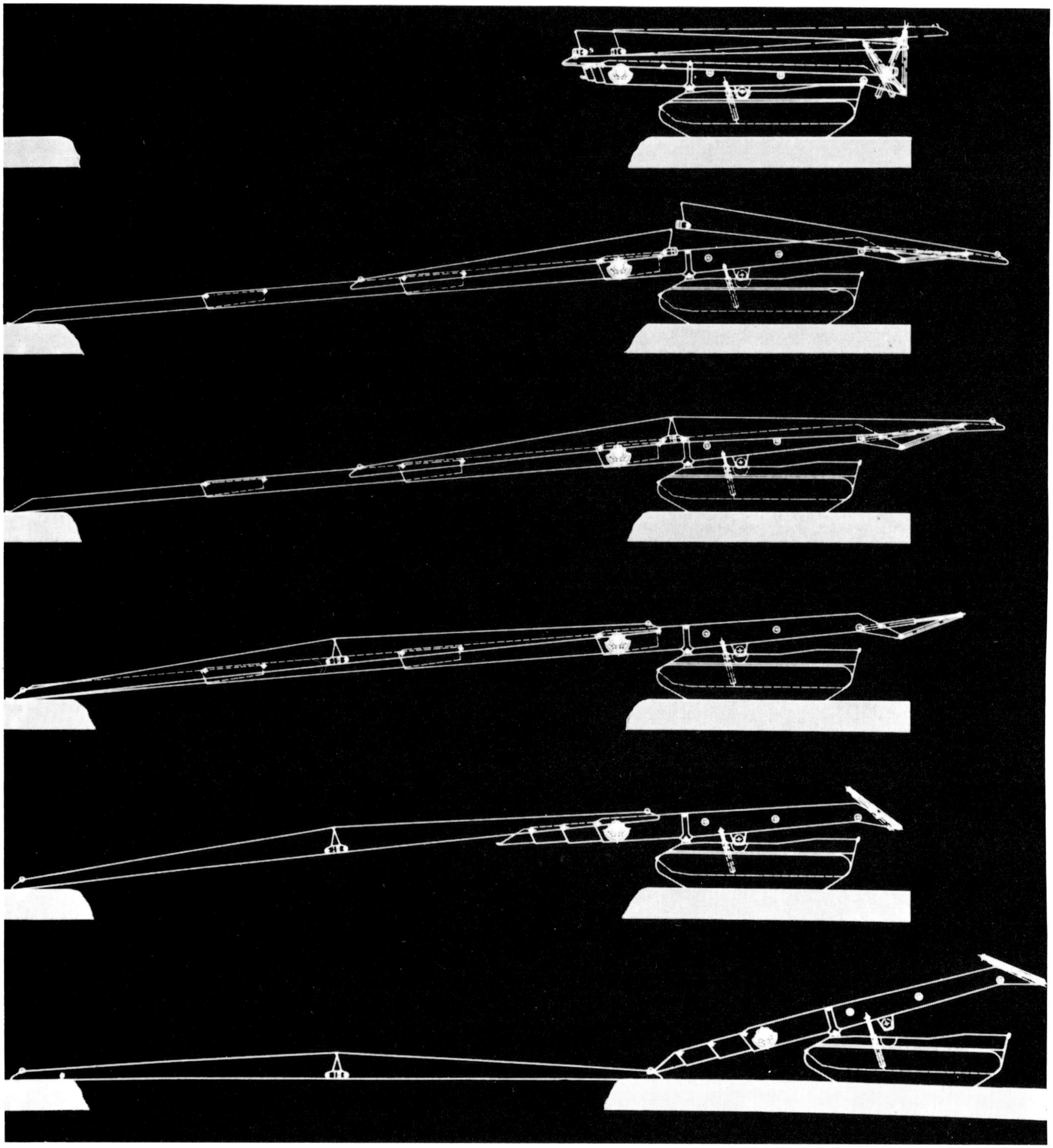

Die Skizze zeigt die Verlegung der Brücke, nachdem der Teleskoparm bereits am gegenüberliegenden Ufer aufliegt und die Schnellbrücke auf dem Arm gleitet.

Die Variante freier Vorbau verzichtete auf den Teleskoparm und verlegte die aus zwei Brückensegmenten bestehende Schnellbrücke ohne weitere Unterstützung.

Hälfte in die Kupplung der unteren Hälfte hineingleitet. Dabei wird die obere Hälfte von einem Heckausleger geführt, während die untere Hälfte mit dem Untergurt in den Rollenpaaren des einteiligen Auslegers ruht. Sind die beiden Brückenhälften gekuppelt, so werden sie über das Hindernis vorgeschoben, der Ausleger gesenkt und die Brücke zuerst jenseits und dann diesseits abgelegt. Der Brückenpanzer stützt sich während dieses Vorganges mit dem Stützschild am Bug ab und wirkt dabei in seiner Gesamtheit als Gegengewicht. Nach dem Ablegen wird der Ausleger von der Brücke gelöst. Der Panzer fährt zurück.

Beim »teleskopartigen« Vorbau hingegen fährt der Brückenlegepanzer wie üblich an das Hindernis heran und entzurrt die beiden Brückenhälften. Vor dem Auseinanderziehen der Brückenhälften wird jedoch ein Teleskop ausgefahren, auf dem jenseitigen Ufer abgestützt und dadurch abgetastet, ob die Brückenlänge für die Breite des Hindernisses ausreicht. Dann rollen die beiden Brückenhälften auf das Teleskop, werden mit-

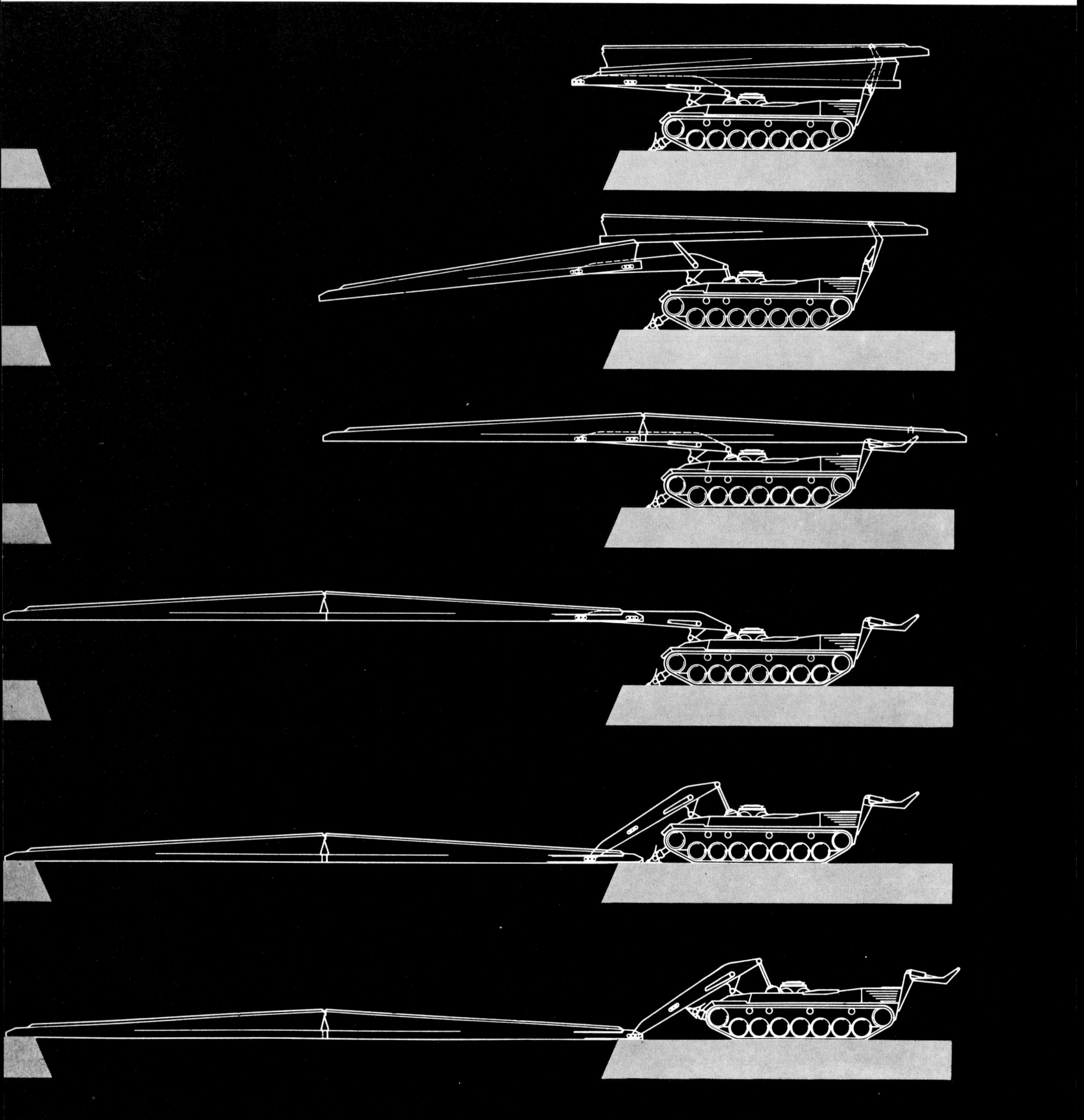

Die Skizze vermittelt den horizontalen Verlegevorgang.

Die beiden Brückensegmente kurz vor dem Zusammenkuppeln. Die Last der Brücke liegt vorwiegend auf der Abstützschaufel.

einander verkuppelt und mit der Spitze am jenseitigen Ufer aufgelegt. Nach dem Einziehen des Teleskopes wird die Brücke am diesseitigen Ufer abgelegt und die Verbindung zwischen Panzer und Brücke gelöst. Der Panzer fährt zurück.

Im Truppenversuch hat sich die erste Lösung »freier Vorbau« als die zweckmäßigere herausgestellt und wurde deshalb zur Weiterentwicklung bestimmt.

Das Fahrzeug erhält die Bezeichnung »Brückenpanzer Leopard 1«. Insgesamt werden 105 Brückenpanzer mit 124 Panzerschnellbrücken beschafft. Davon erhalten

- die 19 Panzerpionierkompanien 76 Brückenpanzer mit 95 Panzerschnellbrücken
- die 3 Panzerregimenter 9 Brückenpanzer mit 9 Panzerschnellbrücken
- die Pionierschule in München 2 Brückenpanzer und 2 Panzerschnellbrücken
- 18 Brückenpanzer mit derselben Anzahl von Brükken bleiben als Kriegsvorrat vorbehalten.

Der Gesamtpreis für die 105 Fahrzeuge beläuft sich auf 105 Millionen DM, dazu kommen noch weitere 15 Millionen für die 124 Panzerschnellbrücken.

Die Auslieferung dieser Fahrzeuge, welche in der Zwischenzeit von der Atlas-MAK Maschinenbau GmbH in Kiel vorbereitet wurde, lief Anfang 1973 an und soll bis 1975 abgeschlossen sein. Davon sollen 1973 80 Stück, der Rest 1974 ausgeliefert werden. Das Fahrzeug erhielt in der Zwischenzeit die offizielle Bezeichnung »Biber«.

Brückenlegepanzer Biber in Marschstellung. Der Stützschild ist noch nicht verzurrt.

Brückenlegepanzer Biber.

Sonstige

Bei der ursprünglichen Konzeptüberlegung zur Schaffung des Waffensystems »Leopard« ergaben sich neben den bereits aufgeführten Abarten noch Studien über Panzerhaubitzen mit Kalibern von 135 bzw. 155 mm (Porschetyp 1789). Dabei war die Waffe in einem 360°-Drehturm untergebracht und die Besatzung völlig unter Panzer geschützt. Im Rahmen der Vereinheitlichung der Artillerie innerhalb der NATO-Staaten und mit der Einführung der amerikanischen Fahrzeuge M 109 G (155 mm) und M 107 (175 mm) in größerer Stückzahl wurde die vorläufige Artillerieausrüstung der Bundeswehr abgeschlossen.
Im Rahmen der Entwicklung einer neuen europäischen schweren Feldhaubitze, die gemeinsam von England und der Bundesrepublik Deutschland betrieben wird, ergab sich auch die Forderung nach einer Selbstfahrlafette für diese Waffe. Die gezogene Ausführung der 155-mm-»FH 70« wurde im September 1970 zum ersten Male Vertretern der NATO-Streitkräfte vorgeführt. Ab 1970 beteiligt sich auch Italien aktiv an dieser Entwicklung.
Eine Holzattrappe der Selbstfahrlafette wurde im Juni 1972 zum ersten Male gezeigt. Fahrgestellmäßig sollte aller Voraussicht nach der von England und der BRD gemeinsam zu entwickelnde »Kampfpanzer 80« zur Verwendung kommen. Mit dem Bau erster Prototypen wurde 1973 begonnen.
Die unabhängig von Frankreich betriebene Entwicklung einer 155-mm-Artillerie-Selbstfahrlafette zeigte sich erstmals anläßlich der im Juni 1973 abgehaltenen Heereswaffenschau in Satory. Die Panzerhaubitze 155 GCT war auf dem Fahrgestell des Kampfpanzers »AMX 30« aufgebaut. Der Turm mit der neuen 155-m-Kanone L/40 hat einen 360°-Seitenrichtbereich mit einer Erhöhung von –5 bis +66°. Das Fahrzeug hat nur vier Mann Besatzung und verfügt über einen großen Munitionsvorrat von 42 Schuß. Auch wurde auf leichte Nachmunitionierung größter Wert gelegt.
So vereint dieser Entwurf schnelle Schußfolge durch einen vollautomatischen Lader und verbrennbare Hülse mit der Beweglichkeit eines modernen Kampfpanzers. Gegenüber dem »FH 70«-Selbstfahrlafettenentwurf tritt lediglich der hohe Aufzug des Fahrzeuges unvorteilhaft in Erscheinung.
Interessant ist in diesem Zusammenhang die Tatsache, daß die Herstellerfirma GIAT (Groupement Industriel

Aus der Vielzahl der vorgeschlagenen Varianten unter Benützung des Leopard-Fahrgestells hier einige Beispiele: Holzmodell einer 135-mm- bzw. 155-mm-Panzerhaubitze, die durch ein trilaterales Projekt abgelöst wurde.

Vorschlag für einen mittleren Artillerie-Raketenwerfer.

des Armaments Terrestres) in Zusammenarbeit mit der Krauss-Maffei AG den unveränderten Drehturm mit der 155-mm-Kanone auch auf dem Fahrgestell des KPz »Leopard« aufgebracht hat. Damit werden vor allem die Streitkräfte angesprochen, die logistisch bereits mit »Leopard«-Fahrzeugen ausgerüstet sind.

Ebenfalls als Studie entstand ein mittlerer Artillerie-Raketenwerfer. Ursprünglich war dieser Raketenwerfer 300 mm, Porschetyp »1788«, zum Einbau auf das »Leopard«-Fahrgestell vorgesehen. Anstelle des »Leopard«-Fahrgestelles wurde dann für diese Versuche die leichte Panzerfamilie herangezogen. Hanomag stellte dazu 1965 den Typ »RU 242« und Henschel das Fahrzeug »2 HK 2/1« zur Verfügung. Ab 1964 wurde diese Entwicklung jedoch auf Radfahrzeuge umgestellt. Daraus ergab sich das Waffensystem »Mehrfachwerfer 110 mm«, welches, von Wegmann entwickelt, bis Oktober 1971 in einer Stückzahl von 200 Einheiten an die Bundeswehr ausgeliefert wurde.

Überlegungen, einen schweren Kanonenjagdpanzer auf dem »Leopard«-Fahrgestell unterzubringen, werden noch heute verfolgt. Dabei kam es auch zu Vorschlägen, die einen starren Einbau der Hauptbewaffnung wie beim schwedischen Panzer »S« untersuchen. Die Zukunft wird zeigen, ob ein Bedarf für ein derartiges Fahrzeug vorliegt.

Auf Jahre hinaus bildet der Kampfpanzer »Leopard« in all seinen Ausführungen als ausbaufähiges Waffensystem demnach für viele Jahre das Rückgrat der westlichen Panzerwaffe. Infolge seiner modernen Konzeption wird er zusammen mit seinen Abarten und den Fahrzeugen der inzwischen zur Truppe gelangenden »Marder«-Schützenpanzer-Familie allen Anforderungen gerecht werden können.

Technisch und organisatorisch betrachtet, stellt die Entwicklung des Waffensystems »Leopard« eine beachtliche Leistung dar. Die deutsche panzerbauende Industrie hat mit dieser Entwicklung wieder den Anschluß an den allgemeinen Weltstandard gefunden.

Die Verwendung des Leopard 1 in NATO-Staaten und Australien (Stand Januar 1987)

Land	Kampf-panzer	Berge-panzer	Pionier-panzer	Brücken-legepanzer	Flak-panzer	Fahrschul-panzer	Gesamt
BR Deutschland	2437	544*)	36	105	420	60	3602
Belgien	334	36	6	–	55	–	431
Dänemark	120	–	–	–	–	–	120
Griechenland	106	4	–	–	–	–	110
Italien	920**)	69+68**)	12+28**)	64**)	–	–	1161
Niederlande	468	52	14+11	14+11	95	–	665
Norwegen	78	6	–	–	–	–	84
Australien	90	6	–	5	–	–	101
Kanada	114	8	–	6	–	–	128
Türkei	77	4	–	–	–	–	81
Gesamt	4744	797	97	205	570	60	6473

*) davon 100 Stück mit leistungsgesteigerter Bergeeinrichtung
**) Italienischer Lizenzbau, 200 Kampfpanzer bei Krauss-Maffei

Zusammenfassung: Entwicklung, Erprobung und Fertigung Standard-Panzer/KPz Leopard 1

23. Nov. 1956	Militärische Forderung für mittleren Kampfpanzer BMVtdg – V IV B 4 (Gefechtsgewicht 30 t, Leistungsgewicht 30 PS/t, Breite 3150 mm, Höhe 2,20 m, Geschwindigkeit 65 km/h, Bewaffnung 105-mm-Kanone und zwei MG, luftgekühlter Vielstoffmotor)
Juni 1957	Militärabkommen Deutschland/Frankreich für die gemeinsame Entwicklung eines mittleren Kampfpanzers, BMVtdg XII/XII C
25. Juli 1957	Technische Forderung Deutschland/Frankreich für die gemeinsame Entwicklung eines *Standard-Panzers* (bilaterales Abkommen)
1. April 1958	Ergänzung der Technischen Forderungen für die Entwicklung eines *Standard-Panzers,* abgestimmt zwischen Deutschem und Französischem Verteidigungsministerium (abweichende Forderung Deutschland: Breite 3250 mm; Frankreich: Breite 3100 mm)
Sept. 1958	Trilaterales Abkommen Deutschland/Frankreich/Italien über die gemeinsame Entwicklung eines mittleren Kampfpanzers/*Standard-Panzer*
Januar 1959	Beginn Entwicklung Prototyp II.
1959	Schießvorführung mit britischer 105-mm-Kanone in Schottland – Entscheidung zum Einbau der britischen 105-mm-Kanone in deutsche *Standard-Panzer-Prototypen*
6. Mai 1959	Mit Arbeitsgruppe A (Porsche, MaK, Jung, Luther), Arbeitsgruppe B (Ruhrstahl, Henschel) und DEFA (Französisches Verteidigungsministerium) über die Entwicklung und Fertigung von je zwei *Standard-Panzer*-Prototypen I – Vertrag abgeschlossen.
1959	Vertrag mit Großbritannien zum Austausch von 2 KPz *Chieftain* gegen 2 KPz *Leopard*
20. Mai 1960	Fertigstellung des ersten *Standard-Panzer*-Prototyps der Arbeitsgruppe B
16. Juni 1960	Fertigstellung des ersten *Standard-Panzer*-Prototyps der Arbeitsgruppe A
Sept. 1960	Beginn Fertigung Prototyp II

31. Dez. 1960 Abschluß der Werkserprobung *Prototypen I A*

16. Jan. 1961 Aufstellung einer Erprobungsgruppe *Standard-Panzer* bei Erprobungsstelle 41 in Trier

16. Jan. 1961 Je zwei *Prototypen I* der Arbeitsgruppen A und B werden an Erprobungsstelle 41 übergeben

1. Febr. 1961 Vorführung der *Prototypen I (Standard-Panzer)* vor Verteidigungsausschuß des Deutschen Bundestages bei Erprobungsstelle 41

3. Febr. 1961 Vorführung der *Standard-Panzer*-Prototypen I vor Vertretern des Französischen und Italienischen Verteidigungsministeriums bei Erprobungsstelle 41

Februar 1961– 9. März 1961 Trilaterale Erprobung (Deutschland/Frankreich/Italien) der deutschen *Standard-Panzer*-Prototypen I bei Erprobungsstelle 91 in Meppen. Erprobung der französischen *Prototypen I* in Bourges und Satory (Versailles)

Juni 1961 Beginn der Entwicklung O-Serie (Entscheidung optischer Entfernungsmesser beim Richtschützen, Mehrstoff- oder Vielstoffmotor)

Sept. 1961 Übernahme Prototypen I Arbeitsgruppe B durch Bundeswehr. Beginn der Fertigung von 50 Stück *Standard-Panzern* O-Serie bei den Firmen der Arbeitsgruppe A (Jung, Luther und MaK)

5. Januar 1962 Konstruktions- und Fertigungsvertrag für 50 *Standard-Panzer O-Serie*

31. Januar 1962 Zurückgelegte Fahrstrecken der deutschen *Standard-Panzer*-Prototypen I

Arbeitsgruppe A		Arbeitsgruppe B	
1	6256 km	1	4486 km
2	9738 km	2	4997 km

April 1962 Abschluß der Erprobung der *Standard-Panzer*-Prototypen I

Sept. 1962 Trilaterale Erprobung der *Standard-Panzer*-Prototypen II bei Erprobungsstelle 91 in Meppen (Gäste Belgien, Niederlande, USA)

Sept. 1962 Trilaterale Erprobung der französischen *Standard-Panzer*-Prototypen II in Bourges und Satory

18. Jan. 1962– 12. Febr. 1962 Wintererprobung *Prototypen II* auf dem Truppenübungsplatz Münsingen. Technische Erprobung *Prototyp II:* 52 150 Fahr-km, Schuß: 2689 Kanone; 13 300 MG

14. Sept. 1962– 20. März 1963 Truppenversuche mit 17 *Standard-Panzer*-Prototypen II bei Kampftruppenschule II in Munster

Herbst 1962 Bestellung von 1500 britischen Kanonen beim britischen Verteidigungsministerium

21. Febr. 1963 Beginn der technischen Erprobung der *Standard-Panzer* O-Serie in Meppen

14. Mai 1963 Beginn Truppenversuch mit *Standard-Panzer* O-Serie bei Kampftruppenschule II in Munster

17. Juli 1963 Auswahl von Krauss-Maffei als Generalunternehmer für die Serienfertigung KPz *Leopard* durch BMVg

20. Juli 1963 Beginn der Untersuchung des Wärmehaushalts und der Kühlanlage beim *Standard-Panzer* O-Serie auf dem Panzerprüfstand der Firma MaK in Kiel

22. Aug. 1963 Beschaffungsanweisung durch BMVg W III 3 über 1500 KPz *Leopard*

Ende 1963 Auslieferung eines französischen *Standard-Panzer*-Prototyps I an Erprobungsstelle 41 in Trier

12. Nov. 1960 Beginn der Entwicklung *Standard-Panzer-Prototyp II* (10-Zylinder-Motor 830 PS, Breite 3250 mm, halbautomatisches Getriebe, Einschieß-MG)

Auftrag	
Arbeitsgruppe A	Arbeitsgruppe B
26 Fahrzeuge mit Wegmann-Türmen	6 Fahrzeuge mit Rheinmetall-Türmen

10. Aug. 1961	Entwicklungs-Vertrag 845/60 BMVtg T13 für *Prototypen II*
Oktober 1961	Einstellung der *Standard-Panzer*-Entwicklung der Arbeitsgruppe B, nur zwei *Prototypen II* sollen fertiggestellt werden
5. Jan. 1962	Mitteilung der USA an BRD, daß keine Beteiligung der USA an der deutschen *Standard-Panzer*-Entwicklung durchgeführt werden soll.
15. Jan. 1962	Beginn der Erprobung *Standard-Panzer-Prototypen II* bei Erp.-Stelle 91 in Meppen (26 + 2 Prototypen)
September 1962	Übernahme von zunächst 6 *Standard-Panzer-Prototypen II* an Kampftruppenschule II in Munster zwecks Einleitung eines Truppenversuchs mit 17 *Standard-Panzer-Prototypen* der Arbeitsgruppe A
16. Sept. 1963–5. Okt. 1963	Trilaterale taktische Vergleichserprobung Deutschland/Frankreich unter Leitung von Italien in Mailly le Camp mit je fünf *Standard-Panzern* der O-Serie (Gäste: Belgien und Niederlande)
1. Okt. 1963	*Standard-Panzer*-Taufe auf dem Truppenübungsplatz Mailly le Camp (Champagne) Name: KPz *Leopard*
10. Okt. 1963–16. Okt. 1963	Trilaterale technische Erprobung der französischen *Standard-Panzer* der O-Serie in Bourges und Satory
18. Okt. 1963–24. Okt. 1963	Trilaterale technische Erprobung der deutschen *Standard-Panzer* O-Serie unter Leitung von Italien und Beteiligung von Frankreich in Meppen (Gäste: Belgien, Niederlande)
29. Dez. 1964	Managementvertrag des BWB mit Krauss-Maffei für die Fertigung von 1500 KPz *Leopard* (1.–3. Los)
8. Jan. 1964	Materialvorvertrag für 1. Los (400 Fahrzeuge) des BWB mit Krauss-Maffei
28. April 1964	Verlegung der Fahrgestell-Erprobung von Meppen zur Erprobungs-Stelle 41 in Trier. Aufteilung der O-Serien-Panzer: 10 Trier, 7 Meppen
11. Mai 1964	Beginn der Fahrgestell-Erprobung in Trier
Mai 1964	Auftrag zum Umbau von 2 *Standard-Panzern* der O-Serie auf Serienstand
31. Mai 1964	Konstruktionsstandfestlegung Motor
27. Mai 1964–10. Juni 1964	Erprobung von 2 *Standard-Panzern* der O-Serie in Venetien (Italien) durch das Italienische Verteidigungsministerium
15. Juni 1964–10. Juli 1964	Erprobung *Standard-Panzer* O-Serie in Teulada (Sardinien) durch das Italienische Verteidigungsministerium sowie Erprobungs-Stellen 41 und 91
8. Juli 1964	Provisorische Konstruktionsstandfestlegung 1. Los (400 Fahrzeuge)
13. Juli 1964	Durchqueren des Rheines mit 2 *Standard-Panzern* O-Serie in Köln-Rodenkirchen
Juli 1964–Oktober 1965	Truppenversuch mit 37 *Standard-Panzern* O-Serie bei Kampftruppen Schule II in Munster und Schule d. Technischen Truppe in Aachen (1 Fahrzeug)
31. Aug. 1964	Konstruktionsstandfestlegung Schalt- und Lenkgetriebe
1. April 1965–31. Mai 1985	Erprobung von *Standard-Panzern* O-Serie durch Belgisches Verteidigungsministerium bei Panzertruppen-Schule in Leopoldsburg (Belgien)
Mai 1965	Auftrag Ersatzteilanfangsversorgung und Materialgrundlagen
31. Mai 1965	Konstruktionsstandfestlegung Turm mit Waffenanlage
27. Juli 1965	Auftrag für KPz *Leopard* 1. Los (400 Fahrzeuge)
28. Juli 1965	Konstruktionsstandfestlegung Fahrgestell (KF 1)
9. Sept. 1965	Übernahme des ersten KPz *Leopard* durch Verteidigungsminister von Hassel bei Krauss-Maffei
22. Nov. 1965	Auftrag für KPz *Leopard* 2. Los (600 Fahrzeuge)
31. Dez. 1965	Auslieferung des 90. KPz *Leopard* – Überprüfung des Konstruktionsstandes

Januar 1966	Austausch von 2 KPz *Leopard* der O-Serie mit 2 KPz *Chieftain* zwecks Durchführung einer Vergleichserprobung
3. Jan. 1966–23. Febr. 1966	Wintererprobung – gleichzeitig Truppenversuch – von 2 KPz *Leopard* in Camp Shilo (Kanada)
Dez. 1966–November 1967	Erprobung von 2 KPz *Leopard* und 1 *Bergepanzer Standard* durch Norwegisches Verteidigungsministerium bei Panzertruppenschule in Trandum und Winterkampfschule in Snoeheim
23. März 1967	Auftrag für KPz *Leopard* 3. Los (500 Fahrzeuge)
Dez. 1967–Mai 1968	Erprobung von 2 KPz *Leopard* durch Niederländisches Verteidigungsministerium bei Panzertruppenschule in Amersfoort
9. Nov. 1967	Managementvertrag des BWB mit Krauss-Maffei für Fertigung KPz *Leopard* 4. Los (345 Fahrzeuge)
26. Nov. 1970	Auftrag für KPz *Leopard,* 6. Los, A 4 (250 Fahrzeuge)
Mai 1972–Juni 1973	Erprobung von 2 KPz *Leopard* und 1 *Bergepanzer Standard* durch Australisches Verteidigungsministerium
9. Sept. 1965–Juli 1966	Fertigung *Leopard* 1. Los (400 Fahrzeuge)
Juli 1966–Juli 1967	Fertigung *Leopard* 2. Los (600 Fahrzeuge)
Juli 1967–August 1968	Fertigung *Leopard* 3. Los (500 Fahrzeuge)
August 1968–Februar 1970	Fertigung *Leopard* 4. Los (345 Fahrzeuge)
April 1972–Mai 1973	Fertigung *Leopard* A 2, 5. Los (232 Fahrzeuge)
Mai 1973–November 1973	Fertigung *Leopard* A 3, 5. Los (110 Fahrzeuge) (Umstellung auf Schweißturm)
August 1974–März 1976	Fertigung *Leopard* A 4, 6. Los (250 Fahrzeuge – 215 KM – 35 MaK)
Mai 1968–März 1971	Fertigung *Leopard* Belgien (334 Fahrzeuge)
Oktober 1969–März 1972	Fertigung *Leopard* Niederlande (468 Fahrzeuge)
Januar 1971–Juli 1971	Fertigung *Leopard* Norwegen (78 Fahrzeuge)
Sept. 1971–Juli 1972	Fertigung *Leopard* Italien (200 Fahrzeuge)
1974–1980	Fertigung *Leopard* bei Fa. Oto Melara (720 Fahrzeuge)
Februar 1976–August 1978	Fertigung *Leopard* A 3 Dänemark (120 Fahrzeuge)
Juni 1976–Nov. 1978	Fertigung *Leopard* AS 1 mit SABCA-Feuerleitanlage Australien (90 Fahrzeuge)
Juli 1978–Juni 1979	Fertigung *Leopard* C 1 mit SABCA-Feuerleitanlage Kanada (114 Fahrzeuge, 83 KM, 31 MaK)
Dez. 1976–Oktober 1980	Fertigung Flakpanzer *Gepard* (420 Fahrzeuge)
Nov. 1977–Februar 1980	Fertigung Flakpanzer *Gepard* Belgien (55 Fahrzeuge)
Dez. 1977–Nov. 1979	Fertigung Flakpanzer *C A 1* Niederlande (95 Fahrzeuge)
Mai 1978–Februar 1979	Fertigung *Leopard*-Fahrschulpanzer (Fahrgestell MaK) (60 Fahrzeuge)
Sept. 1982–Dez. 1983	Fertigung Leopard Türkei (77 Fahrzeuge – 54 KM, 23 MaK)
Februar 1983–April 1984	Fertigung *Leopard* Griechenland (106 Fahrzeuge – 73 KM, 37 MaK)

Fahrgestell-Nummern des KPz Leopard 1

Nach dem jeweiligen Bauzustand wurden die Fahrgestell-Nummern der KPz *Leopard* und deren Abwandlungen systematisch zugeordnet. Eine Klassifizierung nach dem Bauzustand ist auf Grund der Angabe des Fahrgestells leicht möglich.

Typ	Los-Nr.	Fahrgestell-Nr.-Bereich
KPz *Leopard* A 1 A 1	1	5 001– 5 999
(Bundesrepublik	2	6 001– 6 999
Deutschland)	3	7 001– 7 999
	4	8 001– 8 345

KPz *Leopard* Belgien 3. u. 4. Los, Italien 4. Los (40 Fzg.), Niederlande 4. Los, Norwegen 4. Los)		12 001–12 999
KPz *Leopard* (Italien, deutsche Fertigung)		13 001–13 160
KPz *Leopard* A 2 (verstärkte Gußturmpanzerung)	5	14 001–14 232
KPz *Leopard* A 3 (Schweißturm)	5	14 233–14 342
KPz *Leopard* A 4 (rechnergesteuertes Feuerleitsystem)	6	15 001–15 250
Leopard-Fahrschulpanzer		15 801–15 860
KPz *Leopard* A 3 DK (Dänemark)		16 001–16 120
KPz *Leopard* AS 1 (Australien)		17 001–17 092
KPz *Leopard* C 1 (Kanada)		18 001–18 114
KPz *Leopard* TU (Türkei)		14 501–14 577
KPz *Leopard* GR (Griechenland)		19 001–19 106
Bergepanzer Standard		9 001– 9 799
Bergepanzer 2, Los 3 (leistungsgesteigert)		9 800– 9 899
Pionierpanzer		10 001–10 999
Brückenlegepanzer		11 001–11 999
Flakpanzer *Gepard* (Bundeswehr)		35 001–35 420
Flakpanzer *CA 1* (Niederlande)		35 501–35 595
Flakpanzer *Gepard* (Belgien)		35 601–35 655

Kampfpanzer 70

Die Tatsache, daß bei den Panzerverbänden der Bundesrepublik Deutschland die amerikanischen Kampfpanzer »M 48« und bei der US-Armee die Kampfpanzer »M 60« vordringlich durch modernere Fahrzeuge ersetzt werden mußten, führte im August 1963 zum Abschluß eines bilateralen Regierungsübereinkommens zur Entwicklung eines einheitlichen, standardisierten Kampfpanzers für die Streitkräfte der USA und der Bundesrepublik Deutschland. (»Main Battle Tank 70/Kampfpanzer 70«)
Im Dezember 1963 war die Formulierung der Gemeinsamen Militärischen Forderungen abgeschlossen. Jedes der beiden Länder ernannte einen Hauptauftragnehmer, und zwar General Motors in den USA, für die Bundesrepublik die Deutsche Entwicklungsgesellschaft mbH (DEG). In der letzteren hatten sich die namhaften Maschinenbaufirmen, die im Panzerbau Erfahrung hatten, zusammengeschlossen.*) Waffen- und Elektronikfirmen beteiligten sich in der Form von Personalabstellung zur DEG an der bilateralen Arbeit und übernahmen entsprechende Unteraufträge. Die Deutsche Entwicklungsgesellschaft mbH wurde – mit Sitz in Augsburg – im August 1964 gegründet. Von September 1964 bis Mai 1966 erfolgte die Konzepterarbeitung, die parametrische Studie und der Bau von Holzmodellen im Maßstab von 1:1. Im Dezember 1964 war die Studie über die bilaterale Führungsorganisation abgeschlossen. Im Februar 1965 wurden von fünf vorgestellten Konzepten drei für weitere Bearbeitung aus-

*) Firmen in der DEG: Rheinische Stahlwerke, Rheinstahl-Henschel, Krauss-Maffei, Arn. Jung. Lutherwerke, MaK, Ing. Büro Dr.-Ing. Hopp, Keller & Knappich

Aufstellung verschiedener gepanzerter Kampffahrzeuge auf dem Werksgelände von Krauss-Maffei. Von links: Kampfpanzer Leopard 2 – Prototyp, Kampfpanzer 70 – Prototyp, Flapanzer Gepard – Prototyp, Kampfpanzer Leopard 1 – Serienfahrzeug.

Der Kampfpanzer 70 war ein bilaterales Projekt zwischen den USA und der Bundesrepublik Deutschland. Das Bild zeigt einen deutschen Prototyp mit einem behelfsmäßigen Wetterschutz für die Besatzung. Der Fahrer saß im Drehturm.

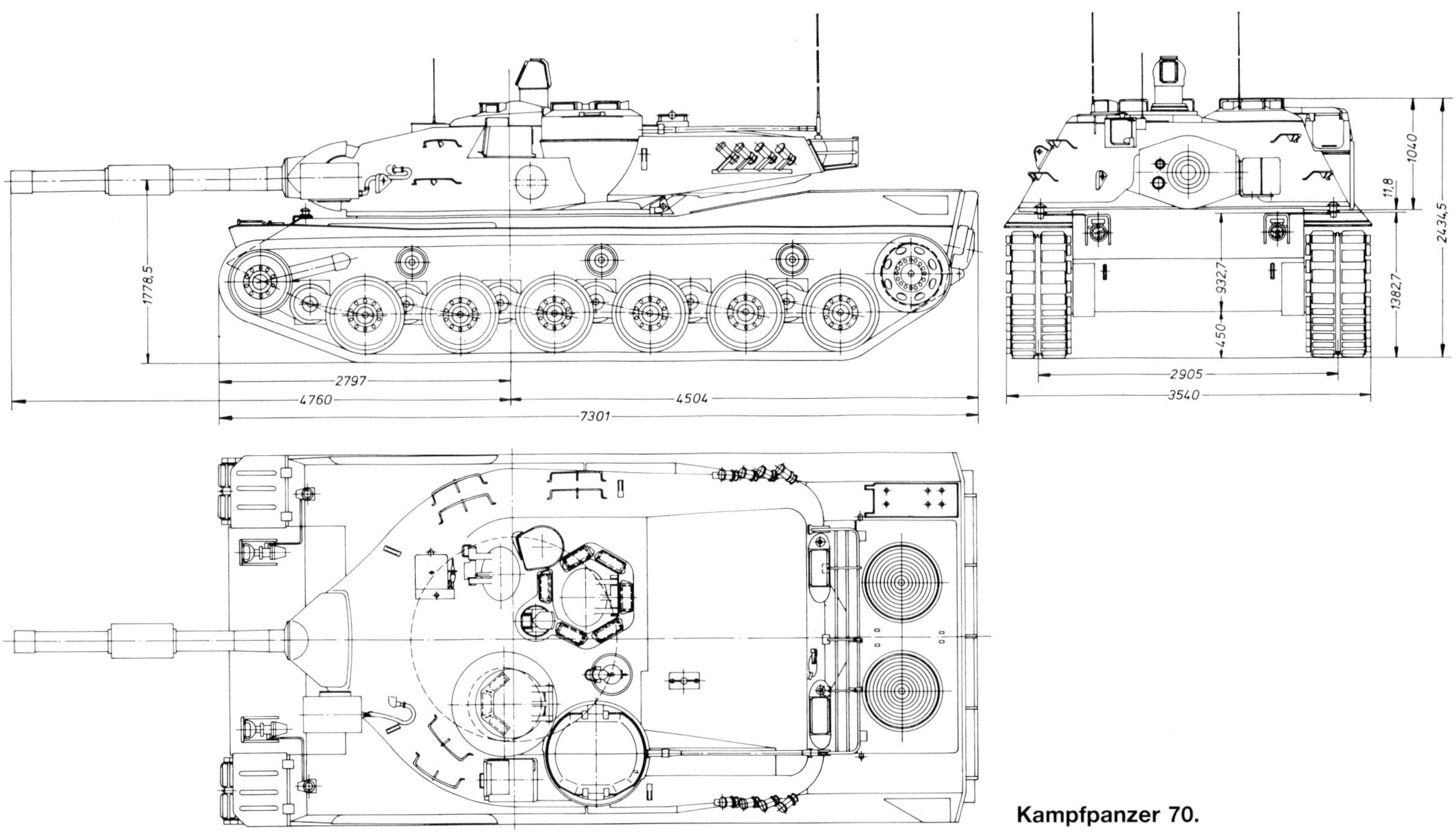

Kampfpanzer 70.

gewählt. Diese drei Konzepte wurden dann in einem Konzept mit Drehturm vereinigt.

Aufgrund dieser Auswahl sollte ein Panzerfahrzeug entworfen, erprobt und gebaut werden, welches sich durch folgende wesentliche Merkmale von Fahrzeugen früherer Panzergenerationen unterschied:

- ☐ Schießen während der Fahrt, auch auf fahrende Ziele, durch automatische Vorhalterechnung,
- ☐ primärstabilisierte Optiken und nachgeführte Waffen,
- ☐ kombinierte Hauptwaffenanlage (konventionelle Geschosse und Flugkörper),
- ☐ automatische Munitions-Ladeeinrichtung (Einsparung des Ladeschützen),
- ☐ seiten- und höhenunabhängiges Sekundärwaffensystem (20-mm),
- ☐ stabilisierte passive Direkt- oder Fernsehnachtsichtanlage,
- ☐ Turmschwenkwerk mit hydraulischer Kraftversorgung aus dem Fahrgestell,

Abbildungen linke Seite und oben:
Die hydropneumatische Federung verlieh dem Fahrzeug eine überragende Geländegängigkeit, zeigte sich aber zu diesem Zeitpunkt noch sehr störanfällig.

- ☐ Nuklearschutz für den Kampfraum,
- ☐ drehbarer Fahrerstand im Turm (3-Mann-Besatzung),
- ☐ Hochleistungstriebwerk (30 PS/t Leistungsgewicht),
- ☐ ein in der Höhe verstellbares hydropneumatisches Federungssystem,
- ☐ Klimaanlage für den Kampfraum,
- ☐ geschweißte Schottpanzerkonstruktion für Wanne und Turm.

Die Programmleitung verabschiedete die ersten Vorarbeiten mit einer Terminforderung für das erste Prototypfahrzeug zum 1. März 1967. Im März 1965 war die Auswahl der Hauptbaugruppen bzw. der Beschluß über Parallelentwicklungen erfolgt, im Mai 1965 das Management-Kontrollsystem für die Überwachung der Entwicklung genehmigt. Entscheidend war auch im Mai 1965 die Festlegung der Forderung, daß alle Baugruppen in beiden Ländern bis zur Materialerhaltungsstufe 4 untereinander austauschbar sein sollten, um die logistische Versorgung aus beiden Ländern sicherzustellen und abzugleichen. Im Juli 1965 erfolgte die Aufteilung der Entwicklungsverantwortung für die einzelnen Baugruppen und im Mai 1966 die Freigabe des endgültigen Konzeptes zur Konstruktion und zum Bau von je acht Prototypen in der Bundesrepublik Deutschland und den USA anhand eines neuen Holzmodelles.
Von Juni bis September 1966 übersiedelten die Gemeinsame-Amtliche-Technische-Führungsgruppe und die Gemeinsame-Konstruktions-Gruppe von Augsburg nach Warren bei Detroit, Michigan. Der erste US-Fahrgestell-Erprobungsträger war im Juni 1966, der deutsche Laufwerk-Erprobungsträger im September 1966 fertiggestellt. Im Oktober 1966 fielen die bilateralen Vergleichserprobungen mit hydropneumati-

Die Vielzahl der grundsätzlichen technischen Forderungen ließen innerhalb des vorgelegten Zeitplans eine Verwirklichung des Projekts nicht zu. Es wurden nur wenige Prototypen gebaut.

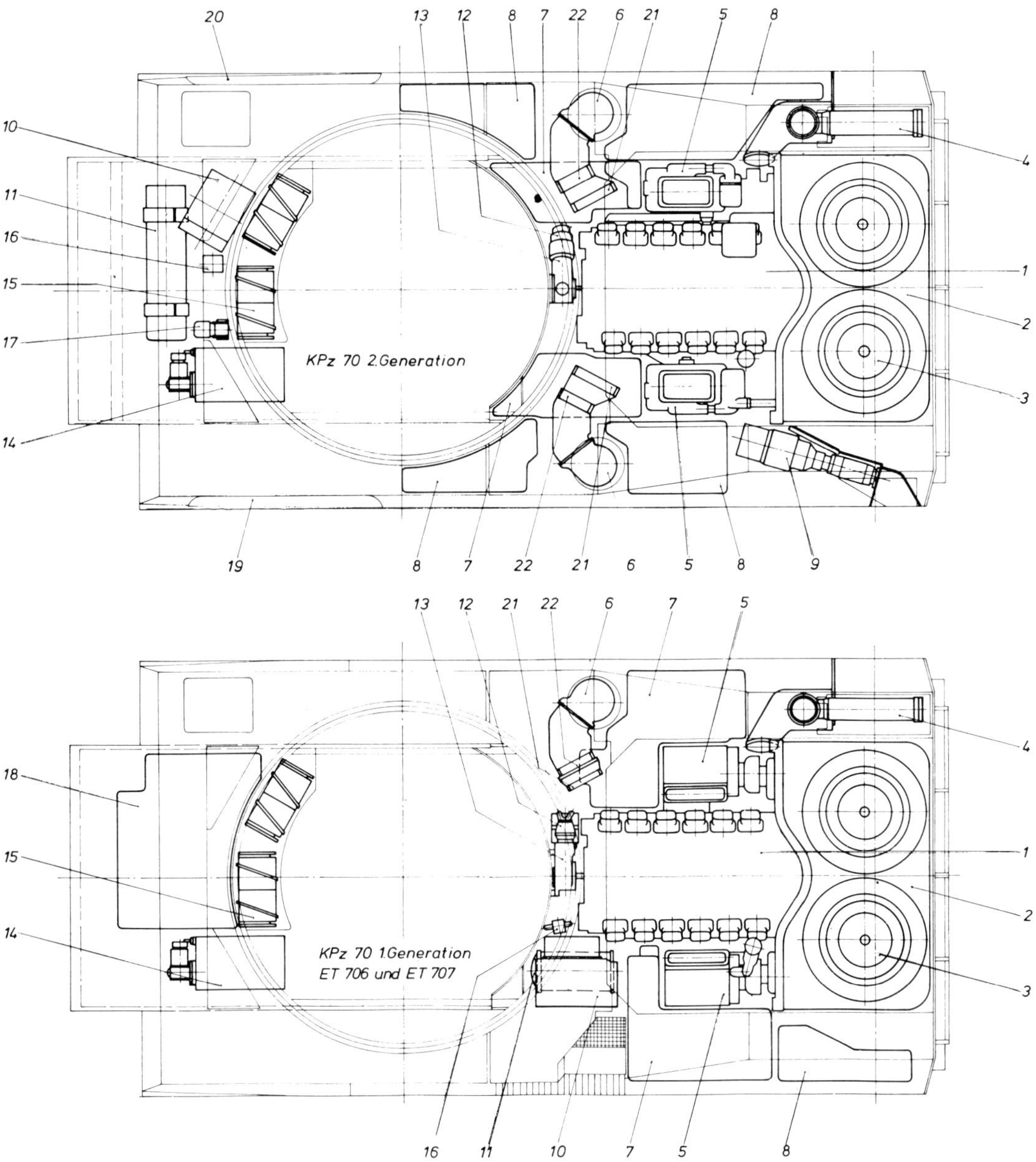

	1.Bauform	2.Bauform
22 Kraftstoffkühler	×	×
21 Ölkühler	×	×
20 Lufteintritt		×
19 Luftaustritt		×
18 Bugtank	×	
17 Kompressor		×
16 Ölfilter	×	×
15 Batterien	×	×
14 ABC-Anlage	×	×
13 Nebenantrieb	×	×
12 Pumpe	×	×
11 Ölbehälter	×	×
10 Klimaanlage	×	×
9 Turbinenhilfsaggregat		×
8 Nischentank	×	×
7 Haupttank	×	×
6 Motorraumbelüftungsgebläse	×	×
5 Luftfilter	×	×
4 Tiefwatschacht	×	×
3 Ringkühlanlage	×	×
2 Getriebe	×	×
1 Motor MB 873 Ka-500	×	×

Unterschiede in der Auslegung der Kampfpanzer 70. Oben zweite Generation, unten erste Generation.

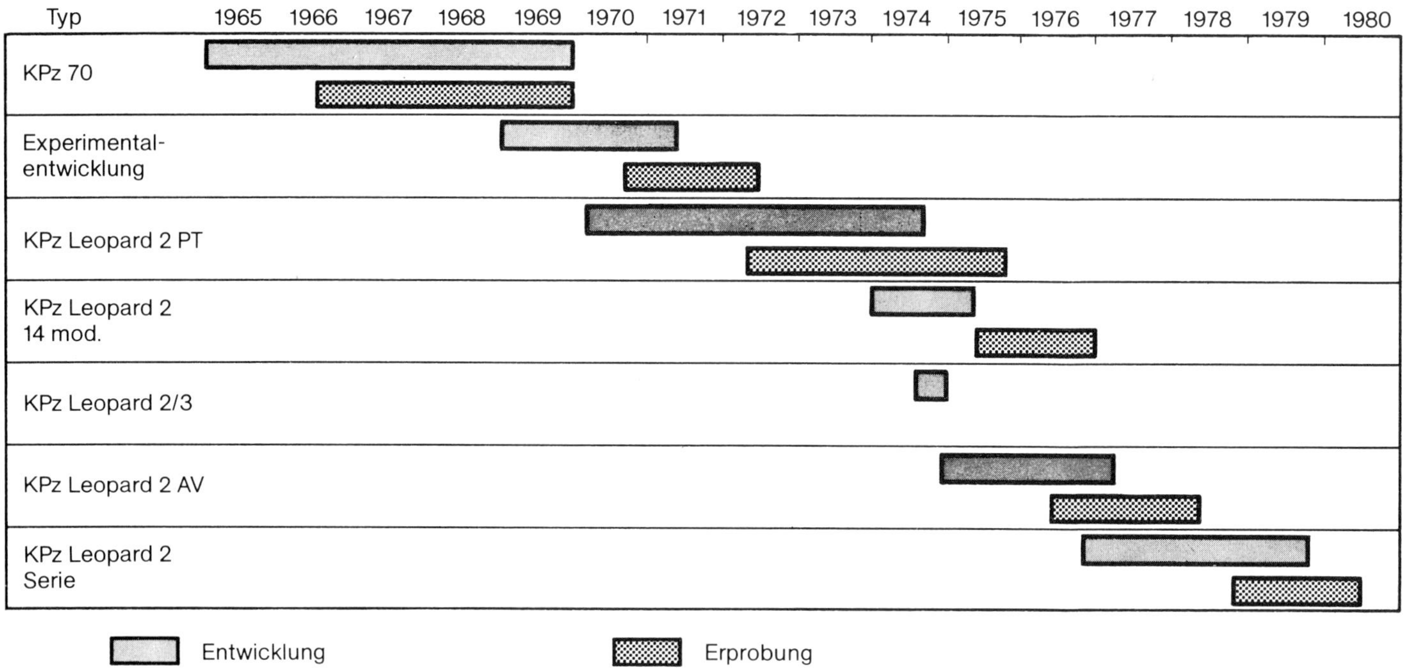

Entwicklung und Erprobung Kampfpanzer Leopard 2 – Vorläufer.

schen Federungen zugunsten des deutschen Federungssystemes der Firma Frieseke & Höpfner aus. Diese Vergleichserprobung führte jedoch nicht zu einer Entscheidung über das zu wählende Federungssystem. Auf deutscher Seite wurde im Februar 1967 das erste Versuchsfahrgestell mit Daimler-Benz-, später MTU-Motor (1500 PS) fertiggestellt, im Mai 1967 erfolgte eine Vereinbarung der Programmleitung über den Austausch von Konstruktionsunterlagen national entwikkelter Baugruppen. Im Juli 1967 war der erste US-Prototyp, im Oktober 1967 der erste deutsche Prototyp, beide noch ohne Feuerleitanlage, fertig.

Im »Kampfpanzer 70«-Projekt wurden grundsätzlich dem Panzerbau neue Impulse gebende Neuerungen verwirklicht. Er war als Kampfpanzer mit einem Gefechtsgewicht von 50 t ausgelegt und hatte als Vollkettenfahrzeug einen um 360° hydraulisch oder von Hand schwenkbaren Turm. In diesem war die amerikanische Shillelagh-152-mm-Hauptwaffe untergebracht. Sie sollte verschiedene Munitionsarten und auch Flugkörper verschießen. Parallel mit der Hauptwaffe war in der Blende ein MG 3 gelagert, seitlich am Turm eine Maschinenkanone (20-mm) in einer ausfahrbaren, in Höhe und Seite unabhängig richtbaren Lafette angeordnet. Die Munitionsführung zur Hauptwaffe erfolgte durch eine automatische Ladevorrichtung. Es wurden 50 Schuß mitgeführt, 26 davon im Lader.

Die Besatzung bestand aus drei Mann: Kommandant, Richtschütze und Fahrer saßen im Turm, wobei der Fahrerstand durch Gegendrehung zum Turm in Fahrtrichtung orientiert war.

Es war vorgesehen, als Antrieb entweder den amerikanischen luftgekühlten Teledyne-Continental Mehrstoffmotor mit verstellbarer Kompression oder den flüssigkeitsgekühlten Mehrstoffmotor Daimler-Benz MB 873 Ka-500, beide für 1500 PS Leistung ausgelegt, einzubauen.

Das hydropneumatische Federungssystem gestattete ein Heben und Senken des Panzers im Stillstand und während der Fahrt.

1968 erfolgte die Werkserprobung der ersten Prototypen in den USA und der Bundesrepublik Deutschland. Bereits im Februar 1968 war man übereingekommen, die Zahl der zu fertigenden Prototypen von acht auf sechs pro Land zu reduzieren. Im April 1968 kam es zum Beschluß der Projektleitung über Konstruktion und

Fertigung von Prototypen der zweiten Generation.
Von August bis Dezember 1968 wurden erneute Federungs-Vergleichserprobungen zwischen den Erzeugnissen der Firmen Frieseke & Höpfner und National Water Lift über eine Strecke von 10 000 km durchgeführt. Diese Erprobung wurde nach einer Fahrstrecke von etwa 450 km von der US-Seite abgebrochen und 1969 weitergeführt. Die Bedingungen zur Austauschbarkeit der Komponenten wurde auf die Materialerhaltungsstufe 3 reduziert, also der Umfang der austauschbaren Teile eingeschränkt. Obwohl im Dezember 1968 beide Bedarfsträger alle wesentlichen Vereinfachungsvorschläge für die zweite Generation ablehnten, kam es zur Auswahl des Daimler-Benz-Motors für die Prototypen der zweiten Generation beider Länder.
Die Konstruktion der Fahrzeuge der zweiten Generation begann 1969.
Im Verlauf der Entwicklung des »Kampfpanzers 70« wurden in Deutschland drei Erprobungsträger sowie vier Prototypen mit Continental-Motor und drei Prototypen mit MTU-Motoren gebaut und erprobt.
Es waren vor allem die ständig steigenden Kosten, die sich insgesamt auf fast 830 Millionen DM beliefen, wovon die Bundesrepublik Deutschland etwa 310 Millionen DM zu tragen hatte, die Ende 1969 die Einstellung des gemeinsamen Projektes erzwangen.

Bei einer Bewertung des »Kampfpanzers 70« muß berücksichtigt werden, daß viele der Baugruppen aus nicht herkömmlichen Forderungen entstanden. So zum Beispiel der Fahrerplatz im Drehturm wegen des Strahlenschutzes, der automatische Lader im hinteren Teil des Turmes sowie die hohe Kadenzforderung für die Waffe. Es darf nicht übersehen werden, daß einige wichtige Baugruppen im »Kampfpanzer 70« technisches Neuland bedeuteten, deren Durchbildung sich kurzfristig nicht realisieren ließ. Dabei wurden aber richtungsweisende Entwicklungen erstmals behandelt und durchgeführt, wie Schottpanzerung, passive Nachtsicht, stabilisierte Optik mit nachgeführter Waffenanlage, die Waffenanlage selbst als Kombinations-Waffensystem mit voll verbrennbarer Hülse, Ladeautomatik, eine integrierte Feuerleitanlage, integriertes Prüfsystem und eine nukleare Härtung der elektronischen Baugruppen. Sie bildeten die Grundlage für weitere Untersuchungen an diesen Baugruppen, die teilweise erst jetzt Serienreife erlangen.
Der »Kampfpanzer 70« erhob keinen Anspruch auf Vollkommenheit, stellte aber ein für seine Zeit hochentwikkeltes Kampffahrzeug dar. Die technische Reife war jedoch wegen der hochgesteckten Entwicklungsziele mittelfristig nicht erreichbar.

Vorder- und Rückansicht des »Kampfpanzer 70«.

Kampfpanzer Leopard 2
(Vorentwicklung)

Weiterentwicklung Leopard 1

Nach Beendigung der Entwicklung und nach Aufnahme der Fertigung des Kampfpanzers »Leopard 1« bekam die Firma Porsche den Auftrag, eine Weiterentwicklung dieses Waffensystems vorzunehmen. Es war daran gedacht, in allen Bereichen Komponenten so zu verändern, daß sie, im System verwendbar, eine Kampfwertsteigerung des Gesamtsystems ergeben würden. Die Entwicklung bzw. Weiterentwicklung bei Porsche wurde in einer Studie niedergelegt. Man sprach in eingeweihten Kreisen vom »vergoldeten Leopard«.
Der Entwicklungsvertrag endete mit Jahresende 1967. Zur gleichen Zeit lief, wie bereits erwähnt, die deutsch/amerikanische Gemeinschaftsentwicklung »Kampfpanzer 70«, die es sich zum Ziel gesetzt hatte, Anfang der 70er Jahre die bei der Bundeswehr verbliebene Hälfte der mit amerikanischen Panzern ausgestatteten Panzerbrigaden und Panzergrenadierbrigaden mit dem »Kampfpanzer 70« auszustatten.
Der Halbgenerationswechsel sah vor, nur immer eine Hälfte der im Bestand befindlichen Panzer durch neue zu ersetzen und dann durch eine Neuentwicklung überlappend die andere Hälfte zum Einsatz zu bringen.

Experimentalentwicklung (Keiler)

Durch die sich 1967 bereits abzeichnenden Schwierigkeiten bei der »Kampfpanzer 70«-Entwicklung sah sich das BMVg veranlaßt, die Entwicklung »vergoldeter Leopard« verstärkt fortzusetzen, und zwar mit zwei Zielrichtungen: einmal um Komponenten zur Nachrüstung im »Leopard 1« zu entwickeln und zweitens die Komponenten im System als Grundlage für einen neuen Kampfpanzer vorzusehen.

Diese Entwicklung, als Experimentalentwicklung*) bekannt, mußte so bezeichnet werden, weil der deutsch/amerikanische Vertrag über die gemeinsame Panzerentwicklung es nicht erlaubte, eine eigene nationale Panzerentwicklung zu betreiben.
Es durfte also in diesen Zeiten nur experimentiert werden. Da zur gleichen Zeit Haushaltsmittel für Entwicklungen besonders knapp waren – es zeigte sich nämlich, daß in vielen Fällen die Haushaltsansätze weit überzogen waren –, war es außerordentlich schwierig, für diese Experimentalentwicklung Geld zu bekommen. Es bleibt in Erinnerung, wie der damalige Referent, Oberst Dipl.-Ing. Icken, mit Dipl.-Ing. Krapke zusammen in Bonn dem damaligen stellv. Abteilungsleiter T, General Willikens mit bewegten Worten das Anliegen klarmachte und wie diese Überraschungsaktion bei einem Mittagessen im Kasino des Ministeriums die Unterschrift für die Entwicklungsanweisung »Experimentalentwicklung« erwirkte. Diese Anweisung im Betrag von 25 Mio. DM bildete die Basis für die Entwicklung. Die beteiligte Industrie, zur Angebotsabgabe aufgefordert, stellte jedoch fest, daß 25 Mio. DM nicht ausreichten, das Angebot lag bei etwa 30 oder 32 Mio. DM.

Abbildungen rechte Seite:
Die Experimentalentwicklung legte den Grundstein für den Bau des Kampfpanzers Leopard 2. Das Bild zeigt einen der beiden Versuchsträger mit einer Attrappe auf dem Wannenbug, welche die tatsächliche Auslegung verschleiern sollte.

Typisch für die Experimentalentwicklung war das weit herunter gezogene Abluftgräting in der Heckplatte der Panzerung.

---

*) Siehe Seite 165

Verschiedene Detailansichten der Experimentalentwicklung.

Abbildungen Doppelseite:
Holzmodellvergleich: Experimentalentwicklung/
Prototyp Leopard 2

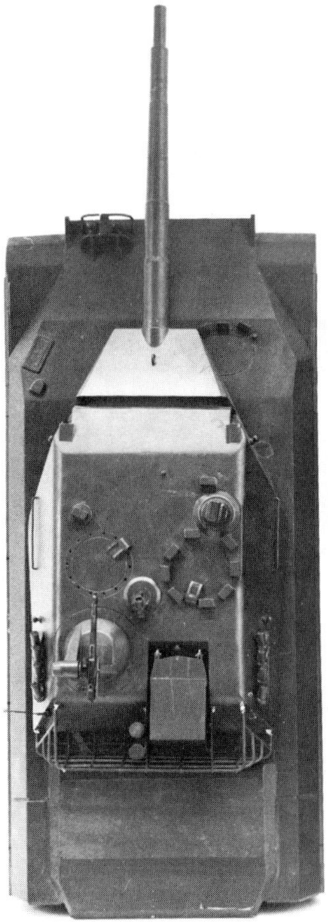

Links: Experimentalentwicklung. Rechts: Leopard 2 Prototyp.

***) Experimentalentwicklung**

Entwicklung, Fertigung und Werkserprobung
Gewicht 40 t
v = 65 km/h
Breite 3250 mm
Vorschläge für nachrüstbaren Nuklearschutz, Nuklearblitzschutz.
10-Zylinder-Motor: Daimler-Benz Diesel 1100–1250 PS bei n = 2600 l/min (später 1500 PS), Ankauf von 2 Motoren.
ZF-Getriebe: 4 HP 400 für optimales Beschleunigungsvermögen und 1500 PS, Ankauf von 2 Getrieben.
Elektrischer Energiehaushalt: unter Berücksichtigung des 24-Std.-Kampftages bei Einsatz der Waffenstabilisierungsanlage und der Batteriepflege
20 kW AEG-Generator und bessere Wartbarkeit der Batterien.
Federung: Vergleichsuntersuchung zwischen Luftfederung und Drehstabfederung.
Bremse: Einheitsbremse, konkurrierende Entwicklung der Firmen Teves, BSI und Klaue (Komponenten-Entwicklung durch BWB). Untersuchung der Verwendung einer hydrodynamischen Bremse.
Hilfsmotor: Untersuchung einer Zusatzstromerzeugeranlage.
Waffe: Verminderung des Abgangfehlerwinkels bei der Waffe 105-mm, unter Einschaltung von Rheinmetall und Bofors, MG Fla-Lafette aus Turminnerem bedienbar, 20-mm-Kanone für Fliegerabwehr und koaxial MG zur Hauptwaffe.
Stabilisierung; anfangs unterschiedlich:
Erprobungsträger I: Stabilisierung, Cadillac Gage, elektrohydraulische Komponenten-Entwicklung durch BWB.
Erprobungsträger II: Honeywell-Richt- und Stabilisierungsanlage, elektrohydraulische Komponenten-Entwicklung durch BWB.
Im Laufe der Entwicklung Kombination beider Anlagen (AEG, FWM und Honeywell)
Rechner:
Beide Erprobungsträger mit Entwicklungen der Firma Arenco, Schweden, und deren Weiterentwicklung

durch Firma AEG-Telefunken.
Richtschützen-Entfernungsmeßgerät:
Erprobungsträger I: Raumbildentfernungsmeßgerät mit umschaltbarer Vergrößerung (8×, 16×) kombiniert mit Laser, Komponenten-Entwicklung durch BWB.
Erprobungsträger II: Zieldoppelfernrohr mit umschaltbarer Vergrößerung (8×, 16×) kombiniert mit Laser, Komponenten-Entwicklung durch BWB.
Winkelspiegel: wie Leopard 1, Untersuchung für vergrößerte Winkelspiegel.
Die Firmen wurden daraufhin mit der Frage konfrontiert, ob sie bereit wären, die Entwicklung für 25 Mio. DM aufzunehmen.
Die beteiligten Firmen zogen sich zu einer Konferenz zurück und besprachen das gemeinsame Risiko, die Aufgabe der Entwicklung und Fertigung von zwei Erprobungsträgern für 25 Mio. DM vorzunehmen. Die Entscheidung der Firmen lautete noch am gleichen Tage »wir sind bereit«, der Auftrag wurde der Fa. Krauss-Maffei als Generalunternehmer für die Entwicklung übertragen.
Der Auftrag für Krauss-Maffei kam hauptsächlich deshalb zustande, weil diese Firma sich als Generalunternehmer für die Serienfertigung Kampfpanzer »Leopard 1« besondere Verdienste erworben hatte.
Außerordentliche Verdienste in dem Sinne, daß sie es verstanden hatte, die widerstreitenden Firmen zu einer Geschlossenheit in bezug auf Termin und Kosten mit positivem und geschlossenem Ergebnis zu führen. Die Beauftragung der Fa. Krauss-Maffei mit der Experimentalentwicklung im Jahre 1968 erfolgte mit dem Ziel, die Konzeption des Kampfpanzers »Leopard 1« zu verändern und mit neuen Erkenntnissen die Kampfwertsteigerung des Parameters Feuerkraft zu verstärken. Es war vor allem daran gelegen, die Erstschußtreffwahrscheinlichkeit auf Entfernungen von 2000 m, möglichst 2500 m, den Forderungen für den »Kampfpanzer 70« durch Einbringung eines neuen Feuerleit-Konzeptes anzugleichen. Man ging davon aus, daß dieses Ziel nur durch ein rechnergesteuertes Feuerleitsystem verwirklicht werden konnte. Jedoch war man nicht bereit, als Ziel- und Entfernungsmeßgerät nur ein Entfernungsmeßgerät mit einem Laserentfernungsmesser vorzusehen.
Der deutsche Bedarfsträger legte nach wie vor Wert auf einen optischen Basisentfernungsmesser und dieser wurde nun mit einem Laser-Entfernungsmesser kombiniert, wobei die Entfernung durch Laser gemessen und der optische Basisentfernungsmesser zur Kontrolle des vom Laser ermittelten Wertes eingesetzt ist. Es ist bekannt, daß es bei Laserentfernungsmessern zu Doppel- oder Dreifach-Echos kommen kann, die eine Verfälschung des Meßwertes möglich machen. Der optische Entfernungsmeser sollte dazu dienen, dem Richtschützen aufzuzeigen, ob der eingegebene Lasermeßwert auch wirklich der echte Zielmeßwert war. Die Kombination des optischen mit dem Laser-Entfernungsmesser erlaubte eine Weiterverwendung der Original-»Leopard 1«-Türme, die durch den eingebauten Entfernungsmesser mit einer Basis von 1,72 m bereits die Voraussetzung mitbrachten, diesen neuen kombinierten Entfernungsmesser aufzunehmen. Die Auslegung dieses Meßgerätes hat in den Gesprächen mit ausländischen Partnern, die zwischenzeitlich den »Leopard 1« gekauft hatten, vielfach zu eingehenden Diskussionen Anlaß gegeben; man vertrat die Meinung, daß sich die Entfernungsmessung allein durch Laser vornehmen ließe und bezeichnete vielfach die deutsche Lösung als »Dampfschiff mit Segel« oder »Hosenträger mit Gürtel«. Man hatte über viele Jahre versucht, gemeinsam mit anderen »Leopard«-Benutzerstaaten eine Kampfwertverbesserung durch Integration einer rechnergesteuerten Feuerleitanlage voranzutreiben, aber bezüglich Entfernungsmeßgeräte-Ausstattung schieden sich die Geister. Bei der Bundeswehr waren allerdings die Erfahrungen mit den Laserentfernungsmessungen so, daß der Bedarfsträger und das Fachreferat von ihrer Absicht nicht abgingen. Man verfolgte nach wie vor im Rahmen der Experimentalentwicklung dieses Ziel, baute diese Geräte in zwei Erprobungsträger ein und war entschlossen, bei positivem Ausgang dieser Entwicklung, die »Leopard 1«-Fahrzeuge der Bundesrepublik mit diesen im Rahmen der Experimentalentwicklung geschaffenen Feuerleit-Baugruppen nachzurüsten. Es war in den langfristigen Haushaltsplänen ein Betrag von über 700 Mio. DM aufgenommen worden, der die Möglichkeit schaffen sollte, alle Kampfpanzer »Leopard 1« mit einer integrierten Feuerleitanlage auszustatten und damit deren Kampfwert wesentlich zu steigern.

Studie »Eber«

Zum Ende des Jahres 1969 zeichnete sich rasch das Ende der gemeinsamen »Kampfpanzer 70«-Entwicklung ab. Auf Weisung des BWB wurde bei Krauss-Maffei der Versuch unternommen, gewisse Komponenten der Experimentalentwicklung für eine abgeänderte »Kampfpanzer 70«-Entwicklung zu übernehmen, dabei sollte u. a. der Fahrer in der Wanne untergebracht werden. Diese Entwicklungs-Studie lief unter dem Namen »Eber«. Alle an der Experimentalentwicklung Beteiligten machten im Gegensatz dazu große Anstrengungen, diese nunmehr zu einer eigenen Panzerentwicklung zu deklarieren und ließen diesen neuen Panzer unter dem Namen »Keiler« in Veröffentlichungen publik machen. Es gab also zu gewissen Zeiten eine Studie »Kampfpanzer Eber« und eine neue Panzerentwicklung unter dem Namen »Keiler«.

Doppelseite:
Das Holzmodell der Studie Eber basierte auf dem Fahrgestell des Kampfpanzer 70, verlegte jedoch den Fahrerstand aus dem Turm in die Wanne. Vorgesehene Hauptbewaffnung eine Shillelagh-Kanone mit Ladehilfe.

Kein automatischer Lader wie beim Kampfpanzer 70.

Kampfpanzer Leopard 2, Prototypen 1–17

Anfang 1970 kam das erwartete Ende der bilateralen Entwicklung und der damalige Verteidigungsminister Helmut Schmidt entschied, daß eine Panzerentwicklung, aufbauend auf der Experimentalentwicklung, mit der Bezeichnung »Leopard2« durchzuführen sei und über die bereits geplanten zehn Prototypen hinaus weitere sieben in Auftrag gegeben werden sollten.
Eine Auflage verlangte dabei, das weitgehend fertig entwickelte Triebwerk des »Kampfpanzer70« – bestehend aus MTU-Motor und Renk-Getriebe mit Ringkühlanlage – in die »Leopard2«-Entwicklung zu übernehmen, d.h. man mußte den im Rahmen der Experimentalentwicklung neu geschaffenen 10-Zylinder, Daimler-Benz Motor MB 872 Ka 500 mit 1250 PS Leistung und das neu entwickelte ZF-Getriebe 4 HP 400 verlassen und die »Kampfpanzer70«-Komponenten übernehmen. Am Anfang der Entwicklung wurde der neue »Leopard2« noch besonders mit dem Buchstaben K gekennzeichnet.
Es waren also während der Entwicklung eines Kanonenpanzers auch noch Überlegungen in Form einer Studie im Gange, die amerikanische Kombinationswaffe Shillelagh (152-mm) im Drehturm der Experimentalentwicklung evtl. auch für deutschen Bedarf verwendbar zu machen. Diese Studie »Leopard2 FK« (FK = Flugkörper) lief im Jahre 1970 parallel zur Entwicklung der Prototypen.
Die Entwicklung der Prototypen wurde wiederum der Firma Krauss-Maffei als Generalunternehmer übertragen.

Ein Größenvergleich zwischen dem Leopard 1 (rechts) und einem Leopard 2 Prototyp.

Der Triebwerkblock des Kampfpanzers Leopard 2.

Getriebeseite des Antriebblocks.

Kommandanten- und Richtschützenplatz im Prototyp Leopard 2.

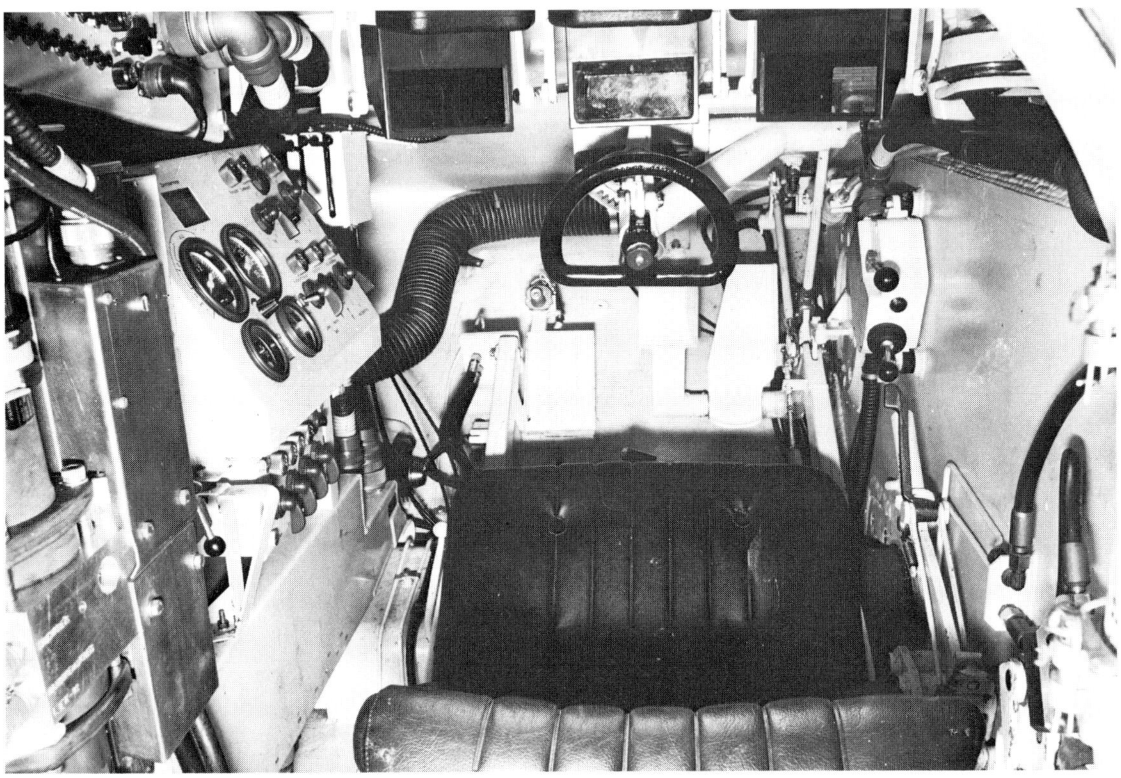

Der Fahrerstand im Prototyp Leopard 2.

Im Aussehen fast gleich, in der Technik Generationen verschieden (Kampfpanzer T34 – Rußland ab 1941, Panzerkampfwagen Panther – Deutsches Reich ab 1943, Kampfpanzer-Prototyp Leopard 2 70iger Jahre).

Von den 17 Prototyp-Türmen wurden zehn mit einer 105-mm-Glattrohrkanone und sieben mit der 120-mm-Glattrohrkanone, beides Entwicklungen der Fa. Rheinmetall, ausgestattet. Ein ursprünglich vorgesehenes 17. Fahrgestell (PT12) wurde nicht gebaut. Bei den Fahrgestellen gab es auch Alternativen, und zwar eine Weiterverfolgung der Drehstabfederentwicklung, aufbauend auf der experimentalen Entwicklung, mit in Schwingarmen integrierten Reibungsdämpfern, und eine Alternative aufbauend auf »Kampfpanzer 70«-Baugruppen, eine hydropneumatische Federung der Fa. Frieseke und Höpfner. Mit letzterer wurden zwei Prototypen ausgestattet. Diese Parallelentwicklung war notwendig, um den Bedarfsträger davon zu überzeugen, daß die hydropneumatische Federung zum damaligen Zeitpunkt noch nicht reif war für die Übernahme in eine Serienfertigung. Nur durch Vorstellung eines Prototyps waren die entsprechenden Stellen davon zu überzeu-

Von den 17 Prototypen Leopard 2 wurden zehn mit einer 105-mm-Glattrohrkanone der Firma Rheinmetall ausgerüstet. Die folgenden Bilder zeigen die konventionelle Auslegung der Fahrzeuge.

gen. Es zeigte sich tatsächlich in der Erprobung, daß die Schwierigkeiten, die noch vorhanden waren, in der zur Verfügung stehenden Zeit bis zum Ende der Entwicklung und Übernahme in eine Serienfertigung nicht beseitigt werden konnten. Die beiden Fahrgestelle mit hydropneumatischer Federung kamen über eine technische Erprobung bei der Erprobungs-Stelle 41 nie hinaus. Die Erprobungs-Stelle konnte die Verantwortung für die Funktions- und Betriebssicherheit für diese Federung nicht übernehmen.
Die Auslieferung der Prototypen des Kampfpanzers »Leopard 2 K« durch die Industrie erfolgte in den Jahren 1972/73 für die Durchführung einer technischen Erprobung. Bei den parallel verlaufenden Truppenversuchen in Deutschland, Kanada im Winter 1973/74 und bei hochsommerlichen Temperaturen in Yuma, Arizona USA, im Sommer 1974 wurden die Grenzen dieser Entwicklung festgestellt, daraus folgend die nächsten Schritte für eine Weiterentwicklung eingeleitet.
Das Hauptproblem bestand schon damals in der Einhaltung der als militärische Forderung vorgeschriebenen Lastenklasse MLC 50. Es zeigte sich, daß das Gewicht des Kampfpanzers 1,5 t über dem zulässigen Gefechtsgewicht lag. Deshalb schlug im Sommer 1973 die Firma Wegmann vor, durch Veränderungen der Turmform und Einbringung eines neuen Ziel- und Meß-

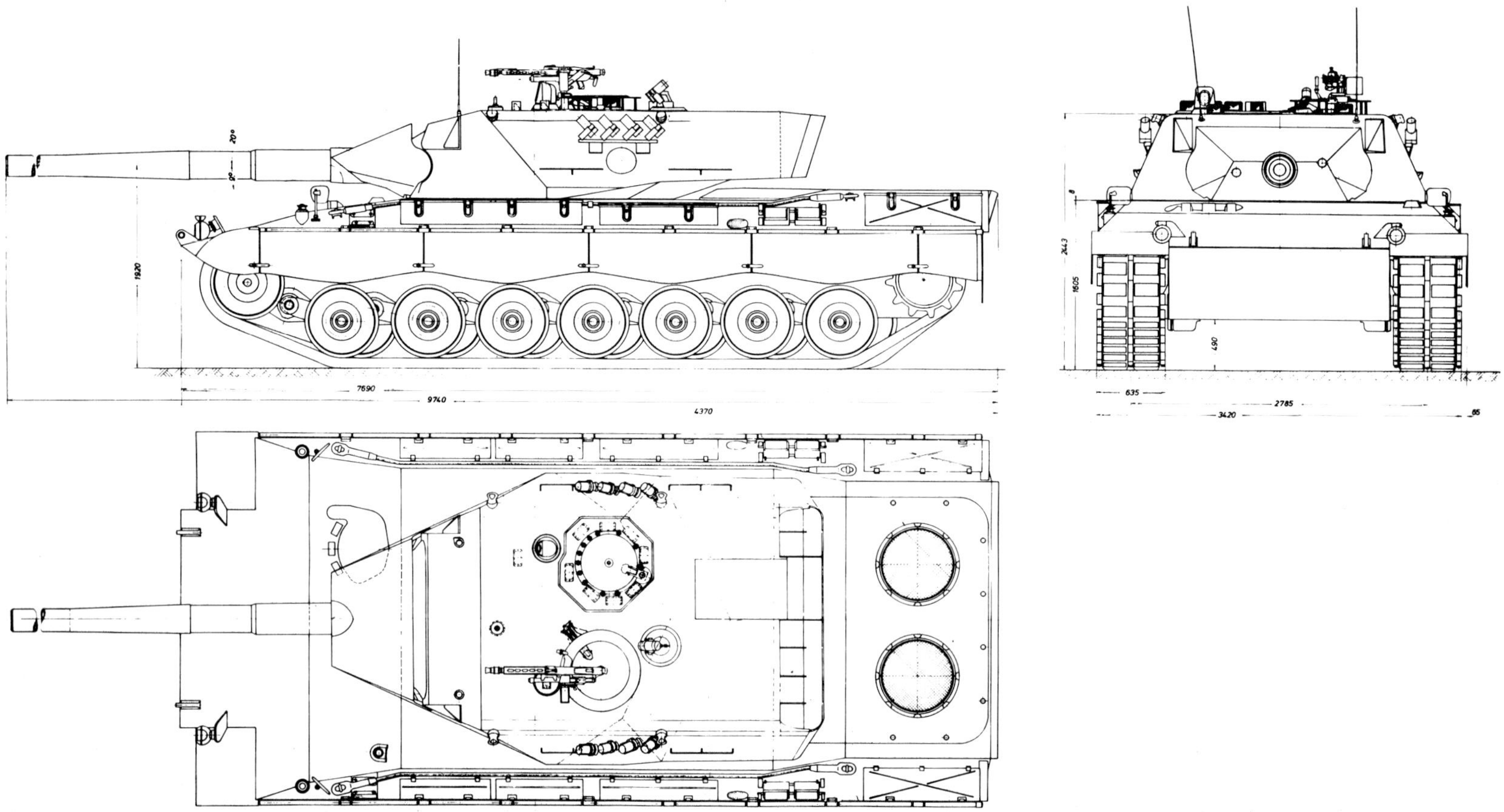

Kampfpanzer Leopard 2 – Prototyp mit 105-mm-Glattrohrkanone.

gerätes das Turmgewicht um etwa 1,5 t zu vermindern. Diese neue Turmform verwendete das von der Fa. Leitz angebotene Korrelationsentfernungsmeßgerät mit einer Basis von 350 mm. Das neue Meßgerät ermöglichte passive Entfernungsmessung und durch seine Form eine Verschmälerung der Turmfront. Das neue Konzept wurde vom Projektbeauftragten der Systemarbeitsgruppe vorgetragen, um einen weiteren erfolgreichen Schritt in Richtung Einhaltung der MLC 50 möglich zu machen. Zu diesem Zeitpunkt lag die Auswertung der ersten Erkenntnisse des 1973 ausgetragenen Nahost-Krieges vor. Dabei erhob sich die Frage, ob es zweckmäßig sei, Gewicht zu sparen oder das Mehrgewicht einem verbesserten Panzerschutz zukommen zu lassen. Der Jom Kippur-Krieg hatte deutlich gemacht, daß Panzerschutz eine wesentlich höhere Priorität besaß, als bis zu diesem Zeitpunkt beachtet wurde. Daraus ergab sich die Entscheidung, die neue Turmkonfiguration mit mehr Panzerschutz zu kombinieren. *Das Ergebnis war der Turm 14 modifiziert als Grundlage für einen neuen Generationsschritt.*

Dieser Schritt war einfacher geworden, weil die vorweg schon erwähnten Haushaltsmittel zur Nachrüstung aller »Leopard 1« aus verschiedenen Gründen nicht mehr zur Verfügung standen; d. h., es war der Zwang, Geräte im »Leopard 2« zu verwenden, die auch im »Leopard 1« zur Nachrüstung Anwendung finden sollten, nicht mehr vorhanden.

Man bediente sich einiger bei der Experimentalentwicklung und den Prototypen erprobter Feuerleit-Baugruppen, um ein 6. Los Kampfpanzer »Leopard 1 A4« in einer Stückzahl von 250 Stück mit einer neuen integrierten Feuerleitanlage auszustatten. Das 6. Los wurde allerdings zu einem Zeitpunkt in Auftrag gegeben, als die Entwicklung der Einzelkomponenten und der Integration dieser Komponenten zu einem System

Zwei der 17 Prototyp-Fahrgestelle wurden zur intensiven Erprobung der hydropneumatischen Laufwerkfederung abgezweigt. Wie schon beim Kampfpanzer 70 erlaubte die Terminplanung kein endgültiges Urteil über die Standfestigkeit dieser Federungsart.

noch nicht voll ausgereift war, so daß sich manche Schwierigkeiten im 6. Los niederschlugen und von der Truppe mit Unbehagen zur Kenntnis genommen wurden. Nach einiger Zeit gelang es den beteiligten Firmen, die Mängel der einzelnen Baugruppen und des Systems in den Griff zu bekommen.

Die Materialerhaltung elektronischer Baugruppen des Feuerleitsystems brachte große Probleme, weil Prüfgeräte noch nicht zur Verfügung standen. Ein Truppenversuch hat später die Truppe mit dem Betrieb und der Instandsetzung elektronischer Baugruppen vertraut gemacht.

Parallel zu der Weiterentwicklung in bezug auf erhöhten Panzerschutz waren die Gespräche mit amerikanischen Dienststellen über eine Verwendung unseres Kampfpanzers durch die USA wieder in Gang gekommen. Die US-Army kaufte eines der »Leopard 2«-Prototyp-Fahrgestelle, um es einer eingehenden Erprobung zu unterziehen. Die Entwicklung des amerikanischen Kampfpanzers »XM1« dürfte an ihm sicher nicht unbeachtet vorbeigegangen sein. Letzten Endes war aber auch der unzureichende Panzerschutz der ursprünglichen »Leopard 2«-Prototypen der Grund, daß die US-Army zu dieser Zeit das Fahrzeug ablehnte.

Als im Jahre 1974 ein für die Entwicklung zuständiger Beamter im amerikanischen Verteidigungsministerium die Frage erhob, was die deutsche Seite zu tun gedachte, um dem Kampfpanzer »Leopard 2« einen wesentlich besseren Panzerschutz zu geben, konnte bei Krauss-Maffei erstmalig der verbesserte Panzerschutz, in Verbindung mit einem neuen Turmkonzept, vorgestellt werden. In skizzenhafter Form wurde auch die Möglichkeit aufgezeigt, in der Buggestaltung der Wanne diesen neuen Panzerschutz zu integrieren und damit dem Fahrgestell einen wesentlich verbesserten Panzerschutz zu geben. Von diesem Zeitpunkt an waren alle Überlegungen darauf gerichtet, den Panzerschutz des Gesamtsystems zu verbessern. Man war sich allerdings klar darüber, daß dies nicht mehr in der Lastenklasse 50 möglich sein würde, das Bestreben war daher darauf gerichtet, die Lastenklasse »MLC 60« als Obergrenze für die neue Panzerentwicklung genehmigt zu bekommen. Panzerschutz wurde im Jahre 1974 ganz besonders in den Vordergrund gestellt und

Vorder- und Rückansicht eines Prototyps Leopard 2 mit 120-mm-Glattrohrkanone.

Die drei Bilder zeigen die Einzelheiten eines mit der 120-mm-Glattrohrkanone ausgerüsteten Prototyps des Kampfpanzers Leopard 2.

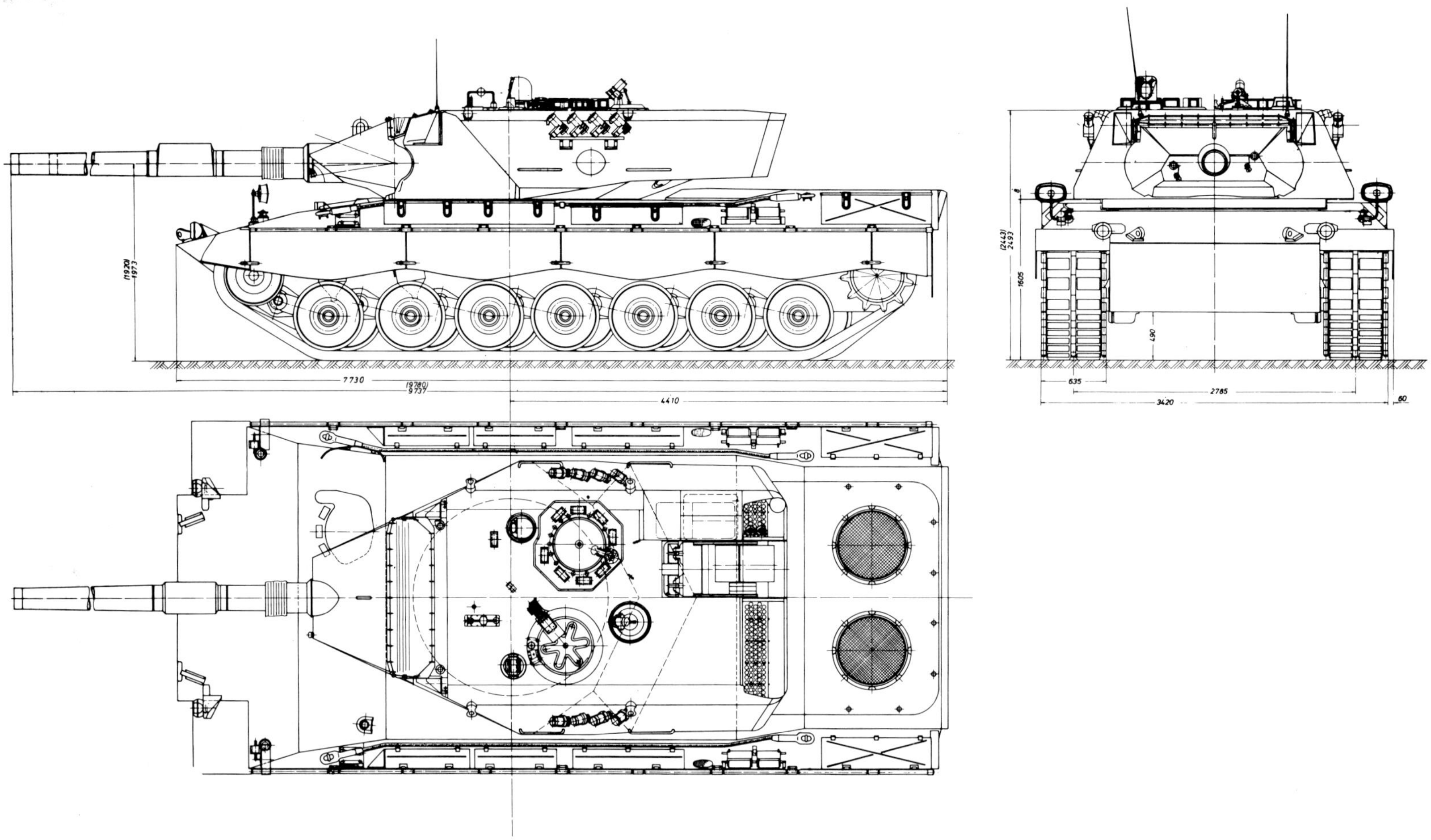

Kampfpanzer Leopard 2 – Prototyp mit 120-mm-Glattrohrkanone.

Anstrengungen gemacht, mit der amerikanischen Regierung zu einer Gemeinsamkeit in der Kampfpanzer-Entwicklung zu kommen. Der Kampfpanzer »Leopard 2« wurde durch einen verstärkten Panzerschutz an den neuen Erkenntnisstand angepaßt.

Zur gleichen Zeit stellten die Firmen Krupp MaK, Kiel, Blohm & Voss, Hamburg, und das Ingenieurbüro Dr. Hopp, München, den Entwurf eines leistungsgesteigerten Kampfpanzers »Leopard 1« als Alternative zur »Leopard 2«-Entwicklung vor. Im Entwurf waren weitgehend die Erkenntnisse mit dem verbesserten Panzerschutz der Prototypen »Leopard 2« eingearbeitet. Nach Übernahme der integrierten Feuerleitanlage des »Leopard 1 A4« war daran gedacht, die Feuerkraft durch den Einbau der 105-mm-Glattrohrkanone mit leistungsgesteigerter Munition zu verbessern. Eine

Vorder- und Rückansicht des Prototyps Leopard 2 mit Turm 11. Der Drehturm hatte zusätzlich eine scheitellaffetierte 20-mm-Bordkanone.

Neben einem ausfahrbaren Weißlicht/Infrarot-Schießscheinwerfer besaß dieser Drehturm eine ausfahrbare, eigenstabilisierte Nachtsicht auf Restlichtverstärker-Prinzip.

Erhöhung der Beweglichkeit hatte man nicht vorgenommen. Das in drei Varianten angebotene Entwicklungsprogramm sah folgende Schritte vor:

- □ Variante 1: verbesserter Panzerschutz an der Vorderseite Fahrgestell und Turm, 105-mm-Glattrohrkanone. Preis 103% gegenüber »Leopard 1«, lieferbereit 18 Monate nach Auftrag.
- □ Variante 2: zusätzlich zum verbesserten Panzerschutz, Einbau eines Triebwerkes von 1200 bzw. 1500 PS. Erhöhung der Leistung der durch die Gewichtserhöhung verlorengegangenen Beweglichkeit plus Steigerung derselben um 40 bzw. 75%. Preis 110% gegenüber »Leopard 1«, lieferbereit 36 Monate nach Auftrag.
- □ Variante 3: Einbau einer 120-mm-Hauptbewaffnung neben den bereits erwähnten Verbesserungen. Preis 125% gegenüber »Leopard 1«, lieferbereit 44 Monate nach Auftrag.

Die aus dem Turminnern bedienbare 20-mm-Sekundärbewaffnung in Marsch- und Feuerposition.

Die 120-mm-Glattrohr-Hauptbewaffnung des Leopard 2 auf dem Schießgestell bei der Firma Rheinmetall.

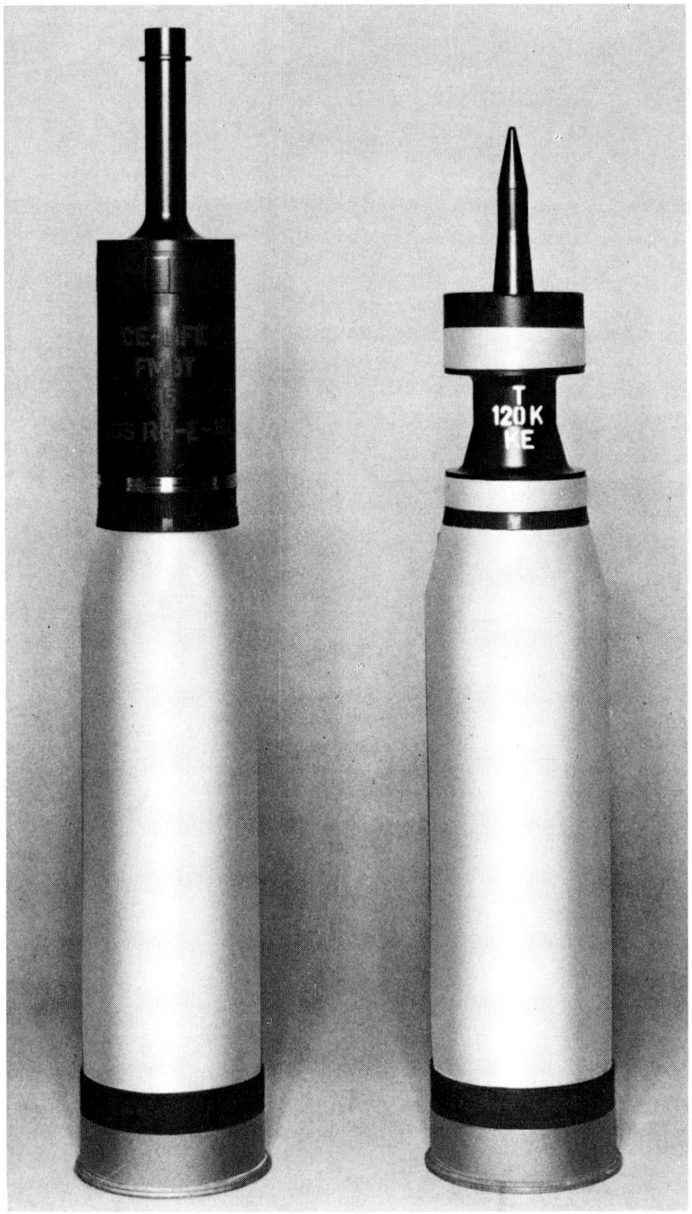

Die ursprünglich für die 120-mm-Kanone geschaffenen Munitionsarten, beide mit teilverbrennbarer Hülse. Links die Mehrzweckmunition, die nach dem Hohlladungsprinzip arbeitet, rechts das unterkalibrige KE-Geschoß zur Bekämpfung gepanzerter Ziele. Beide Geschoßarten sind flügelstabilisiert.

Man glaubte, mit diesen drei Varianten die Lastenklasse »MLC 50« einhalten zu können. Nach einer umfangreichen Untersuchung dieser Studie durch verschiedene Stellen des BMVg und des BWB wurden alle drei Varianten nicht weiterverfolgt.

Eine weitere Alternativ-Überlegung zur »Leopard 2«-Entwicklung ergab sich aus der Tatsache, daß die im »Kampfpanzer 3«-Projekt mit der englischen Regierung zusammenarbeitenden deutschen Dienststellen der Ansicht waren, das Konzept eines Kasemattpanzers rechtzeitig verwirklichen zu können. In verschiedenen Gremien wurde diese Alternative eingehend erörtert; ein in der Zwischenzeit eingeleiteter Truppenversuch mit dem Versuchsträger und den charakteristischen Merkmalen eines Kasemattpanzers zeigte, daß bei Anwendung der derzeitigen Taktik und der weiteren bei einem Turmpanzer gültigen Vorschriften diese Panzerkonzeption nicht die Zustimmung des Bedarfsträgers finden konnte, da dieser Panzer nicht den militärischen Erfordernissen der Panzertruppe entsprach.

Kampfpanzer Leopard 2 AV

Im Rahmen der bereits erwähnten Anstrengungen einer Gemeinsamkeit mit der amerikanischen Regierung wurden auch im Jahr 1974 weitere Überlegungen angestellt, den Kampfpanzer »Leopard 2« für eine vergleichende Bewertung durch amerikanische Dienststellen besonders interessant zu machen. Im Sommer 1974 wurden deshalb zwei Studien in Auftrag gegeben:
Erstens eine Studie AV*), als »Leopard 2« modifiziert bekannt, dessen besondere Merkmale von folgenden Überlegungen bestimmt wurden:

- ☐ eine Verstärkung der Panzerung vorne und seitlich bei Turm und Fahrgestell unter Einhaltung der Lastenklasse MLC 60,
- ☐ eine vereinfachte Feuerleitanlage mit primärstabilisierter Richtschützenoptik und ihr nachgeführter Waffe (Entfeinerung der Waffennachführungsanlage),
- ☐ eine Umverstauung, besonders der Munition,
- ☐ eine minensichere Ausbildung des Wannenbodens,
- ☐ ein Entfall der Zusatz-Stromerzeuger-Anlage, dafür Einsatz von 8 Batterien,
- ☐ eine Unterbringung des Versorgungsaggregates für die hydraulische Waffennachführungsanlage und der gesamten Elektronik im Turmheck zu besserer Wartung und Instandsetzung.

---

*) AV = Austere Version, abgemagerte Version
Diese Bezeichnung entsprach jedoch in keiner Weise dem mit dem Fahrzeug AV erreichten Fortschritt

Das erste von zwei Prototyp-Fahrzeugen der Leopard 2-Baureihe. Die letzten Erkenntnisse in der Schutztechnik wurden bei diesen Fahrzeugen eingebracht. Die Bezeichnung lautete Leopard 2 AV.

Eine zweite Studie (»Leopard 2/3«) basierte auf Konzeptuntersuchungen von Krauss-Maffei für den »Kampfpanzer 3«. Dieses Konzept sah auch einen Turmpanzer vor. Aufbauend auf die bereits in der Lösung »Leopard 2 AV« verwirklichten Verbesserungen ergab sich grundsätzlich die Verlegung des Fahrerstandes aus der Wanne in den Turm. Vier Mann waren im Turm unterzubringen, der Fahrer sollte, die Drehbewegungen des Turmes mitmachend, den Kampfpanzer von seinem Platz im Turm führen.

Dadurch ergab sich eine Verkürzung des Fahrgestells mit daraus resultierender Gewichtsverminderung, die sich in höherem Panzerschutz bei gleichem Gefechtsgewicht niederschlug. Die Frage, ob ein Fahren aus turmfestem Fahrerstand bei Turmschwenkung bis 90° möglich war, wurde durch Vorversuche eingehend untersucht. Einer der »Kampfpanzer 70«-Prototypen wurde für diesen Zweck hergerichtet und Ende 1974 umfangreichen Untersuchungen unterzogen. Unter Beachtung aller Möglichkeiten und unter Einschaltung verschiedenster Personen für die Fahrversuche kam eindeutig die Meinung zustande, daß bei Turmbewegung und turmfestem Fahrerstand die präzise Lenkung des Fahrzeuges problematisch ist. Nach diesen Erfahrungen wurde die Weiterverfolgung der Studie auf Basis Fahrer im Turm eingestellt und nur noch die AV-Version weiterbehandelt.

Beide Fahrzeuge gingen, noch mit der gezogenen 105-mm-Kanone des Leopard 1 ausgerüstet, zur Vergleichserprobung in die Vereinigten Staaten.

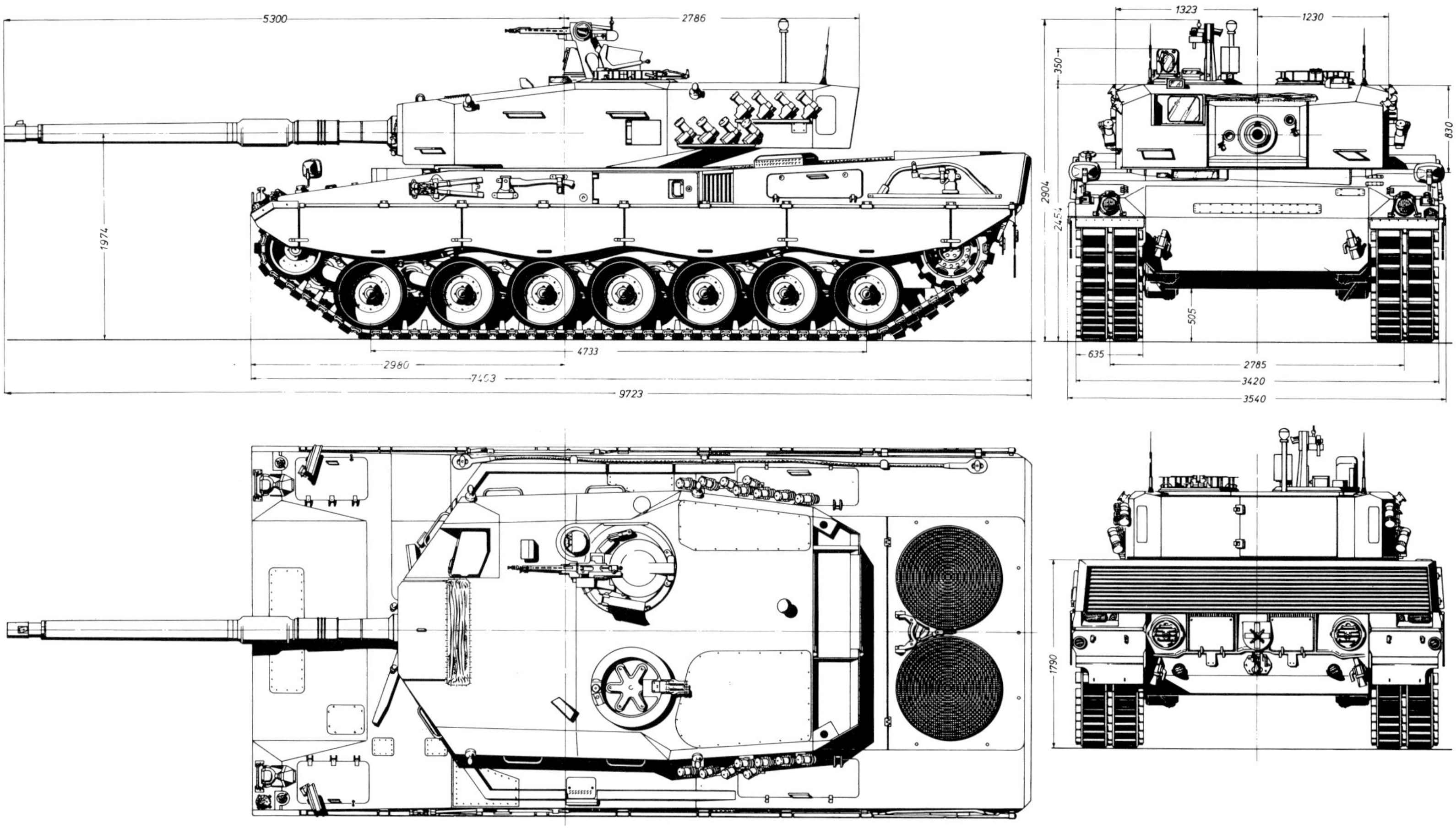

Kampfpanzer Leopard 2 AV mit 105-mm-Kanone (gezogenes Rohr).

Im Dezember 1974 einigte sich die deutsche mit der amerikanischen Regierung in einem »Memorandum of Understanding« über die Bewertung der von beiden Ländern vorgesehenen Panzerkonzepte zwecks Einführung eines gemeinsamen Panzers. Es wurde vorgesehen, im September 1976 einen Kampfpanzer »Leopard2 AV« amerikanischen Dienststellen in einem Vergleich zu ihrem eigenen Panzerkonzept zur Verfügung zu stellen. Dieses Abkommen bildete die Grundlage für eine Auftragserteilung an den Generalunternehmer Krauss-Maffei, unter Berücksichtigung der mit den Prototypen »Leopard2« errungenen Erkenntnisse, unter Beachtung der bereits erwähnten Veränderungen im Panzerschutz, in der Feuerleitanlage, in der Verstauung und in der Ausbildung des Wannenbodens, einen Kampfpanzer zu entwickeln, der, auch die amerikanischen Forderungen abdeckend, in der Bewertung durch die Amerikaner als möglicher Sieger hervorgehen sollte. Krauss-Maffei verpflichtete sich:

- ☐ eine bestimmte Kosten-Obergrenze nicht zu überschreiten,
- ☐ einen bestimmten Liefertermin einzuhalten und
- ☐ diese Leistungen zu garantieren.

Dieses Vertragswerk »Weiterentwicklung eines Kampfpanzers und Fertigung von Prototypen« war nur unter weitgehender Abänderung des sonst üblichen ABEI*)-Vertrages möglich.

Wegen der Kürze der Zeit mußten alle Firmen sofort mit der Arbeit beginnen, und parallel zum Anlauf der Arbeit mit den Firmen die einzelnen Lastenhefte erarbeitet werden.

*) ABEI = Allgemeine Bedingungen für Entwicklungsverträge mit Industriefirmen

Zum Transport der beiden AV-Fahrzeuge von München nach Frankfurt stellte die Bundeswehr zwei Schwerlasttransporter mit 50 t Tragkraft zur Verfügung. Sie hatten ihre liebe Not, die über 50 t schweren Kampffahrzeuge zu überführen. Die beiden Bilder sind seltene Dokumente, da sie links einen Prototyp aus der US/FRG-Entwicklung über einen Heavy Equipment Transporter (HET) zeigen, während rechts der spätere SLT 50 (Schwerlasttransporter) Elefant zu sehen ist.

Die beiden Kampfpanzer Leopard 2 AV wurden mit Transportmaschinen der US-Luftwaffe vom Typ C 5 A Galaxy in die Vereinigten Staaten geflogen. Die Bilder zeigen das Verladen der Fahrzeuge.

Um den neuen Kampfpanzer amerikanischen Verhältnissen anzupassen, wurde erstmals die Firma Hughes unter Vertrag genommen und beauftragt, einen Richtschützenstand (Richtschützen-Hauptzielgerät und Feuerleitrechner) mit Laser-Entfernungsmesser zu entwickeln. Die Hereinnahme der amerikanischen Firma hatte ursprünglich nur den Zweck, den für Amerika bestimmten Panzer weitgehend mit amerikanischen Komponenten auszustatten, um damit vorhandene Vorurteile amerikanischer Dienststellen auszuklammern. Für deutsche Belange wurde ein weiteres Turmkonzept in Auftrag gegeben und dieses mit dem deutschen Feuerleitsystem AEG-Telefunken/Leitz ausgestattet.

Das Bild aus dem Innern des Flugzeuges C 5 A Galaxy vermittelt einen Eindruck der Größe des Panzers und Flugzeuges.

Ursprünglich bestand noch der Gedanke, den Korrelations-Entfernungsmesser der Fa. Leitz in der zur Verfügung stehenden Zeit bis zur Serie verwendungsreif zu machen. Dieser passive Entfernungsmesser mit einer Basis von 350 mm entsprach voll den Vorstellungen des Bedarfsträgers. Leider erwies es sich nach den Vorversuchen als unmöglich, bis zum Serienbeginn des Panzers dieses Gerät noch serienreif zu machen. Man entschloß sich deshalb, statt dessen einen Laserentfernungsmesser in die Überlegungen einzubeziehen. Die Ausstattung des für Amerika bestimmten Turmes mit einer 105-mm-Kanone und gezogenem Rohr wurde deshalb vorgenommen, weil in trilateralen Vergleichsschießen die Panzerkanone der 80er Jahre gesondert ermittelt werden sollte. England stellte eine 110-mm-Waffe, die US-Army eine neu entwickelte Munition für die 105-mm-Kanone und die Bundesrepublik die neue 120-mm-Glattrohr-Kanone vor. Um die Waffenanlage aus der Bewertung auszuklammern, erhielt der Turm die 105-mm-Waffe des Kampfpanzers »Leopard 1«; allerdings war der Turm für die Aufnahme der 120-mm-Waffe konzipiert. Die Versuche wurden mit der 105-mm-Waffe abgewickelt, nach Beendigung der Erprobung wurde noch in den USA die 105-mm-Kanone gegen eine 120-mm-Waffe ausgetauscht. Die trilaterale Vergleichserprobung hatte gezeigt, daß nur die 120-mm-Waffe zukünftigen Bedrohungen gewachsen war. Die Umrüstung des »Leopard 2« auf die 120-mm-Kanone noch in den USA bewies die Tatsache, daß dieser Kampfpanzer im Gegensatz zum amerikanischen »XM 1« bereits für den Einbau dieser Waffe konzipiert war.

Der »Leopard 2« wurde im Aberdeen Proving Ground, Maryland/USA, entsprechend den Vereinbarungen einer vergleichenen Bewertung gemäß einem Versuchsprogramm unterzogen, denen auch die beiden Prototypen des »XM 1« der Firmen Chrysler und General Motors unterworfen wurden. Die Erprobung wurde insofern entwertet, als bereits vor Beginn sich amerikanische und deutsche Regierungsstellen darauf geeinigt

Leopard 2 AV mit 105-mm-Bewaffnung von vorne und von hinten. Die Zeichnungen auf der rechten Seite ergänzen die Bilder.

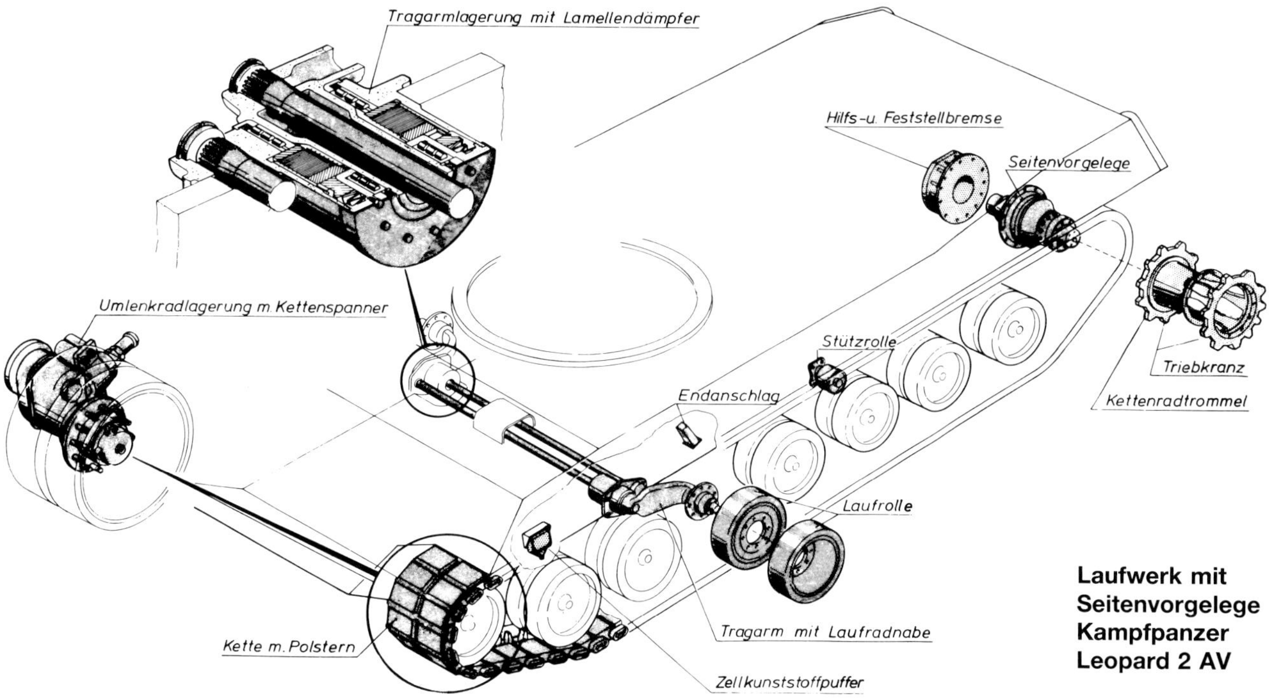

Laufwerk mit Seitenvorgelege Kampfpanzer Leopard 2 AV

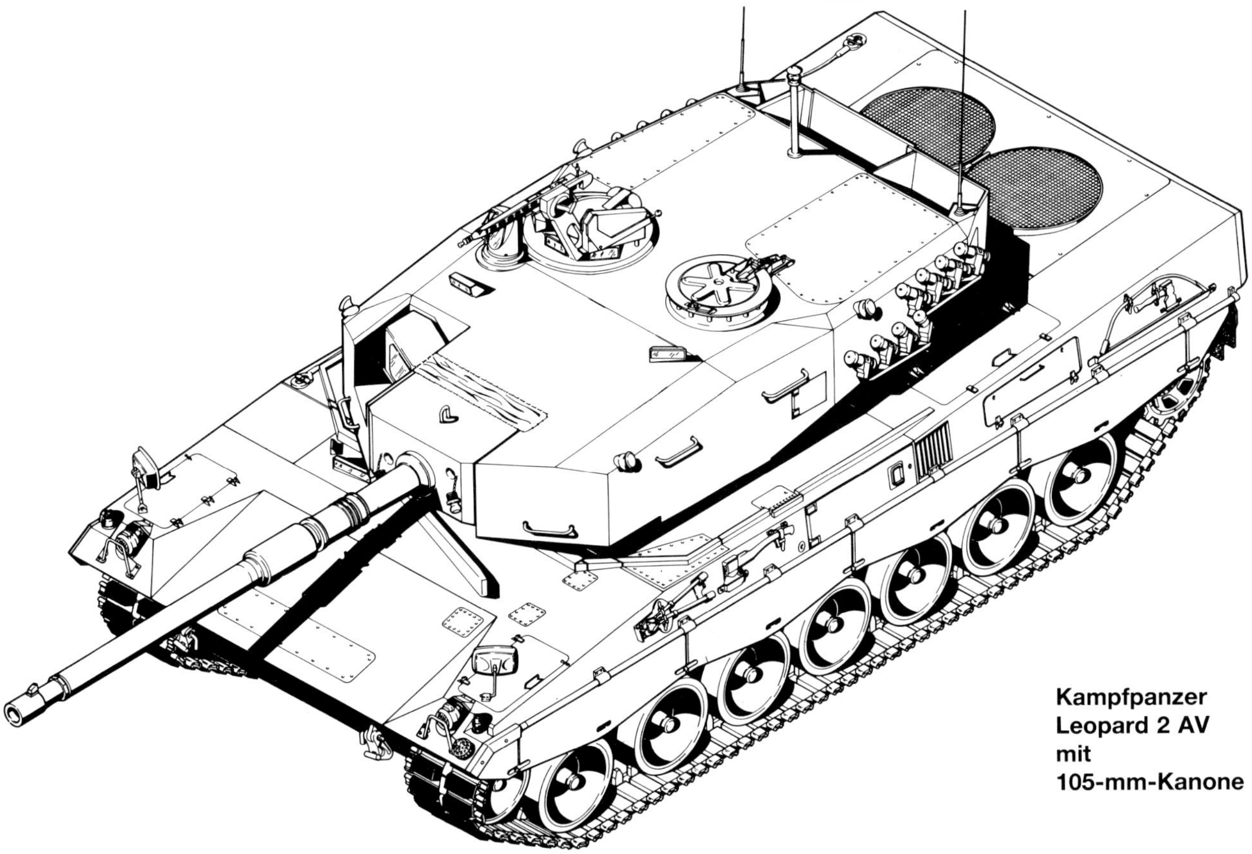

Kampfpanzer Leopard 2 AV mit 105-mm-Kanone

Noch in den Vereinigten Staaten wurde ein Leopard 2 AV auf die 120-mm-Glattrohrkanone umgerüstet.

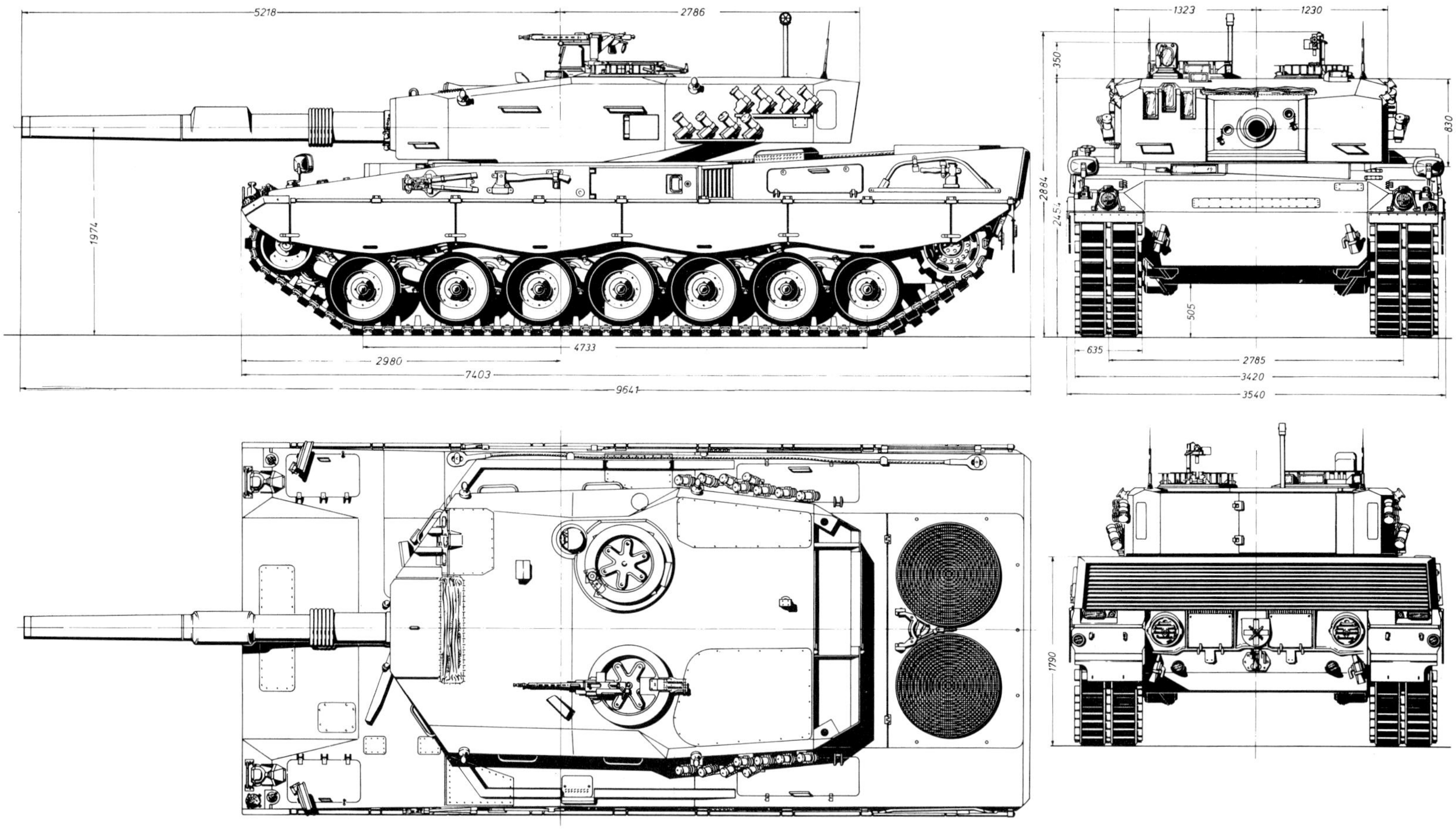

Kampfpanzer Leopard 2 AV mit 120-mm-Glattrohrkanone.

hatten, keine gemeinsame Panzerentscheidung herbeizuführen, sondern das Hauptziel darin sahen, einzelne Baugruppen weitgehend anzugleichen. Nach Beendigung der Erprobung galt es daher, Baugruppen zu finden, die sich für eine Angleichung für beide Panzer eignen könnten. Wesentliche Punkte des Übereinkommens waren die Übernahme und Verwendung der 120-mm-Kanone sowie die der Antriebs-Turbine mit entsprechendem Allison-Getriebe. Beide Baugruppen wurden besonders herausgestellt, bei anderen Komponenten überließ man es Arbeitsgruppen, gemeinsame Ansatzpunkte für eine Verwendung in beiden Panzern zu finden. Dabei wurden Laufwerkbaugruppen wie Gleisketten, Laufrollen, Stützrollen untersucht, bis dato mit dem Ergebnis, daß man sich auf ein gemeinsames Maß für die Gleiskette einigen konnte. Aber auch diese Gemeinsamkeit ist in der Zwischenzeit schon wieder in Frage gestellt, weil sich die amerikanische Konstruktion von der Festlegung aus konstruktiven Gründen abwenden mußte und nunmehr, allerdings mit einem neuen Ansatz, versucht wird, sich dieser ursprünglichen Festlegung wieder zu nähern.

Überlegungen, Baugruppen des Turmes und der Feuerleitanlage zu übernehmen, scheiterten daran, daß man sich deutscherseits wegen der bevorstehenden Serienfertigung auf eine grundsätzliche Änderung der Konstruktion nicht mehr einlassen konnte. Es bleibt dem Laser vorbehalten, als bisher einzige Baugruppe, hergestellt von Hughes, sowohl im »XM1« als auch im »Leopard2«, vertreten zu sein. Ferner läuft eine Entwicklung, die für den »XM1« vorgesehene Wärmebildbaugruppe*) auch für den »Leopard 2« zu übernehmen. Auch hier liegen zwei Entwicklungen im Wettbewerb, die Entscheidung steht noch aus, ob die Harmonisierung mit dem »XM 1« oder die Optimierung des Wärmebildgerätes das entscheidende Kriterium bei der Auswahl sein wird. Da diese Wärmebildbaugruppe gleichermaßen auch im »Leopard 1«, »Marder« und »Luchs« zur Nachrüstung kommen soll, sind auch in dieser Hinsicht Überlegungen im Gang, ob sich die mit den Amerikanern anbietende Harmonisierung mit den Forderungen zur Verwendung in den drei anderen oben erwähnten Waffensystemen in Einklang bringen läßt. Die Übernahme der amerikanischen Wärmebildkomponente konnte erst sehr spät aufgenommen werden, da die Entscheidung über die amerikanische Wärmebildentwicklung sich erst im Sommer 1976 abzeichnete.

Die mit großer Euphorie in den Jahren 1975/76 betriebene Standardisierung wich im Frühjahr 1977 einer starken Ernüchterung. Die Ergebnisse der Erprobungen zeigten aus deutscher Sicht eine Überlegenheit des deutschen Systems, und es war deshalb sehr schwer, den amerikanischen Veröffentlichungen, die genau das Gegenteil aussagten, nicht widersprechen

*) Das bis dahin überwiegend verwendete Infrarot-Zielgerät machte den Einsatz einer aktiven Lichtquelle, eines Infrarot-Zielscheinwerfers erforderlich; dadurch bestand die Gefahr einer Ortung des Fahrzeugs.
Die passive Beobachtungs- und Zielanlage arbeitet nach dem Prinzip der Restlichtverstärkung, nachts ständig vorhandenes Restlicht wird elektronisch so weit verstärkt, daß Ziele erkannt, identifiziert und bekämpft werden können.
Beim Wärmebildverfahren wird die thermische Eigenstrahlung der beobachteten Objekte ausgenutzt, es ist daher vom nächtlichen Restlicht völlig unabhängig.
Da es sich bei Lichtverstärkung und thermischer Bildtechnik um optische Verfahren handelt, sind die erzielbaren Reichweiten abhängig von atmosphärischen Sichtbedingungen.

Nach Deutschland zurückgekehrt, wurden Fahrgestell und Turm der AV-Fahrzeuge getrennt und gemeinsam eingehenden Prüfungen unterzogen, die bereits in Richtung Serienfertigung zielten. Das Bild zeigt den Leopard 2 AV mit Ballastringen anstelle des Drehturms bei der Fahrgestell-Erprobung.

zu dürfen. Die politische Einschätzung der Standardisierung erlaubte nicht, die von amerikansicher Seite betriebene Darstellung und Interpretation auf Weisung des BMVg zu widersprechen. Die mit viel Elan vollzogene Arbeit auf diesem Gebiet war für alle Beteiligten mit einer großen Enttäuschung verbunden. Eines ist aber unverkennbar, die Erprobung in Amerika brachte in verhältnismäßig kurzer Zeit eine Vielzahl von Erkenntnissen, die der deutschen Weiterentwicklung zugute kamen.

Kampfpanzer Leopard 2 AV mit 120-mm-Glattrohrkanone.

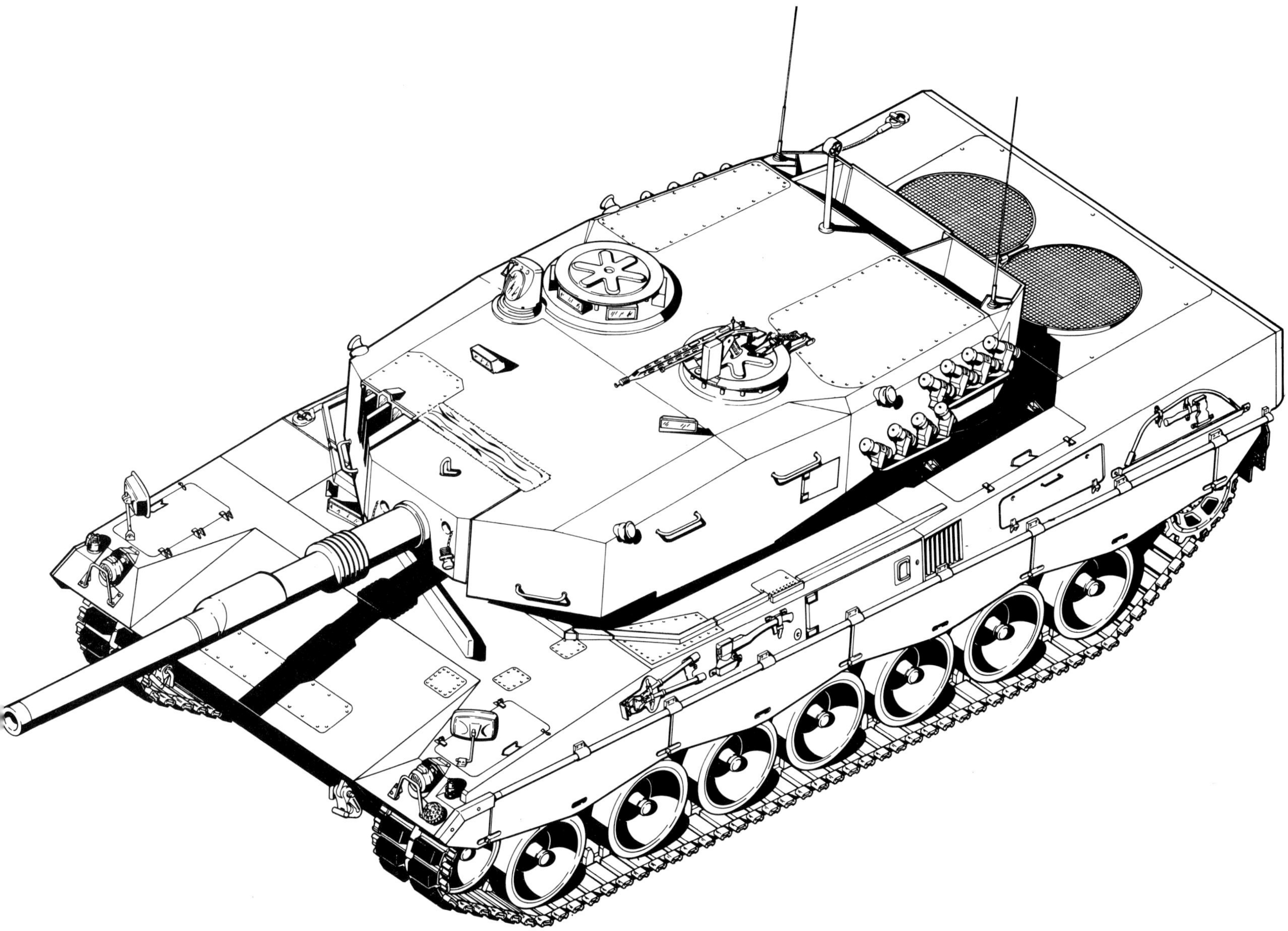

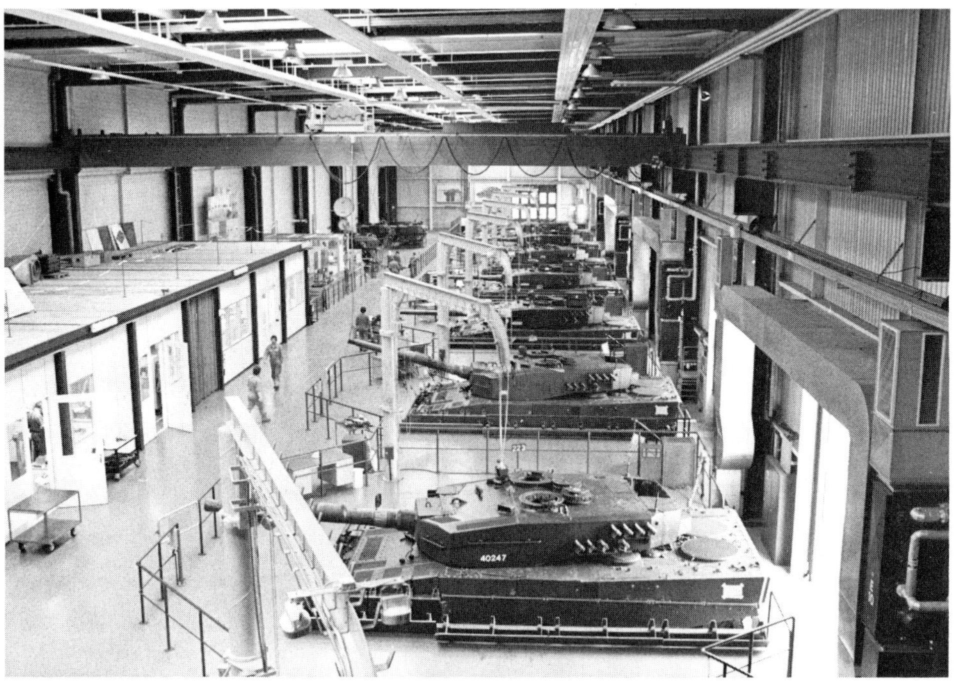

Die Fertigungsstätte für den Leopard 2 wurde in München neu errichtet und besteht aus einer Halle mit dem Montageband und der Integrationshalle, in der Turm und Fahrgestell vereint werden.

Eine hydraulische Bühne erlaubt die Überprüfung aller Fahrzeugfunktionen unter allen Steig- und Verkantungsmöglichkeiten.

Prüfstände sind in den Fertigungsablauf integriert, einschließlich einer abgeschirmten Kabine zur Überprüfung der elektro-magnetischen Verträglichkeit.

Die Montage erfolgt im Taktverfahren. Hier der Einbau der Tragarme und der Stützrollen.

Das erste vorgezogene Serienfahrgestell in der Einzelmontage.

Die Laufrollen sind montiert, die Gleisketten aufgezogen. Es fehlen nur noch die Umlenkrollen.

Zusammenfassung der Entwicklung von Prototypen des Kampfpanzers Leopard 2

In den Jahren 1972 bis 1974 wurden bei Krauss-Maffei insgesamt 16 »Leopard 2«-Prototyp-Fahrgestelle gefertigt und 17 Türme optimiert sowie abgenommen. In der fortlaufenden Prototyp-Numerierung war die Fahrgestell-Nr. 12 nicht vorhanden, dieses Fahrgestell wurde nicht gebaut. Bei sechs Fahrgestellen (1 bis 5 und 11) wurde die Wanne aus Flußstahl hergestellt. Zwei Fahrgestelle (11 und 17) unterschieden sich von den übrigen dadurch, daß sie mit einem 6-Rollen-Laufwerk und hydropneumatischer Federung ausgestattet waren. Die übrigen Fahrgestelle hatten ein Laufwerk mit Drehstabfederung und 7 Laufrollen.
Darüber hinaus wurde ein Fahrgestell (7) für Erprobungszwecke an die USA verkauft. Im übrigen unterschieden sich die Fahrgestelle im wesentlichen in ihrer Inneneinrichtung, wie z. B. Fahrersitze oder Munitionshalterung für 105- bzw. 120-mm-Munition. Ein Teil der Panzer war mit geschmiedeten Leichtmetall-Laufrollen, der Rest mit gegossenen Leichtmetall-Laufrollen ausgerüstet. Die Zusatzstromerzeugeranlagen waren unterschiedlich. Außerdem wurden verschiedene Arten von Gleisketten und Gleiskettenbolzen erprobt.
In den 17 Türmen (Nr. 1–17) kamen zwei unterschiedliche Drehkranzlagerarten zur Erprobung. Sieben Turmgehäuse (1–5 sowie 11 und 12) waren aus Flußstahl, die übrigen aus Panzerstahl. Acht Türme (1 bis 7 und 9) wurden für eine 105-mm-Waffenlagerung mit langer Rohrlagerung und glattem Rohr, zwei Türme (8 und 10) mit kurzer Rohrlagerung und glattem Rohr gebaut. Sieben Türme (11 bis 17) wurden für eine 120-mm-Waffenanlage mit Ladehilfe konzipiert. Ein Turm (11) besaß, wie schon die »KPz 70«-Prototypen, eine 20-mm-Fla-Maschinenkanone in Scheitellafette. In allen Türmen befand sich das Ziel- und Beobachtungsgerät EMES 12 mit optischem und Laser-Entfernungsmesser. Die zehn Türme für die 105-mm-Kanone waren zusätzlich mit einem Hilfszielfernrohr FERO Z 12 A 1 mit integriertem IR-Kanal ausgestattet. In den sieben Türmen für 120-mm-Bewaffnung (11–17) wurde das auch im KPz »Leo-

KPz Leopard 2

Ausrüstung Fahrgestelle

	ET		Prototypen																AV	
Fahrgestell-Nr.	01	02	01	02	03	04	05	06	07	08	09	10	11	13	14	15	16	17	19	20
USA-Erprobung									●										●	●
Flußstahl	●	●	●	●	●	●	●						●						●	●
Panzerstahl								●	●	●	●	●		●	●	●	●	●		
Drehstabfederung (7 Laufrollen)	●	●	●	●	●	●	●	●	●	●	●	●		●	●	●	●		●	●
Hydropfederung (6 Laufrollen)													●					●		
Laufrollen geschmiedet	●	●	●	●	●	●		●	●		●	●					●	●	●	●
Laufrollen gegossen							●			●			●	●	●	●				
Kette Typ 635	●	●																		
Kette Typ 570			●	●	●	●	●	●	●	●	●	●	●	●	●	●	●	●	●	●
Kette Typ G 50[3]																			●	●
Kettenbolzen, hohl			●	●	●	●	●	●	●	●	●					●				
Kettenbolzen, voll	●	●										●	●	●	●		●	●		
Motor MB 872	●	●																		
Motor PT 873[1]			●	●	●	●	●	●		●		●	●	●	●		●		●	●
Motor BR 873[2]									●		●					●		●		
Getriebe 4 HP 400	●	●																		
Getriebe HSWL 354			●	●	●	●	●	●	●	●	●	●	●	●	●	●	●	●	●	●
Seitenvorgelege St3000	●	●																		
Seitenvorgelege TK 1342			●	●	●	●	●	●	●	●	●	●	●	●	●	●	●	●	●	●
Zusatzstromerzeugeranlage MWM						●	●				●		●	●	●	●	●	●		
Zusatzstromerzeugeranlage Krupp	●	●	●	●	●			●	●	●		●								
Passives Nachtsichtgerät BM 8005A04	●	●	●	●	●	●	●	●	●	●	●	●	●	●	●	●	●	●	●	●

[1] PT = Prototyp Motor aus **Kampfpanzer 70**-Programm
[2] BR = Baureihenmotor aus KPz **Leopard 2**-Programm
[3] nur während der USA-Erprobung
Fahrgestell Nr. 12 wurde nicht gebaut

Ausrüstung Türme

	ET		Prototypen																	AV			PT
Turm-Nr.	01	02	01	02	03	04	05	06	07	08	09	10	11	12	13	14	15	16	17	19	20	21	14 mod.
USA-Erprobung																				●			
Flußstahl	●	●	●	●	●	●	●						●	●						●	●	●	●
Panzerstahl								●	●	●	●	●			●	●	●	●	●				
Muni-Bunker abgeschottet																				●	●	●	●
WA-105-mm lange Rohrlagerung	●[1]	●[1]	●[2]	●[2]	●[2]	●[2]	●[2]	●[2]	●[2]		●[2]												
WA-105-mm kurze Rohrlagerung										●[2]		●[2]								[1]●[3]	●[1]		
WA-120-mm mit Ladehilfe													●[2]	●[2]	●[2]	●[2]	●[2]	●[2]	●[2]				
WA-120-mm mit Ladestellung																						●[2]	●[2]
Fla-Mk 20-mm auf Scheitellafette													●										
EMES 12 optischer E-Messer, sekundär stabilisiert	●	●	●	●	●	●	●	●	●	●	●	●	●	●	●	●	●	●	●				
EMES 13 Korrelations E-Messer, primär stabilisiert																							●
EMES 13 A1 Laser E-Messer, primär stabilisiert																					●		
EMES 15 Laser E-Messer, primär stabilisiert																				●		●	
PERI R12 wie Leo 1A4	●	●	●	●	●	●	●	●	●	●	●	●	●	●	●	●	●	●	●				●
PERI R12 A2 vereinfacht																				●	●	●	
FERO Z12 A1 mit Nachtsicht, Okular turmfest	●	●	●	●	●	●	●	●	●	●	●	●											
TZF 1A Okular turmfest													●	●	●	●	●	●	●				
FERO Z16 Okular waffenfest																				●	●	●	
Passives Nachtsichtg. BM8005A04	●	●	●	●	●	●	●	●	●	●	●	●	●	●	●	●	●	●	●	●	●	●	●
Zielscheinwerfer ausfahrbar	●	●	●	●	●	●	●	●	●	●	●	●	●	●	●	●	●	●	●				
Nachtzielgerät NZG (Eltro-Zeiss)													●					●					
Nachtzielgerät PNZG (AEG)														●					●				
Wärmebildnachtsichtgerät nachrüstbar																				●	●	●	
Richt- u. Stabilisierungsanlage	●	●	●	●	●	●	●	●	●	●	●	●	●	●	●	●	●	●	●				
Waffen-Nachführanlage																				●	●	●	●
Internes Prüfsystem																		●	●		●	●	
Feldjustieranlage																				●	●	●	

1 gezogenes Rohr
2 glattes Rohr
3 in USA von 105-mm auf 120-mm umgerüstet

pard 1« vorhandene und leicht modifizierte Turmzielfernrohr TZF A 1 eingebaut. Sämtliche Türme besaßen das im KPz »Leopard A 4« eingeführte Kommandantenrundblickzielfernrohr PERI R 12. Das im »Leopard 1« und »Marder« eingeführte Nachtsichtgerät (einschiebbar in den Winkelspiegelschacht) war für Kommandanten und Fahrer vorhanden. Mit einem passiven Nachtzielgerät mit Restlichtverstärkung (alternative Entwicklung der Firmen Eltro-Zeiss und AEG-Telefunken) waren vier Türme mit 120-mm-Kanone (11, 12, 16 und 17) ausgestattet. Die Türme 16 und 17 enthielten zudem ein internes Prüfsystem.

Die ersten »Leopard 2«-Prototypen gelangten nach vorangegangenen Komponenten- und System-Erprobungen bei mehreren Erprobungsstellen im Jahre 1973 in den Truppenversuch. Zunächst erhielt die Kampftruppenschule 2 in Munster im September 1973 zwei Kampfpanzer (PT 10/T 7 und PT 16/T 9). PT = Prototyp, T = Turm. Im Frühjahr und Sommer 1974 wurden dem Truppenversuch vier weitere KPz zugeführt (PT 6/T 5,

PT8/T6, PT14/T13 und PT15/T15). Im September 1974 gelangte ein siebentes Fahrzeug (PT13/T8) in den Truppenversuch. Ein Truppenversuch zur Überprüfung der Materialerhaltung wurde mit einem Fahrgestell und je einem Turm für eine 105- und eine 120-mm-Waffenanlage bei der Schule der Technischen Truppe 1 in Aachen durchgeführt.
In der Zeit vom 14. 2. 1975 bis 26. 5. 1975 nahmen vier KPz »Leopard 2«, die mit 105- bzw. 120-mm-Kanonen ausgerüstet waren, an einer Kälteerprobung in Camp Shilo (Kanada) und einer Hitzeerprobung auf der US-Erprobungsstelle Yuma (Arizona) unter arktischen bzw. subtropischen Bedingungen bei Außentemperaturen von −40°C bzw. +45°C teil. Der Truppenversuch endete mit allen Fahrzeugen im September 1975. Mit fünf Prototypen wurden parallellaufend zum Truppenversuch zahlreiche Komponenten- und Systemerprobungen durch die drei zuständigen Erprobungsstellen der Bundeswehr durchgeführt (Trier: Fahrgestell, Meppen: Turm und Bewaffnung, Greding: Optik und Elektronik).
Aufgrund der Erkenntnisse aus dem Nahostkrieg 1973 wurde eine Weiterentwicklung durchgeführt, die sich primär auf eine Verbesserung des Panzerschutzes und zusätzliche Reduzierung des Serienpreises bezog. Die hieraus entstandenen Prototypen (Fahrgestelle 19 und 20, Türme 19, 20 und 21 sowie 1 Beschußfahrzeug) erhielten die Bezeichnung »Leopard 2 AV«. Die Prototypen PT19/T19, PT20 mit Turmgewichtssimulator und das Beschußfahrzeug wurden in den USA mit den US-Kampfpanzer-Prototypen nach einem dort festgelegten Erprobungsprogramm vergleichend zum »XM 1« erprobt und bewertet. Das zur Erprobung in die USA gelieferte Fahrzeug PT19/T19 war aus Vergleichsgründen zum »XM 1« mit der »Leopard 1«-Kanone (gezogenes Rohr) ausgerüstet.
Die Erprobung zeigte, daß der »Leopard 2 AV« in vollem Umfang die neuesten militärischen Forderungen der US-Army erfüllte. Die hierbei angestrebte Standardisierung beider Waffensysteme konnte wegen unterschiedlicher Auffassungen dennoch nicht erfolgen.
Infolge kurzfristiger Eprobungs-Terminfestlegung mit den USA mußte die Entwicklung und Fertigung des Fahrzeugs PT19/T19, Fahrgestells PT20 und Beschußfahrzeugs in sehr kurzer Zeit durchgeführt werden. Die Montage des Fahrgestells PT19 war im Februar 1976 abgeschlossen, der dazugehörige Turm T19 war im März 1976 fertig. Die Systemerprobung wurde im August 1976 abgeschlossen. Die bilaterale Erprobung in den USA (Aberdeen Proving Ground) begann am 1. 9. 1976 und wurde Mitte März 1977 beendet.
Während der US-Erprobungsphase wurden die Türme T20 und T21 gefertigt und für eine deutsche Erprobung vorbereitet. Die Türme T19 und T21 besaßen, außer der Kommandantenoptik, der Waffenrichtanlage und des Richtschützenhilfszielfernrohres eine Feuerleitanlage der US-Firma Hughes. Dieses Konzept wurde später auch für Serienfertigung des KPz »Leopard 2« ausgewählt. Eine Lizenz wurde an die deutsche Firma Krupp-Atlas-Elektronik übertragen.
Im Turm T20 mit gezogenem 105-mm-Rohr befand sich eine Feuerleitanlage einer deutschen Firmengruppe. Der Turm T21 hatte die gleiche Feuerleitanlage wie der Turm T19, war jedoch mit der 120-mm-Kanone bestückt. Ferner wurden noch Erprobungsergebnisse aus einem umgerüsteten Prototyp-Turm T14 mit 120-mm-Waffe gewonnen, der eine Feuerleitanlage – baugleich mit der des Turmes T20 – mit primärstabilisiertem Richtschützenzielgerät erhielt.
Nach Abschluß der in den USA durchgeführten bilateralen Panzererprobung wurde dort beim Turm T19 die 105- gegen eine 120-mm-Waffe ausgetauscht, um in Zusammenarbeit mit den USA eine eingehende Erprobung hinsichtlich der Waffenstandardisierung durchzuführen. Mit Fahrgestell PT19/Turm T20 und Fahrgestell PT20/Turm T21 wurde in Deutschland im Jahre 1977 eine kombinierte Technische Erprobung/Truppenversuch bei den Erprobungsstellen 81 und 91 sowie Kampftruppenschule 2 durchgeführt. Im September 1977 wurde ein »Leopard 2 AV« mit der zwischenzeitlich für Serienfertigung ausgewählten 120-mm-Kanone bei der Heeresschau in Köln-Wahn der Öffentlichkeit vorgestellt. Anschließend wurde den Leopard 1-Benutzerstaaten ein Vergleichsschießen vom »Leopard 2 AV« mit dem KPz »Leopard 1« vorgeführt. Der modifizierte Turm 21, der weitgehend dem Serienstand angepaßt wurde, befindet sich bis Anfang 1979 im Rahmen eines taktisch/technischen Truppenversuchs bei der Kampftruppenschule 2 in Munster sowie der Schule der Technischen Truppe 1 in Aachen und wird auf ein vorgezogenes Fahrgestell aus der Serienfertigung aufgesetzt.

In dem vorerwähnten Erprobungszeitraum, einschließlich des Truppenversuches, wurden bei mehr als 10000 Betriebsstunden für das Gesamtsystem über 11000 Schuß abgegeben und über 120000 km gefahren.
Neben der Wintererprobung in Kanada und der Hitzeerprobung in den USA fanden zusätzliche Klimakammererprobungen in Deutschland statt.
Im Herbst 1978 begann die Erprobung des ersten vorgezogenen Serienfahrgestells. Im ersten Halbjahr 1979 wird mit drei vorgezogenen Serienfahrzeugen eine Erprobung bei der Industrie, den Erprobungsstellen und der Truppe begonnen. Ende 1979 wird die kontinuierliche Auslieferung von 380 Kampfpanzern »Leopard 2« des ersten Loses eingeleitet.

Wichtige Grundsatz-Entscheidungen auf dem Weg zum Serienfahrzeug Leopard 2

8. 11. 1972	Produktion eines Teils der Truppenversuchs-Munition (120 mm) unter Inkaufnahme finanz. Risikos (DM 150000.–)
8. 12. 1972	Verzicht auf Vielstoffähigkeit für Kampffahrzeuge
9. 11. 1973	Bau von 2 Prototypen des EMES 13 (Korrelationsentf.-Messer) und Einbau in einen mod. PT-Turm. (T 14 mod)
15. 7. 1974	Einstellung der Erprobung mit Hydrop-Fahrgestell
3. 10. 1974	Einleitung von Maßnahmen zum Bau von zwei PT-Versionen (LEOPARD 2 mod und LEOPARD 2/3) (Verb. ballist. Schutz)
3. 10. 1974	Zurückstellung der Untersuchungen der Ermüdungslebensdauer (105 mm glatt)
5. 11. 1974	Bau von 2 Türmen »AV-Version« mit »abgemagerter FLA«
4. 10. 1974	Überschreiten der MLC 50 bis MLC 60 für zukünftige KPz
7. 1. 1975	Ausstattung PT 19 (US-Vergleichs-Erpr.) mit 105 mm glatt. Nachrüstbarkeit für 120 mm gegeben.
7. 1. 1975	Ausstattung T 20 u. 21 mit 105 mm glatt auf Basis der Auslegung der Türme auf 120 mm
7. 1. 1975	Richtschützenstand mit primärstab. Optik u. nachgeführter Waffe für T 20 + 21
18. 3. 1975	Ausstattung des PT 19 nunmehr mit 105 mm gezogen mit Querkeilverschluß
16. 5. 1975	Ausstattung der Türme 20 + 21 nunmehr mit 105 mm gezogen (kurze Lagerung; Rh-Fallkeil; GE-Bodenstück)
16. 5. 1975	Entfall Außenbordsprechanlage, jedoch Möglichkeit der Benutzung der Fernsprechanlage
13. 6. 1975	Ausstattung der Türme 20 + 21 mit EMES 13 (Korrelationsprinzip); Weiterverfolgung EMES 13 (L)
21. 10. 1975	Verzicht auf Vielstoffähigkeit für den Motor des PT 19
4. 3. 1976	Umrüstung des Turmes T 21 auf 120 mm BK
4. 3. 1976	Beginn Serienreifmachung 105 mm gez. mit Querkeilverschluß
28. 6. 1976	Zur Ausstattung des T 21 ist ein Hughes-System (EMES 15) anzukaufen; für T 20 ein Zielfernrohr mit Laser zu entwickeln EMES 14 (PERI 12 mit Laser) oder EMES 13 A 1 (Laser)
26. 11. 1976	Ausstattung T 20 mit EMES 13 A1 (Laser)
20. 1. 1977	Vorziehen von 3 Serienfahrzeugen
20. 1. 1977	Verzicht der Schutzkonzeption »Waterjacket«
10. 3. 1977	Extern. Prüfsystem (EKP) für Bordelektrik ist vorzusehen. Prüfgeräte nicht Bestandteil LEOPARD 2 – Programm
25. 5. 1977	Kenntnisnahme von Beschaffungsvorhaben KPz LEOPARD 2 durch Verteidigungsausschuß
26. 5. 1977	Bau eines zusätzl. Panzerfahrgestells in Panzerstahl
26. 5. 1977	Einstellung der Serienreifmachungsaktivitäten LEOPARD 2 mit 105 mm

3. 6. 1977	Entscheid für Gerät der Fa. Hughes AC/KAE = EMES 15 für Richtschützenstand, Serie LEOPARD 2
15. 6. 1977	Kenntnisnahme von Beschaff.-Vorhaben KPz LEOPARD 2 durch Haushaltsausschuß
4. 11. 1977	Verwendung hubraumgesteigerter Motor (MB 873 KA-501) im LEOPARD 2
4. 11. 1977	Ausstattung Serie LEOPARD 2 mit BiV-Fahrgerät BM 8005
(24. 10. 1977) 4. 11. 1977	Im Rahmen der Maßnahmen zur Herstellung der Versorgungsreife – die ersten 300 KPz in den Bereich I. Korps – ErsTeil Anfangsversorgung mit Sonderregelung – REMUS-Adaption zeitlich vorgezogen
21. 4. 1979	Für Übungsgerät 35 mm keine kostenwirksamen Aktivitäten
1. 12. 1978	Verwendung YAG-Laser in EMES 15
5. 3. 1979	Auswahl Wärmebildversion ZEISS/TI für LEOPARD 2
3. 5. 1979	Direktsicht für Richtschützen und Lightpipe zum Kdt
3. 5. 1979	Ausrüstung von 200 KPz LEOPARD 2 mit PZB 200
6. 6. 1979	Einleitung der Beschaffung kompl. WBG für 1. und 2. Los sowie WBG-spezifische Teile für weitere 995 Geräte
16. 11. 1979	Einleitung der Entwicklung zur Schußbegrenzungsanlage
24. 1. 1980	Anwendung der Störmeldeverfahren – SERAV-NM (Auswerteziel A) u. – SERAV-E (bis 30. 6. 1981) für die Serie
13. 5. 1980	Beteiligung an Beschaffung eines Laser-Meß/Prüfgerätes JULEM (BeobPz, Gepard u.a.)
13. 5. 1980	Beschaffung von insgesamt 15 Lehrsaalfahrerständen
11. 7. 1980	Billigung der Einführungsgenehmigung durch Staatssekretär Dr. Schnell

Kampfpanzer Leopard 2-Serie

Das Bundesamt für Wehrtechnik und Beschaffung hat im Jahr 1977 in Ausführung der Entscheidung des Bundesministeriums der Verteidigung, 1800 Kampfpanzer »Leopard 2« zu beschaffen, die Krauss-Maffei AG zum Generalunternehmer für die Lieferung der Kampfpanzer »Leopard 2« sowie die Erbringung der industriellen Leistungen zur Herstellung der Versorgungsreife dieses neuen Waffensystems ernannt. Die Firma Krupp MaK, Kiel, ist an der Durchführung dieses Auftrages durch die Endfertigung von 45% der Fahrzeuge und anteilige Erbringung von Leistungen zur Herstellung der Versorgungsreife beteiligt.
Damit wird nicht nur der erwünschten Fertigungsauslastung in München und in Kiel, sondern auch der verstärkten Nutzung des im Norden und Süden vorhandenen technischen Know-How's Rechnung getragen.
Im Frühjahr 1977 begann eine vergleichende Erprobung der beiden in Betracht kommenden Feuerleitanlagen; des Systems Hughes, mit dem die Erprobung in Amerika außerordentlich gute Ergebnisse gezeigt hatte und einer deutschen Feuerleitanlage AEG-Telefunken/Leitz unter Verwendung des passiven Korrelations-Enfernungsmeßverfahrens oder unter Verwendung des Laser-Entfernungsmessers. Beide Feuerleit-Konzepte wurden einer eingehenden Erprobung bei den E-Stellen 81 in Greding und 91 in Meppen unterzogen. Anschließend fand am 3. 6. 1977 eine Beurteilung und Bewertung der beiden konkurrierenden Systeme statt. Nach Aufstellung eines Bewertungsbogens wurde von den beteiligten Stellen Fü H VII/3 als Systembeauftragter, Rü III/4 als Projektreferent, Heeresamt und Projektbeauftragter BWB gemeinsam mit den Fachreferaten eine Bewertung vorgenommen.
Das Ergebnis war technisch eine fast gleichwertige Aussage, die finanziellen Vergleiche zeigten jedoch einen Vorteil für das Hughes-System. Es wurde daher entschieden, die Serie Kampfpanzer »Leopard 2« mit dem Hughes-Feuerleitsystem und Laserentfernungsmesser auszurüsten. Der weiter durchgeführte Truppenversuch ergab Wünsche und Änderungen, die noch vor Beginn der Serie dem Bedarfsträger in Prototypform vorgestellt werden sollten. Es wurde beschlossen, den Turm 21, in dem das Hughes-Feuerleitsystem eingebaut war, innerhalb von 7 Monaten so zu modifizie-

Am 2. September 1978 verließ das erste, vorgezogene Serienfahrgestell des Kampfpanzers Leopard 2 die Werkhallen der Firma Krauss-Maffei.

Ab 29. Fahrzeug wurde das Abluftgräting verstärkt. Die Bilder zeigen die erste Ausführung oben. Später wurden in der Produktion auch Auspuffgrätings mit kreisförmiger Verrippung eingebaut.

ren, daß alle vorgebrachten Wünsche in einem neuerlichen Truppenversuch überprüft werden konnten. Dieser Truppenversuch begann Anfang Februar 1978 mit dem Ziel, besonders der technischen Truppe gegenüber den Beweis anzutreten, daß es möglich ist, mit dem internen Prüfsystem Fehler zu erkennen und beim Austausch von Baugruppen keine Änderung des Systemverhaltens eintritt. Nach diesem Versuch wird der Turm in eine Klimakammer überführt und dort sein Verhalten bei extremen Temperaturen ermittelt. Dem schloß sich ein weiterer taktischer Truppenversuch 1978 an, und zwar mit dem ersten serienfertigen Fahrgestell, ihm folgte ein technisch-logistischer Truppenversuch der Erhaltungsstufe 3. Parallel zu diesem laufenden Truppenversuch zog die Industrie drei Serien-Panzer in der Fertigung vor und führte in Werkserprobungen eine Überprüfung der Leistungen durch. Die erstellten vorläufigen technischen Lieferbedingungen wurden am Objekt überprüft und festgestellt, ob das System die geforderten Leistungen erbrachte.

Das erste Serienfahrgestell des Leopard 2 wurde am 11. Oktober 1978 an die Bundeswehr übergeben.

Die ursprünglich für die 120-mm-Kanone geschaffenen Munitionsarten, beide mit teilverbrennbarer Hülse. Rechts die Mehrzweckmunition, die nach dem Hohlladungsprinzip arbeitet, links das unterkalibrige KE-Geschoß zur Bekämpfung gepanzerter Ziele. Beide Geschoßarten sind flügelstabilisiert.

▲ Leopard 2 des zweiten und dritten Bauloses sind äußerlich nicht voneinander zu unterscheiden.

◄ Kampfpanzer Leopard – das Rückgrat der gepanzerten Verbände der NATO. Beweglichkeit, Feuerkraft und Schutz sind hier in hervorragender Weise aufeinander abgestimmt.

▼ In der Schweiz wurde die Verstauung »modernster« Kommunikationsmittel am Leopard 2 eingehend untersucht.

Wie sich die Bilder gleichen. Diese Bildserie zeigt die wenigen Unterschiede zwischen der deutschen Original-Ausführung und dem Schweizer Panzer 87 Leopard. Gut erkennbar die Verstauung von zusätzlichen Schnee- und Schlammgreifern am Turm.

Vierseitenansicht des Panzer 87 Leopard, die vor allem die Änderungen am Drehturm erkennen lassen. Auch das Turmheck ist verändert. 35 Stück dieser Fahrzeuge wurden in München gebaut, der Rest wird in Thun, Schweiz, in Lizenz gefertigt.
Die Eidgenössische Konstruktionswerkstätte in Thun konnte am 17. November 1987 den ersten Panzer 87 Leopard aus schweizerischer Produktion dem Auftraggeber Contraves termingerecht übergeben.

Am 7. Juli 1987 wurden in der Eidg. Konstruktionswerkstätte Thun die 35 bei Krauss-Maffei in München gebauten Pz 87-Leopard der Schweizer Armee übergeben. Zwischen den beiden Leopard ein »Panzerwagen 39«, der 1936 bei Praga in der Tschechoslowakei bestellt, in einer Serie von 26 Stück ab 1939 in Thun montiert wurde.

Fahrschulpanzer Leopard 2 für die Deutsche Bundeswehr.

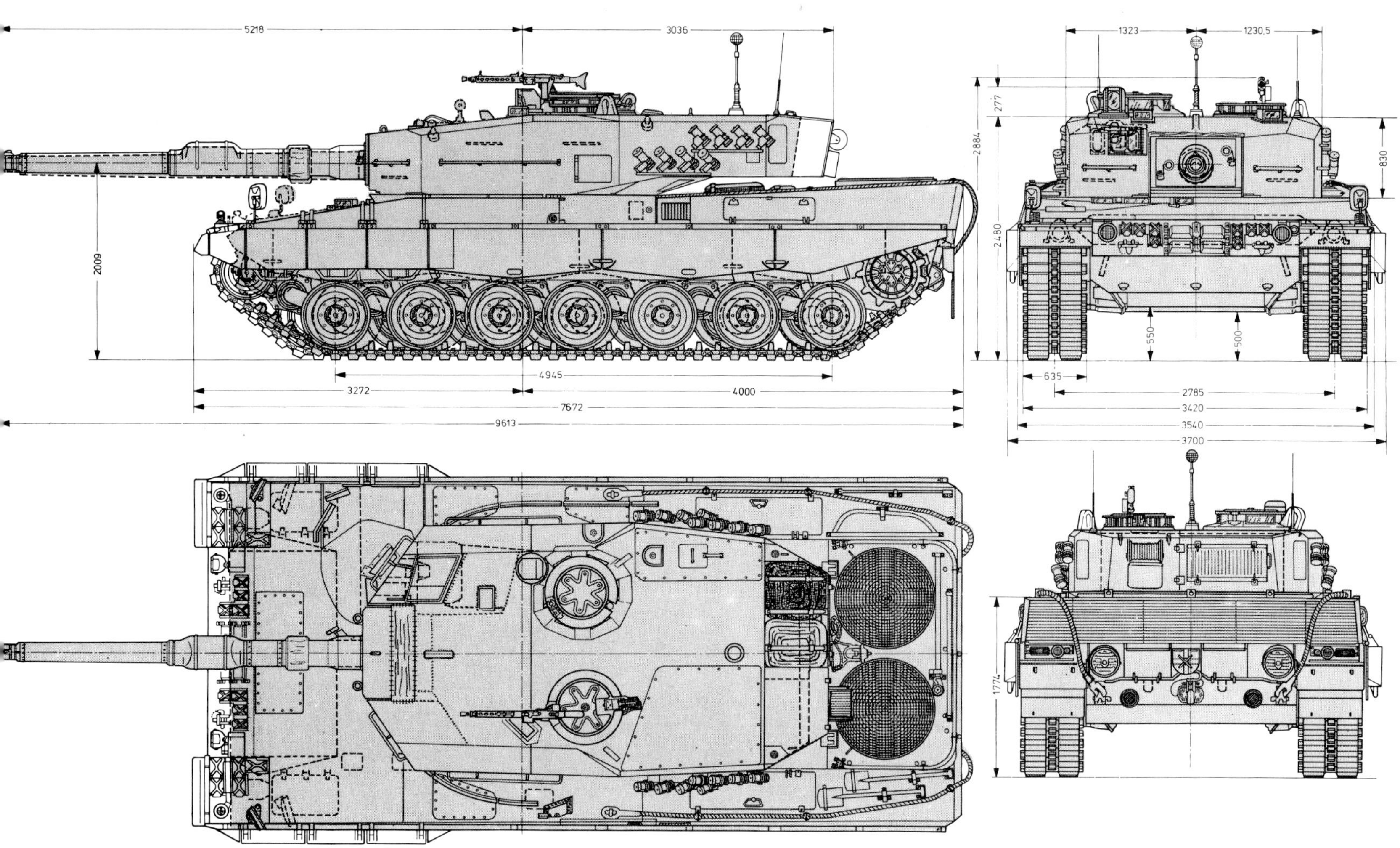

Kampfpanzer Leopard 2, Serienstand November 1978. Vergleich Außenabmessungen Leopard 2 AV (gestrichelt) – Leopard 2-Serie.

Zwischenzeitlich auftretende Erkenntnisse wurden in die anlaufende Serie eingebracht. Es war beabsichtigt, im Oktober 1979 das erste Waffensystem Kampfpanzer »Leopard2« dem Bedarfsträger zu übergeben.
Die Erstellung der Serienzeichnungen lief parallel, es war vorgesehen, zum Zeitpunkt der Auslieferung des 30. Panzers den endgültigen Konstruktionsstand festzulegen.
Dieser Termin war bedeutend für die Beauftragung des Generalunternehmers mit dem zweiten Serienfertigungslos.
Die Wärmebildkomponente wurde in zwei Versionen ab August 1978 einer Erprobung unterzogen. Ziel war, Ende 1978 eine Entscheidung zugunsten einer der beiden Ausführungen zu treffen, um dann im Januar 1979 den Auftrag für die Fertigung von Prototypen erteilen zu können. Diese Wärmebild-Prototypen wurden in drei vorgezogene Serientürme eingebaut und einer eingehenden Erprobung bei den Erprobungsstellen und der Truppe unterworfen.
Nach Plan sollte die Erprobung im Frühjahr 1980 abgeschlossen sein, um spätestens zum Zeitpunkt der Erteilung des Auftrages für das 2. Los dieses sofort mit dem Wärmebildgerät in Auftrag geben zu können. Entsprechend den Planungen war es möglich, in der ersten Hälfte des Jahres 1982 die ersten Kampfpanzer mit

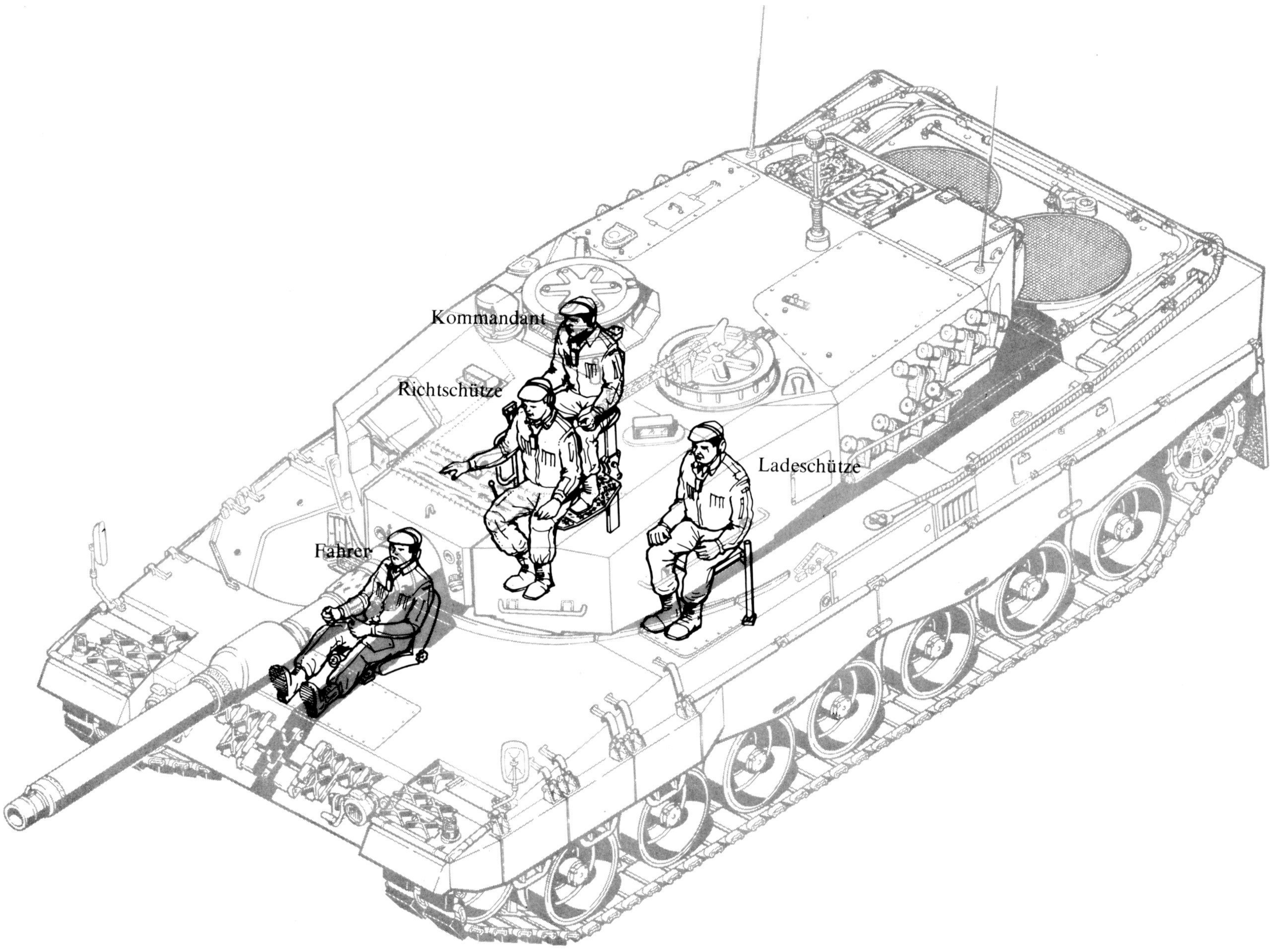

Unterbringung der Besatzung im Kampfpanzer Leopard 2.

Wärmebildgerät zur Auslieferung zu bringen.
Die bis dahin ausgelieferten Fahrzeuge werden nachgerüstet.
In Fortsetzung des Harmonisierungsgedankens wurde bei der Firma MaK, Kiel, die Einbaumöglichkeit des amerikanischen Gasturbinentriebwerkes AGT 1500/X-1100 A der Fa. AVCO-Lycoming und Detroit Diesel Allison in den »Leopard 2« untersucht. Geht man davon aus, daß die komplette US-Antriebseinheit – »Wie sie am Haken hängt« – einschließlich Ansaugkanal und Luftfiltersystem in den »Leopard 2« eingebracht werden soll, so sind an dem Fahrzeug recht erhebliche Veränderungen an der Schottwand, den Seiten-Kraftstoffbehältern, der Triebwerkraumabdeckung sowie der Heck-

Im Rahmen der Anpassungsbemühungen im Panzerbau zwischen den USA und der BR Deutschland führte die Firma Krupp-MaK den Einbau des Turbinentriebwerks Kampfpanzer XM 1 durch. Es wurde festgestellt, daß u.a. aufwendige Änderungen an der Wanne des Leopard 2 vorgenommen werden müssen, wenn eine Austauschbarkeit beider Triebwerke möglich werden sollte. Selbst bei positiver Beurteilung kam aus Zeitgründen die Verwendung der Gasturbine beim Leopard 2 nicht in Frage.

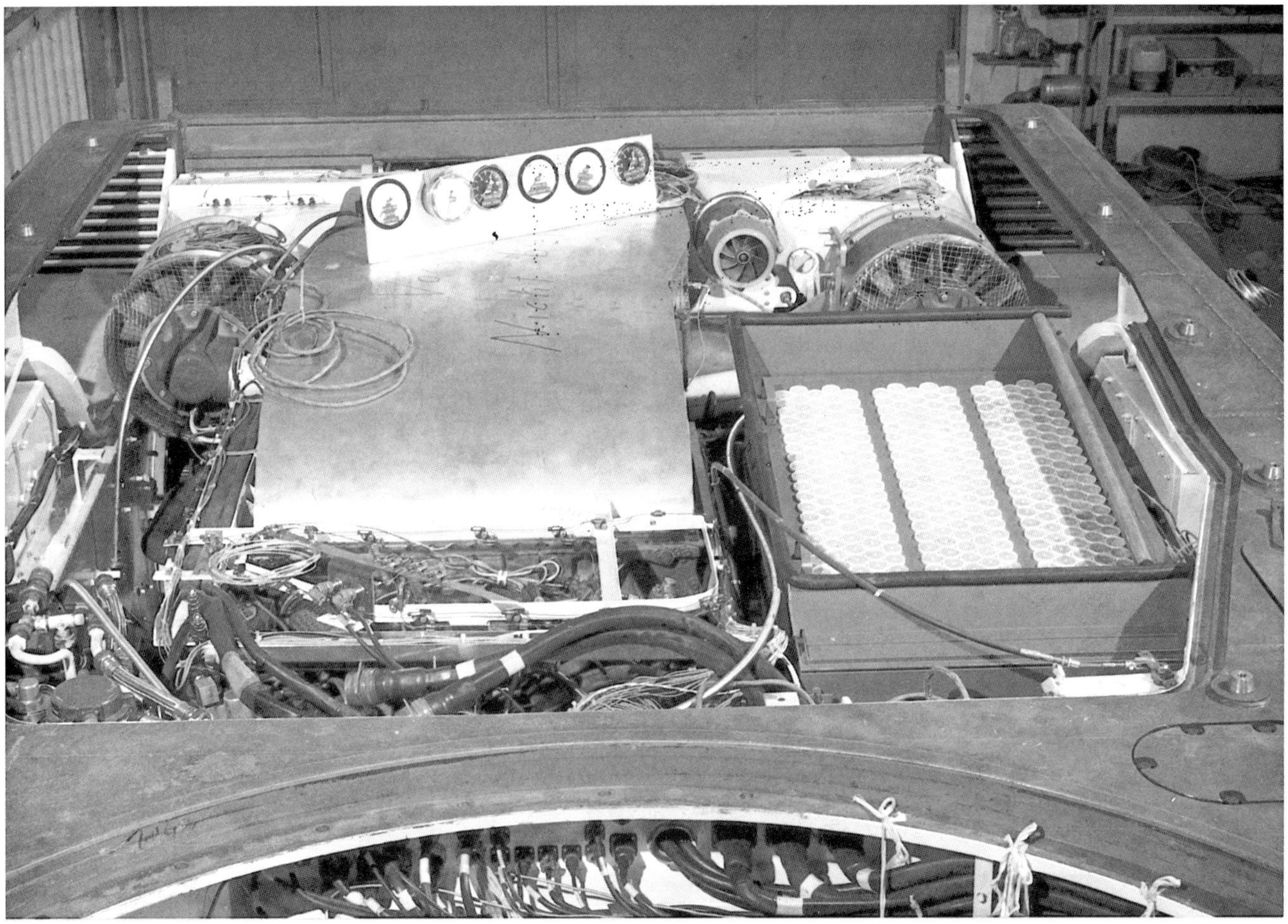

wand und den Heckauslaßgräting erforderlich. Sie resultieren im vorderen Triebwerkraum vor allem aus den Abmessungen des US-Brennluftführungssystems, das auf den sogenannten nassen Triebwerkraum ausgelegt ist. Im Bereich der Heckwand werden sie durch die unterschiedlichen Höhen und Breitenabmessungen der an sich nahezu flächengleichen Austritte von Abluft und Abgas des »XM 1« und des »Leopard 2« verursacht. Abgesehen von einer ebenfalls erforderlichen Anpassung der elektrischen und mechanischen Triebwerksteuerung sind die notwendigen Änderungen an der Wanne des »Leopard 2« tiefgreifend, wenn es zu einem einfachen Austausch der Antriebseinheiten zwischen Dieselmotor und Gasturbine kommen soll. Ein von der US-Army leihweise zur Verfügung gestellter Prototyp des Gasturbinenwerkes wurde bei Krupp MaK in einen »Leopard 2«-Prototyp eingebaut und durchlief dort ab November 1977 ein umfangreiches Prüfstands- und Fahrversuchsprogramm, um die Systemverträglichkeit des Triebwerkes mit dem »Leopard 2« festzustellen.

Nach Beendigung der Versuche im Herbst 1978 wird die deutsche Seite die Wünsche bekanntgeben, die sie an ein Gasturbinentriebwerk bei Verwendung im Kampfpanzer »Leopard 2« stellen muß. Erst ein Eingehen auf die deutschen Vorstellungen würde einer Verwendung des US-Turbinentriebwerkes im »Leopard 2« den Weg öffnen und damit eine exakte Festlegung gestatten. Selbst bei positiver Beurteilung käme die Verwendung der Gasturbine nicht in einem der ersten Lose des »Leopard 2« in Frage.

Am 11. Oktober 1978 war ein vorgezogenes Serien-Fahrgestell von Krauss-Maffei geliefert worden, welches vordringlich der Erprobung des neugestalteten Fahrerstandes und der Fahrerluke diente. Drei weitere Fahrgestelle folgten im ersten Halbjahr 1979, mit denen Hersteller, Erprobungsstellen und Truppe den Serienstand bestätigen konnten. Erkenntnisse aus dieser Erprobung flossen in Form von Konstruktionsänderungen in die Serie mit ein. Der vierte Serienpanzer wurde in feierlicher Form im Oktober 1979 in München termingerecht der Truppe übergeben. Ein Mitglied der Lehrbrigade 9 Munster erhielt den Zündschlüssel. Damit hatte die Truppe ihren ersten Serien-Kampfpanzer vom Typ Leopard 2 übernommen, die ersten drei Fahrzeuge verblieben bei den Erprobungsstellen. Ein Großteil der Peripherie für die Einführung des Waffensystems

Die folgenden 6 Abbildungen zeigen den Größenvergleich zwischen den Kampfpanzern Leopard 1 und Leopard 2.

Y-678623

konnte bereits zu diesem Zeitpunkt den zahlreichen Gästen vorgestellt werden.
Die französische Armee hatte aus diesem Anlaß aus ihrem Museum einen fahrbereiten Panzerkampfwagen Panther zur Vorstellung bereitgestellt. Fast vierzig Jahre Kampfpanzer-Entwicklung konnten somit eindrucksvoll dokumentiert werden. Der technische Fortschritt war überzeugend.
Der endgültige Serienstand sollte mit dem 30. Fahrzeug festgelegt werden. Es ergab sich noch grundsätzlich der Einbau eines geänderten Abluftgrätings im Fahrzeugheck (ab 29. Fahrzeug) und bei den ersten Fahrzeugen eine Umstellung von plastischen auf hydraulische Endanschläge für die Tragarme der Laufrollen.
Der vorgesehene Serienbau von 1800 Stück Kampfpanzer Leopard 2 wurde in fünf Baulosen abgewickelt. Für Krauss-Maffei und Krupp-MaK wurden folgende Fahrgestell-Nr. Bänder festgelegt:

1. Baulos 10 001–10 210 (KM)
   20 001–20 172 (MaK) (380 Stück)

2. Baulos 10 211–10 458 (KM)
   20 173–20 374 (MaK) (450 Stück)

3. Baulos 10 459–10 623 (KM)
   20 375–20 509 (MaK) (300 Stück)

4. Baulos 10 624–10 788 (KM)
   20 510–20 644 (MaK) (300 Stück)

5. Baulos 10 789–10 979 (KM)
   20 645–20 825 (MaK) (370 Stück)

Es war vom Anfang an der Wunsch des Auftraggebers, die Produktion möglichst ohne große Änderungen ablaufen zu lassen. Trotzdem war es unvermeidlich, daß sich solche ergaben, die aber in Form von Nachrüstungen auch bei älteren Fahrzeugen nachgeholt wurden. Wenn auch die Bundeswehr vorübergehend verschiedene Ausführungen durch die üblichen Bezeichnungen A 1 usw. ausweist, so besteht doch das Bestreben, alle Fahrzeuge eines Tages auf dem glei-

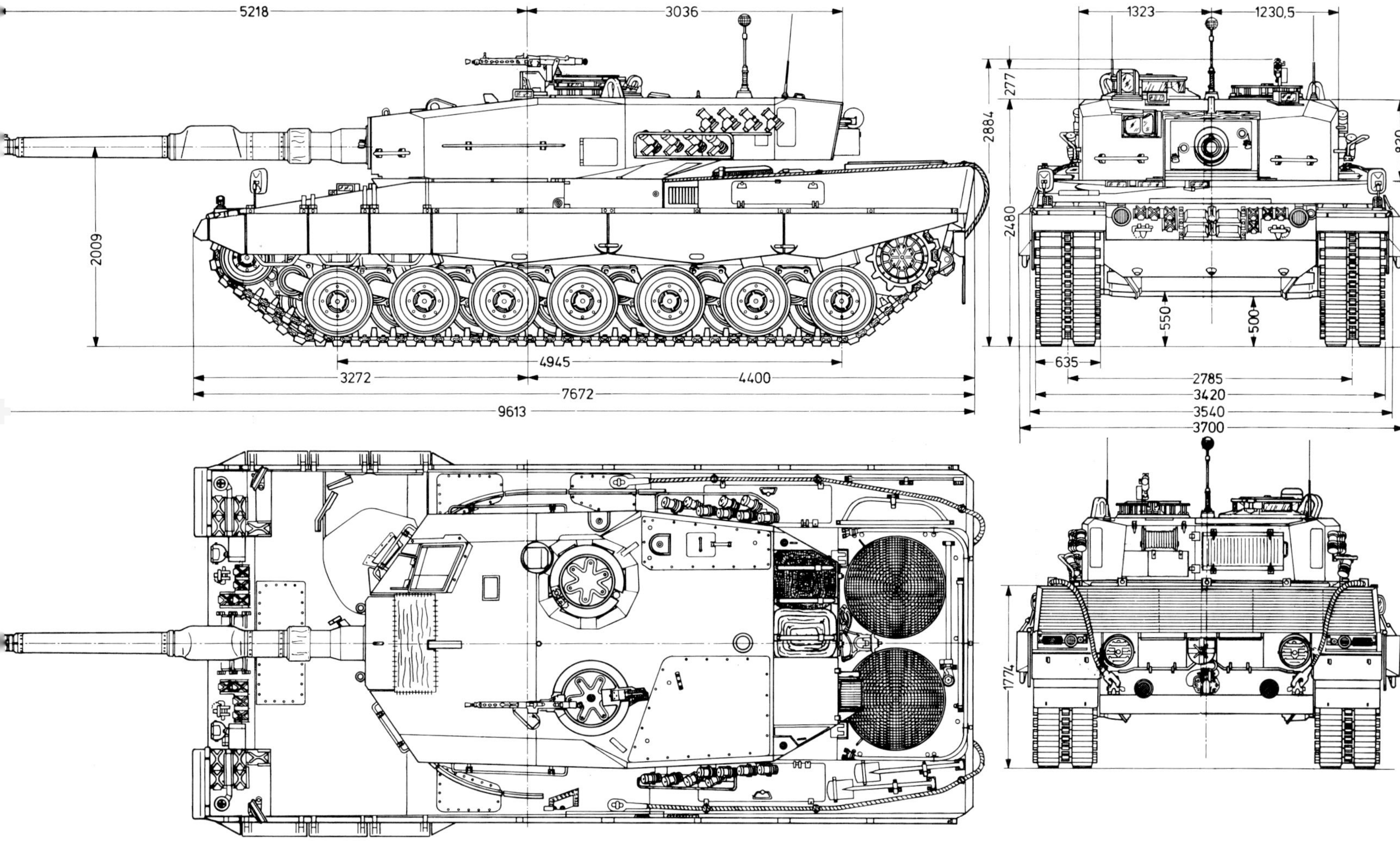

Kampfpanzer Leopard 2 – 1. Baulos – Serienstand November 1978.

211

Drei Generationen deutscher Kampfpanzer. Von links: Leopard 2, Panther, Leopard 1.

Der erste Serienpanzer Leopard 2 wurde am 25. Oktober 1979 in München der Truppe übergeben.

Äußerlich erkennbar war das erste Baulos des Leopard 2 am auf dem Turmdach angebrachten Querwindsensor für die Feuerleitanlage. Er entfiel bei allen späteren Baulosen und wird auch bei der Nachrüstung des ersten Loses entfernt.

chen Rüststand zu haben. Die Änderungen ergaben sich wie folgt:

1. Baulos: Die Tatsache, daß das Wärmebildgerät bei Anlauf der Fertigung noch nicht zur Verfügung stand, zwang dazu, alle Vorbereitung für einen späteren Einbau (Halterungen, Kabelführungen) zu treffen. Um der »Nachtblindheit« der Leopard 2 entgegenzuwirken, wurde rund die Hälfte (200 Stück) des ersten Bauloses Leopard 2 mit einem passiven Ziel- und Beobachtungsgerät PZB 200 ausgerüstet. Die Nachrüstung des ersten Bauloses mit dem Wärmebildgerät ist im Gange. Typisches Merkmal des ersten Bauloses war der auf dem Turmdach angebrachte Querwindsensor. Da man sich nur zögernd entschloß, diesen entfallen zu lassen, zeigen sich nachgerüstete Fahrzeuge mit einer runden Abdeckplatte für die Querwindsensor-Verankerung.

Da das Wärmebildgerät für die Nachtsicht während der Produktion des ersten Bauloses noch nicht zur Verfügung stand, wurden 200 Fahrzeuge dieses Loses vorübergehend mit dem Restlichtverstärker PZB 200 ausgerüstet, der bei der Nachrüstung entfällt.

2. Baulos: Mit Anlauf des zweiten Bauloses im Jahre 1981 wurde das Wärmebildgerät serienmäßig eingebaut. Das Wärmebildgerät, welches die passive Ortung, Erkennung, Identifizierung und Bekämpfung von Zielen auf große Entfernung bei schlechten Sichtverhältnissen und bei Nacht ermöglicht, basiert auf den US-Common Modules der Firma Texas Instruments. Für den Einbau in gepanzerte Fahrzeuge der Bundeswehr entwickelte die Firma Carl Zeiss eine modular aufgebaute Gerätefamilie.

Richtschützenzielgerät EMES 15 mit Sichtkanälen für Tag, Wärmebild für Nacht und schlechtem Wetter und Laser-Entfernungsmesser.

Beim 2. Baulos wurde ferner eine Reihe von Änderungen eingebracht, welche Leistungsfähigkeit und Standfestigkeit des Waffensystems erhöhen. Neue Halterungen für die Munition der Hauptbewaffnung wurden eingebaut. Schalter wurden geändert, um bei Dunkelheit Verwechslungen zu vermeiden. Die Ringschiene an der Kommandantenkuppel für das Fla-MG entfiel. Der Behälter für die Bereitschaftmunition im Turmheck wurde konstruktiv überarbeitet. Die Prüfbarkeit der Waffennachführanlage mit dem rechnergestützten

Ursprünglich war für den Ausblick des Richtschützen-Hilfszielfernrohres ein Staurohr vorgesehen, das aber in der Fertigung entfiel. Die Öffnung wird bei Tauchfahrt durch einen Gummipfropfen verschlossen.

Das Gleiche gilt für das Blenden-MG.
Beim Drehen des Turmes werden die Pfropfen herausgerissen.

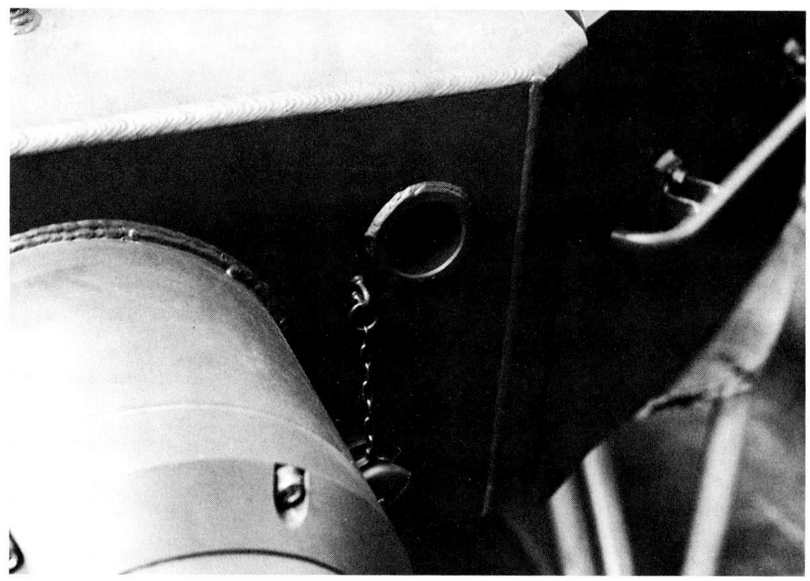

Panzerprüfsystem (RPP) wurde verbessert. Äußerlich erkennbar ist die Verlegung der Tankeinfüllstutzen aus der Nähe des Motorraumes nach vorne seitlich zu den Nischenbehältern. Die Betankungszeiten wurden wesentlich verkürzt.

Das Rundblickperiskop des Kommandanten mußte zwecks besserer Rundumsicht etwa 5 cm höher gesetzt werden.

Hinten links am Turm wurde eine Außenbordsprechstelle angebracht, um bei geschlossenen Luken die Sprechverbindung mit der Besatzung zu erleichtern.

Zwecks besserer Abgasableitung wurden die bisher horizontal verrippten Abgasgrätings kreisförmig ausgelegt.

Die Abdeckung für die Ansaughutze für die ABC-Schutzbelüftung wurde vergrößert.

Die beiden Abschleppseile wurden nun am Fahrzeugheck gekreuzt und die Halterungen sinngemäß geändert.

Leopard 2 fertig zur Unterwasserfahrt.

**Oben und links unten:
Die vorderen schweren Kettenschürzen können zur Bahnverladung entweder hochgeklappt oder abgenommen werden.**

Ab zweitem Baulos wurde das Rundblickperiskop des Kommandanten um 50 mm höhergesetzt.

3. Baulos: Das ab 1983 gefertigte Fahrzeug stimmt äußerlich mit dem zweiten Baulos überein. Lediglich Details wurden im Innern des Kampfpanzers geändert.

Leopard 2 des zweiten und dritten Bauloses sind äußerlich nicht voneinander zu unterscheiden.

4. Baulos: Das ab 1984 gefertigte Fahrzeug zeigt sich vor allem durch den Einbau der neuen Fahrzeugfunkanlage SEM 80/90 mit den kürzeren Antennen äußerlich verschieden. Die Antennenfüße wurden schmaler.

Die Fahrzeuge des vierten Bauloses verließen die Werkshallen in München und Kiel mit dem neuen Flekentarnanstrich. Der deutsche Dreifarbentarnanstrich in den Farben Bronzegrün, Lederbraun und Teerschwarz wurde übrigens auch von der US-Army und der Schweiz (Pz. 87 Leopard) übernommen. Erfahrungen haben gezeigt, daß sich dadurch die Entdeckungswahrscheinlichkeit gegenüber dem bisherigen Olivgrün um mehr als die Hälfte und gegenüber anderen Flekenanstrichen um etwa ein Drittel verringert.*)

Die Fahrzeuge des vierten Bauloses haben eine modifizierte Abgasanlage und eine verbesserte Feststellbremse.

Dem Richtschützen gibt eine in Brusthöhe angebrachte, verstellbare Stütze während schwieriger Geländefahrt besseren Halt, wenn er durch das Hauptzielrohr beobachtend den Feuerkampf führt.

*) In der Zwischenzeit auch von den Niederlanden, Belgien und Kanada übernommen

Fahrzeuge des vierten Bauloses erhielten eine neue Fahrzeugfunkanlage, die äußerlich an den kleineren Antennen zu erkennen ist. Auch verließen diese Fahrzeuge die Werkhallen der Herstellerfirmen mit dem neuen, auch bei der US-Armee eingeführten Dreifarbentarnanstrich.

5. Baulos: Die 120-mm-Glattrohrkanone des Leopard 2 kam in ihrer Grundkonzeption mit zwei Munitionsarten aus. Es war ein flügelstabilisiertes Unterkaliber-Wuchtgeschoß und ein flügelstabilisiertes, vollkalibriges Mehrzweckgeschoß vorgesehen. Vor allem die KE-Munition konnte aber nur auf ganz wenigen Schießplätzen verwendet werden, da die strengen Sicherheitsbestimmungen des Verschießen dieser Munition nicht zuließen. Obendrein ging man daran, die Wirkung beider Geschosse weiter zu verbessern. Dazu kamen – nach Einführung der 120-mm-Waffe beim amerikanischen M 1 – weitere Munitionsarten. Der Feuerleitrechner, ursprünglich nur für zwei Munitionsarten programmiert, mußte der Vielzahl angepaßt werden. Die Ballistikdaten der neuen Munitionsarten werden einprogrammiert, sobald diese in die Kampfbeladung des Panzers aufgenommen werden.

Schließlich wurde noch eine Feuerunterdrückungsanlage eingebaut und der Feuerleitrechner digital ausgelegt (5. Baulos).

Ein Kampfpanzer Leopard 2 im Einsatz. Wie schon beim Leopard 1 kann der gesamte Triebwerkblock in kürzester Zeit gezogen werden, was der Verfügbarkeit des Waffensystems entgegen kommt.

Ab fünftem Baulos, Auslieferung ab Ende 1985, wurde deshalb ein digitaler Rechner eingebaut.
Der Leopard 2 besitzt im Triebwerkraum eine automatische Feuerlöschanlage, die mit der im Leopard 1 identisch ist. Letzte Erkenntnisse ließen es ratsam erscheinen, auch im Kampfraum eine Feuerunterdrückungsanlage einzubauen. Das Löschsystem ist in der Lage, ein brennbares, explosionsfähiges Luftgemisch im Kampfraum innerhalb von 150 ms vom Zeitpunkt der Zündung zu melden, abzulöschen oder zu unterdrücken. Das nichttoxische Löschmittel, Halon 1301, hinterläßt keine Nachfolge-Verletzungen/Schäden bei der Besatzung bzw. dem Gerät. Auch wurden ab dem 5. Baulos die Ausbildungsschnittstellen für den Anschluß von Schieß/Duellsimulatoren realisiert.
In der Zwischenzeit wurde bei den neu zulaufenden Drehtürmen die Munitionsladeluke an der linken Turmseite verstärkt und zunächst zugeschweißt, um die Schußfestigkeit zu erhöhen. Sie entfiel gänzlich im Laufe der weiteren Produktion. Die Munitionsversorgung erfolgt durch die Ladeschützenluke.
Bei der Deutschen Bundeswehr laufen die Leopard 2 des 2. und 3. Bauloses unter der Bezeichnung A 1, die nachgerüsteten Fahrzeuge des ersten Bauloses unter A 2. Fahrzeuge, die mit der neuen Funkanlage ausgerüstet sind, führen die Bezeichnung Leopard 2 A 3. Das fünfte Baulos heißt Leopard 2 A 4.
Sind die Rüststände eines Tages angeglichen, wird sich wieder eine Einheitsbezeichnung anbieten.
Ab Dezember 1987 ging das **6. Baulos** mit 150 Stück in München und Kiel in Fertigung, dem ein **7. Baulos** mit 100 Einheiten folgen wird. Bei einer monatlichen Fertigung von fünf Fahrzeugen bei Krauss-Maffei und vier bei Krupp-MaK wird die Gesamtausrüstung der Deutschen Bundeswehr mit Leopard 2 in einer Gesamtstückzahl von 2050 Einheiten bis April 1990 durchgeführt sein.*)

*) Berichterstattung endet am 31. Dezember 1987

Auslandsverkäufe

Königreich der Niederlande

Wie schon beim Kampfpanzer Leopard 1 zeigten auch beim Leopard 2 die niederländischen Streitkräfte frühzeitig ihr Interesse an diesem Fahrzeug. Grundlage für die Entscheidung, den Leopard 2 auch beim niederländischen Heer einzuführen, war technisch gesehen letzten Endes das Ergebnis aus der Vergleichserprobung XM 1/Leopard 2 in den USA. Wie Dipl.-Ing. Paul Werner Krapke in seinem Buch »Leopard 2« so treffend sagte *»Frei von Polemik und nationaler Emotion analysierten die Niederlande die Versuchsergebnisse und die Zeitplanung und trafen dann ihre objektive Entscheidung.«*
Der niederländische Bedarf betrug zu diesem Zeitpunkt 445 Fahrzeuge.
Das Vertrauensverhältnis zwischen beiden Ländern, welches sich während der Leopard 1-Beschaffung aufgebaut hatte, trug nun volle Früchte. Nicht nur wurde deutscherseits eine 100%ige Kompensation der Kosten zugesagt und eingehalten, sondern der wirtschaftliche Ausgleich durch eine 69%ige Koproduktion untermauert. Dies führte dazu, daß Teile und Komponenten holländischer Fertigung zur Verwendung an deutschen Fahrzeugen einflossen und so einen reibungslosen Austausch von letzten Erkenntnissen und Know-how ermöglichten.
Die Niederlande und die Bundesrepublik Deutschland kamen in einem Memorandum of Understanding (MoU) überein:
- die Rüstungsstandardisierung und Rationalisierung, sowie die Austauschbarkeit und Interoperabilität innerhalb der NATO auch auf dem Panzersektor zu fördern und zu erleichtern
- die Gleichheit der bei beiden Armeen verwendeten Waffensysteme Leopard 2, soweit irgend möglich, sicherzustellen
- die erwiesenen Vorteile bei den Waffensystemen Leopard 1 und Flapanzer CA 1 hierbei zu nützen
- den Kampfwert des Waffensystems Leopard 2 durch Zusammenarbeit bei Ausbildung, Materialerhaltung sowie technischer, logistischer und taktischer Unterstützung zu erhöhen
- die Beschaffung des Waffensystems Leopard 2 auf die wirtschaftlichste Weise zu realisieren.

Ein Kampfpanzer Leopard 2 der Niederländischen Streitkräfte. Auf weitgehende Baugleichheit mit der deutschen Ausführung wurde größter Wert gelegt.

Abbildung links und rechte Seite: Äußerlich sind nur die NL-typische Nebelwurfanlage und die sichtbaren Teile der Funkanlage erkennbar.

Von Krauss-Maffei an die Niederlande gelieferte gepanzerte Fahrzeuge. Von links Flapanzer CA 1 (hier deutsche Ausführung Gepard), Kampfpanzer Leopard 1 und Leopard 2 (auch für die BR Deutschland gelieferte Fahrzeuge).

Der Entschluß der Niederlande, den Kauf von Leopard 2 zur Ablösung der Centurion-Bestände, fiel am 2. März 1979. Am 3. Juli 1986 wurde der letzte der 445 Kampfpanzer in Amersfoort der Niederländischen Armee übergeben. Davon hatte Krauss-Maffei 278 (Fahrgestell Nr. ab 12 001) und Krupp-MaK 167 (Fahrgestell Nr. ab 22 001) geliefert.

Die Leopard 2 der Niederländischen Armee gleichen den Baulosen 2 und 3 der Deutschen Bundeswehr. Äußerlich ist das holländische Fahrzeug jedoch an der NL-typischen Nebelwurfanlage zu erkennen, die je sechs Wurfbecher pro Seite aufweist. Funkanlage und Bildverstärker-Fahrersichtgerät entstammen niederländischer Produktion. Turm- und Flugabwehr-MG wurden der Inventur des holländischen Heeres entnommen. Es handelt sich um Waffen der belgischen Firma FN.

Schweiz

Die Schweizer Armee, bekannt durch ihre hervorragende Ausrüstung, hatte mit dem Entwurf und der Fertigung der »Panzer 61« und »Panzer 68« ausreichende Erfahrung sammeln können, um weitere Panzerbeschaffungen mit der nötigen Kompetenz programmieren zu können. Als es daran ging, die noch vorhandenen Centurion-Bestände abzulösen, boten sich wie üblich die folgenden drei Möglichkeiten an:

- Neuentwicklung
- Nachbau
- Ankauf eines Serienfahrzeuges im Ausland

Die Schweizer Industrie, zukunftsorientiert, beschäftigte sich mit dem Projekt »Neuer Kampfpanzer« (NKPZ) unter Federführung der Firma Contraves. Die Einbringung moderner Entwicklungen, u.a. vorne lie-

Zwei Kampfpanzer Leopard 2 wurden der Schweizer Armee von der Bundeswehr für Vergleichszwecke zur Verfügung gestellt. Sie wurden vor der Übergabe leicht »helvetisiert« und erhielten neben einem an der linken Turmseite angebrachten 71-mm-LYRAN-Vorfeldbeleuchtungssystem die Prototyp-Ausführung einer VRC-Funkanlage.

gendes Triebwerk mit Antrieb, Ladeautomat in der Wanne, setzte eine lange Entwicklungszeit, unüberschaubare Risiken und überhöhte Kosten voraus. Nur einige der Tatsachen, die am 3. Dezember 1979 zur Einstellung der Arbeiten an der Eigenentwicklung führten. Eine Evaluation modernster westlicher Kampfpanzer wurde erwogen und systematisch vorbereitet. Je zwei Fahrzeuge der Typen M 1 Abrams (USA) und Leopard 2 (BR Deutschland) wurden für die endgültige Auswahl angemietet und mit folgender Zielsetzung erprobt: *»Die durchzuführenden Versuche sollen einen umfassenden Vergleich zwischen den beiden Panzertypen ermöglichen und Aufschluß über deren Truppentauglichkeit geben.«* Das Bundesamt für Mechanisierte und Leichte Truppen (BAMLT) entwickelte auf Grund dieser Anweisung ein Versuchsprogramm, das mit der den Schweizern eigenen Akribie das beste Fahrzeug für die Schweizer Armee ermitteln sollte.

Am 9. März 1981 erfolgte die Übergabe der beiden Leopard 2 aus Bundeswehrbeständen an die Gruppe für Rüstungsdienste in Thun. Beide Fahrzeuge (Fahrgestell Nr. 10047 und 10048) wurden vor Ablieferung leicht »helvetisiert«. Sie erhielten neben einem an der linken Turmseite angebrachten 71-mm-LYRAN-Vorfeldbeleuchtungssystem eine Prototyp-Ausführung einer VRC-Funkanlage mit Schweizer Sendeempfangsantennen HX 101 A 1.

Nach Abschluß der Vergleichserprobung liest man im Rüstungsprogramm 1984:

»Wie bereits dargelegt, sind beide geprüften Typen technisch hochstehende Waffensysteme, die die Anforderungen der neunziger Jahre erfüllen werden. Sie sind miliztauglich und unseren bisherigen Panzern deutlich überlegen.«

Der Leopard 2 zeigte sich seinen Konkurrenten in den Kriterien Feuerkraft und Beweglichkeit überlegen und beim Schutz nicht ganz gleichwertig.

In Würdigung aller Aspekte entschied man, die Beschaffung des Leopard 2 in Lizenz zu beantragen. Die entscheidenden Gründe dafür:

- Der Leopard 2 entspricht vollumfänglich unserem militärischen Pflichtenheft
- Mit dieser Eigenschaft ist er schon heute beschaffungsreif; ein früherer Beschaffungsbeginn ist im Hinblick auf den Erneuerungsbedarf unserer Panzerflotte bedeutungsvoll
- Die Schweizer Industrie kann mit vertretbaren Mehrkosten an der Beschaffung im wesentlichen Umfang direkt beteiligt werden
- Die Gesamtkosten, unter Berücksichtigung der Industriebeteiligung, sind günstiger als beim amerikanischen Konkurrenzprodukt

Entscheidend waren also neben der Erfüllung des militärischen Lastenheftes wirtschaftliche und politische

Panzer 87 Leopard.

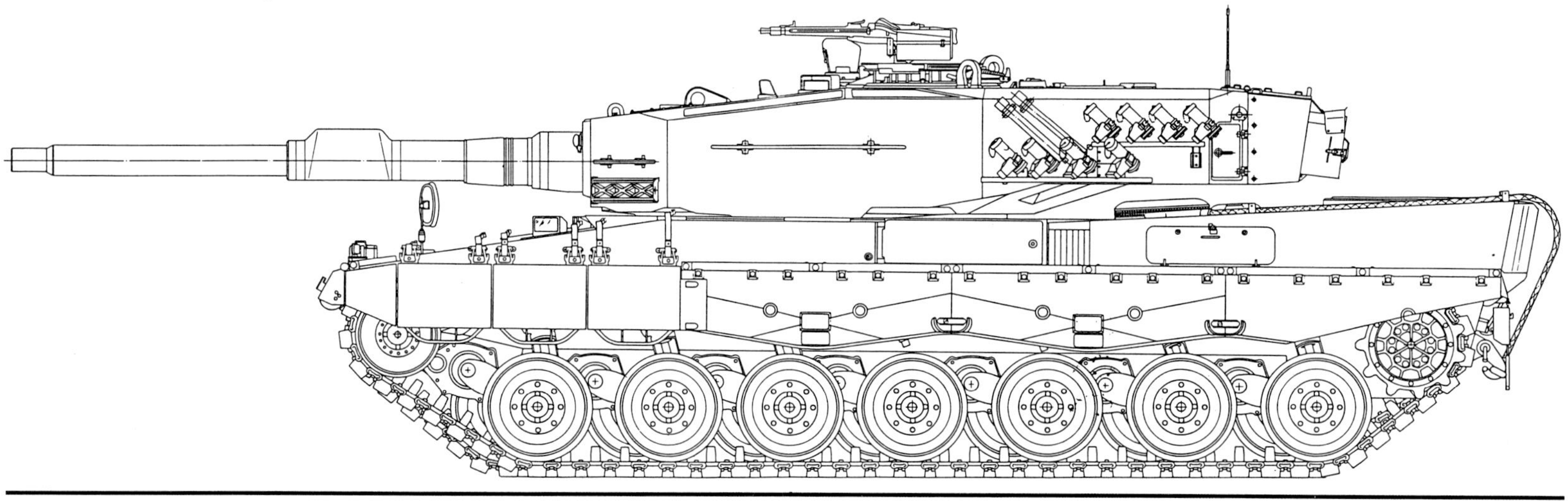

Belange. Dazu kam noch der Know-How-Transfer und die Tatsache, daß man direkten Anschluß an den letzten Wissensstand im internationalen Panzerbau erhielt.
Die Firma Contraves wurde als Generalunternehmer für den Nachbau des Kampfpanzers Leopard 2 in der Schweiz bestimmt. Langjährige Auseinandersetzungen begleiteten die Verhandlungen zwischen Lizenzgebern und Lizenznehmern. Die Firma Contraves legte im Mai 1983 ein verbindliches Angebot für den schweizerischen Lizenzbau vor.
Der Schweizer Nationalrat billigte – nach intensiver Behandlung in beiden Kammern – am 11. Dezember 1984 die Vorlage, der Seriennachbauvertrag zwischen der Gruppe für Rüstungsdienste und der Firma Contraves wurde am 20. Dezember 1984 unterschrieben.
Die Gesamtstückzahl wurde von 420 auf 380 Panzer reduziert, diese sollten in einem Los beschafft werden. 35 Stück werden »von der Stange« bei Krauss-Maffei gekauft, die restlichen 345 in Thun zusammengebaut. Die monatliche Fertigung in Thun wurde auf sechs Einheiten festgelegt.
Die ersten Kampfpanzer »Panzer 87 Leopard« wurden in der Zwischenzeit von Krauss-Maffei ausgeliefert (Fahrgestell Nr. 13001–13035), die gegenüber der deutschen Version einige Änderungen aufweisen. Die beiden bereits in der Schweiz verwendeten Vergleichsfahrzeuge wurden angekauft. Der Panzer 87 entspricht weitgehend dem Konstruktionsstand des 5. Bauloses. Die Panzer 87 Leopard erhalten eine in der Schweiz in Lizenz gebaute US-Fahrzeugfunkanlage sowie Schweizer MG 87. Drei zusätzliche Halterungen für zehn weitere Schneegreifer, davon eine an der linken Turmvorderseite für drei Greifer, sowie zwei Halterungen an der rechten Turmseite mit drei bzw. vier Greifern sind äußerliche Unterscheidungsmerkmale. Unmittelbar vor der Nebelwurfanlage an beiden Turmseiten sind je zwei Köcher für heißgeschossene MG-Läufe angebracht. Der LYRAN-Werfer entfiel ersatzlos.
Die Kontur des Drehturmes hat sich leicht verändert. An der Turmrückseite wurde rechts eine beizuklappende Tarnnetzhalterung vorgesehen. Die Turmheckkorbverkleidung wurde linksseitig abgeschrägt und geringfügig vergrößert, da die Außenbordsprechstelle hinter einer Klappe verstaut ist und daher mehr Platz benötigt.
Die vorderen Fahrzeugbegrenzungsleuchten sind den Schweizerischen Verkehrsbestimmungen angepaßt.
Die Panzer 87 Leopard-Fertigung in der Schweiz soll 1993 auslaufen.

Abarten

Bergepanzer

Schon bei der Serienreifmachung wurde die Konstruktion vom AV-Stand zur Serie in einigen Punkten wesentlich verändert: Für eine spätere Verwendung des MTU-Motors 873 für Berge- und Pionierpanzer wurde eine Nebenantriebsmöglichkeit geschaffen.
Während man sich in der Zwischenzeit entschloß, den Pionierpanzer auf Leopard 1-Basis weiterzuentwikkeln, entstanden in enger Zusammenarbeit zwischen der Deutschen Bundeswehr und der Niederländischen Armee 1986 die ersten, von der Firma Krupp-MaK entwickelten Prototypen eines neuen Bergepanzers auf Leopard 2-Basis. Seine Bezeichnung lautet: Bergepanzer 3.

Prototyp des Bergepanzer 3 auf Leopard 2-Basis.

Fahrschulpanzer

Die stetig steigenden Kosten bei der Ausbildung von Panzerbesatzungen zwang auch hier zum vermehrten Einsatz von modernen Ausbildungshilfen unter Verwendung elektronischer Bauteile. In den letzten Jahren hat sich die Simulation immer mehr durchgesetzt, die auch bedeutend realistischer wurde. Fahr- und Schießsimulatoren dienen der Ausbildung der Panzerbesatzung. Dabei wird wertvolles Gerät geschont und Betriebskosten – die bei Kettenfahrzeugen besonders hoch liegen – gesenkt. Auch kann der Ausbildungsstand zeitlich und räumlich wesentlich vertieft werden, da besonders beim Panzer durch den beschränkten Innenraum eine Überwachung der Auszubildenden sehr schwierig ist. Fahrsimulatoren und Fahrschulpanzer bilden hier hervorragende Voraussetzungen für eine intensive Vorbereitung der Panzerfahrer. Die Deutsche Bundeswehr hat eine Ausbildung am Simulator und die damit verbundene Kostenreduzierung klar erkannt und durch die Konzentration auf einige Fahrschulzentren dieses Ziel systematisch erreicht. Andere Länder sind diesem Beispiel gefolgt. Zum Teil wurden Kampfpanzer nach Abnahme der Türme und durch Aufsetzen einer Fahrschulkabine für diesen Zweck hergerichtet, die Deutsche Bundeswehr führte jedoch echte Fahrschulpanzer ein, die ausschließlich für die Panzerfahrer-Ausbildung bestimmt waren. Die aufgesetzte Fahrschulkabine hat Platz für drei Mann (Fahrlehrer und zwei Fahrschüler), eine Einrichtung zur sofortigen Übernahme sämtlicher Fahrerfunktionen durch den Fahrlehrer im Fall einer gefährlichen Situation. Ein Gewichtsring bringt die Fahrschulkabine auf das Turmgewicht des Kampfpanzers und erlaubt wirklichkeitsnahe Fahrzustände, vor allem im Gelände. Eine Kanonen-Attrappe vervollständigt die Ausrüstung.

Die Deutsche Bundeswehr übernahm 1986 22 Fahrschulpanzer Leopard 2, deren Fahrgestelle (8 Krauss-Maffei, 14 Krupp-MaK) durch die von Krauss-Maffei hergestellten Fahrschulkabinen in München komplettiert wurden. Die Niederlande beschafften 20 Fahrschulkabinen für ihre Kampfpanzer Leopard 2-Einheiten. Die Schweiz wird 1988 drei Fahrschulpanzer dieser Ausführung erhalten.

Damit endet vorläufig die Aufzeichnung der technischen Entwicklung der Leopard-Fahrzeuge. Weiterentwicklungen zeichnen sich ab, die sicher in späteren Ausgaben dokumentiert werden. Es beweist sich immer wieder, daß der solide Entwurf der Basis der Leopard-Familie deren Werterhaltung über einen Zeitraum sichern wird, der noch vor einigen Dekaden undenkbar erschien.

Fahrschulpanzer Leopard 2, von dem die Deutsche Bundeswehr 22 Stück beschaffte. Die Niederlande bezogen 20 Fahrschulkabinen. Die Bilder zeigen einen holländischen Leopard 2 mit Fahrschulkabine.

Literaturverzeichnis

1. Raimund Knecht, »Kampfpanzer Leopard«, München 1972.
2. Major Dipl.-Ing. J. Köhl, »Pionierpanzer und Brückenpanzer der Leopard-Familie«, Jahrbuch der Wehrtechnik 1969, Darmstadt.
3. Dr. F. M. von Senger und Etterlin, Taschenbuch der Panzer 1969, München 1968.
4. Walter J. Spielberger, Die Entwicklung des mittleren Kampfpanzers »Leopard«, Zeitschrift »Truppendienst« 6/1967.
5. Brigadegeneral Dipl.-Ing. Dietrich Willikens, »Gedanken zur Panzerentwicklung«, Jahrbuch der Wehrtechnik 1966, Darmstadt.
6. TDv 2350/008-10, Teil 1, TDv 2350/008-20, Teil 2, TDv 2350/008-30, Teil 3.
7. »Der Dieselmotor Typ MB 838 Ca-M 500 im KPz Leopard«, Das »ZF Hydromedia Getriebe 4 HP-250 im KPz Leopard«, zusammengestellt von einem Autorenteam des ATV-Stabes der STTr. I Aachen, Zeitschrift »Technik und Versorgung«.
8. Mercedes Benz, Betriebsanleitung und Beschreibung MB 833/837/838-TG 1386.
9. Heft 4/67 der Zeitschrift »Soldat und Technik« ist hauptsächlich dem Kampfpanzer »Leopard« gewidmet.
10. Brückenpanzer »Leopard«, Soldat und Technik 4/1971.
11. Bellona Military Vehicle Prints, Series 23, Walter J. Spielberger und Hilary Doyle.
12. Profile Publication AFV-Weapons, Nummer 18 und 19
13. Walter J. Spielberger, »Von der Zugmaschine zum Leopard 2«, München 1979.
14. Zeitschriften und Periodica: »Soldat und Technik«, Frankfurt 1966–71, »Panzer«, »Kampftruppen«, Herford 1966–71, »Internationale Wehr-Revue«, Genf 1966–71 »Truppendienst«, Wien 1966–71, »Military Review, Fort Leavenworth 1966–71, »Ordnance«, Washington 1966–71, »Armor«, Washington 1966–71.
15. Raimund Knecht, »Kampfpanzer Leopard«, Koblenz/Bonn.
16. Walter J. Spielberger, »Der mittlere Kampfpanzer und seine Abarten«, Stuttgart.
17. Walter J. Spielberger, »Von der Zugmaschine zum Leopard 2«, München.
18. Walter J. Spielberger, »Der Kampfpanzer Leopard 1«, Koblenz/Bonn.
19. Walter J. Spielberger, »Der Kampfpanzer Leopard 2«, Koblenz/Bonn.
20. Paul-Werner Krapke, »Leopard 2 – Sein Werden und seine Leistung«, Herford/Bonn.
21. Walter J. Spielberger, »Der Weg zum Flak-Panzer Gepard«, München.
22. Rolf Hilmes, »Kampfpanzer«, München.

Technische Daten

von der Entwicklung und Serienfertigung der Kampfpanzer »Leopard 1«, »Kampfpanzer 70« und »Leopard 2«

(Zusammenstellung durch Dokumentation Kraftfahrwesen e. V. – Oberst a. D. Dipl.-Ing. Icken)

Technische und militärische Forderungen für den Standard-Panzer wurden mit Frankreich abgestimmt, Leopard/AMX 30 – Vergleichserprobungen der Prototypen I und II sowie der Vorserie wurden durchgeführt

Typ		*Standard-Panzer*		
		A I	B I	A II
Entwicklung		Arbeitsgemeinschaft A (Porsche, Jung-Jungenthal, Luther & Jordan, MaK)	Arbeitsgemeinschaft B (Ingenieurbüro Warneke-Ruhrstahl, Rheinstahl-Hanomag, Henschel)	Arbeitsgemeinschaft A (Porsche, Jung-Jungenthal, Luther & Jordan, MaK)
		Vorlage technische Forderung (gemeinsam mit Frankreich) 25. 7. 57		Vorlage technische Forderung 21. 11. 60
Herstellerfirma		1 MaK 1 Jung-Jungentahl Beginn technische Erprobung 1. 2. 61	1 Rheinstahl-Hanomag 1 Henschel	8 MaK 9 Jung 9 Luther Beginn technische Erprobung 15. 1. 62
Zahl der gefertigten bzw. im Auftrag gegebenen Fahrzeuge		2	2	26 davon 9 technische Erprobung, 17 Truppenversuch (14. 9. 62–20. 3. 63)
Besatzung	Mann	4	4	4
Antrieb		Heck	Heck	Heck
1. Abmessungen				
Länge (Rohr 12.00 Uhr)	m	9,09	9,40	9,35
Länge (Rohr 6.00 Uhr)	m	7,80	8,17	8,15
Länge des Fahrgestells	m	6,71	7,00	6,83
Breite (ohne Kettenblenden-Schürzen)	m	3,15	3,20	3,25
Breite (mit Kettenblenden-Schürzen)	m	–	–	–
Spurweite	m	2,66	2,73	2,70

Standard-Panzer		*Leopard*	KPz 70*	*Leopard 2* Prototyp	*Leopard 2* Serie
B II	Vorserie				
Arbeitsgemeinschaft B (Ingenieurbüro Warneke-Ruhrstahl, Rheinstahl-Hanomag, Henschel) Vorlage technische Forderung 21. 11. 60	Arbeitsgemeinschaft A (Porsche, Jung-Jungenthal, Luther, MaK) Vorlage technische Forderung 26. 7. 62	Krauss-Maffei, Serienreifmachung in Zusammenarbeitung mit der Arbeitsgemeinschaft A	Deutsche Entwicklungs-Gesellschaft (DEG) (Rheinische Stahlwerke, Rheinstahl – Henschel, Krauss-Maffei, Arn. Jung, Luther-Werke, MaK, Ing.-Büro Dr. Ing. Hopp, Keller & Knappich)	Krauss-Maffei Vergleichserprobung m. XM 1 (USA)	Krauss-Maffei
2 Henschel	16 MaK 17 Jung 17 Luther Beginn technische Erprobung 27. 2. 63	Krauss-Maffei (Vorbescheid für 1500 Fahrzeuge 22. 8. 63) Beginn Serienlieferung 9. 9. 65	DEG	Krauss-Maffei	990 Krauss-Maffei 810 MaK Beginn Serienlieferung 1979
6 Auftrag, 2 gefertigt	50, davon 13 technische Erprobung 35 Truppenversuch 2 Großbritannien (Austausch gegen 2 Chieftain) Truppenversuch Juli 1964 bis Oktober 1965	4561 (davon 720 Oto Melara und 66 MaK)	7 (zusätzlich 7 Fahrzeuge bei General Motors, USA)	21 (davon 20 Fahrgestelle, 1 Fahrgestell an USA geliefert)	1800 + 150 (1987)
4 Heck	4 Heck	4 Heck	3 Heck	4 Heck	4 Heck
9,44	9,54	9,54	9,26	9,78 (105-mm-Kanone) 9,75 (120-mm-Kanone)	9,61
8,27	8,11	8,17	7,96	8,66 (105-mm-Kanone) 8,62 (120-mm-Kanone)	8,51
6,83	6,90	6,94	7,30	7,73	7,66
3,25	3,25	3,25	3,54	3,42	3,42
–	–	3,41	3,56	3,54	3,70; 3,54 in Transportstellung
2,70	2,70	2,70	2,90	2,785	2,785

* Gemeinsame militärische und technische Forderungen sowie Entwicklung und Prototyperprobung mit den USA

Typ		Standard-Panzer		
		A I	B I	A II
Höhe des Fahrgestells	m	1,44	1,46	1,53
Gesamthöhe, (Oberkante Rundblickfernrohr)	m	2,27	2,19	2,38
Höhe bis Oberkante Turm	m	2,20	2,12	2,31
Feuerhöhe	m	1,88	1,75	1,88
Auflagelänge der Gleiskette	m	4,16	3,80	4,16
Lenkverhältnis		1,55	1,38	1,54
Breite der Gleiskette	m	0,506	0,50	0,548
Bodenfreiheit	m	0,42	0,35	0,45
Motor Länge (Grundkonstruktion)	m	1,37	1,37	1,56 (1,46)
Motor Breite (Grundkonstruktion)	m	1,40	1,40	1,41 (1,05)
Motor Höhe (Grundkonstruktion)	m	1,05	1,05	1,10 (0,95)
Motoreinbauvolumen (Grundkonstruktion)	m^3	2,03	2,03	2,42 (1,46)
Raumleistung	kW/m^3 (PS/m^3)	239 (326)	239 (326)	252 (343)
Raumleistung (Grundkonstruktion)	kW/m^3 (PS/m^3)			350 (570)
Wechsel- und Lenkgetriebe Länge (Grundkonstruktion)	m			0,98 (0,815)
Wechsel- und Lenkgetriebe Breite (Grundkonstruktion)	m			1,36 (1,30)
Wechsel- und Lenkgetriebe Höhe (Grundkonstruktion)	m			0,80 (1,18) (0,79)
Getriebeeinbauvolumen mit Lüfter (Grundkonstruktion)	m^3			1,59 (0,93)
Triebwerk Länge (Grundkonstruktion)	m			2,50 (1,82)
Triebwerk Breite (Grundkonstruktion)	m			2,10 (1,14)
Triebwerk Höhe (Grundkonstruktion)	m			1,22 (1,02)
Triebwerk Einbauvolumen (Grundkonstruktion)	m			6,4 (3,98)
2. Gewichte				
Gefechtsgewicht	t	34,8	36,2	39,0
Leistungsgewicht	kW/t (PS/t)	14,4 (19,5)	13,4 (18,2)	15,6 (21,2)
spez. Bodendruck	N/cm^2	8,4	9,6	8,5
Fahrgestell ohne Munition, Ausrüstung und Besatzung	t	27,5	26,7	29,2
Panzerwanne	t	10,0	10,2	10,3
Turm mit Bewaffnung, ohne Munition, Ausrüstung und Besatzung	t	7,8	8,74	9,4
Turmgehäuse	t	4,9	5,12	5,17
Kanone mit Bodenstück	t	1,28	1,28	1,28
Waffenanlage ohne Blende	t	2,90	2,90	2,90
Rohr	t	1,29	1,29	1,29
Motor, trocken	t	1,36	1,36	1,92
Wechsel- und Lenkgetriebe mit Lüfter, naß	t	1,31	1,48	1,85
Triebwerk, komplett einschl. Kühlanlage, betriebsbereit	t	3,40	nicht vorhanden	4,72
Triebwerk, komplett einschl. Kühlanlage, trocken	t	3,15	nur einzeln	4,38

Standard-Panzer		*Leopard*	KPz 70	*Leopard 2* Prototyp	*Leopard 2* Serie
B II	Vorserie				
1,54	1,57	1,57	1,38	1,65	1,64 in Turmmitte
2,38	2,50	2,62	2,43 (2,67 gehoben, 2,12 gesenkt)	2,84 (120-mm-Kanone) 2,44 (105-mm-Kanone)	2,76
2,31	2,39	2,39	2,29 (2,53 gehoben, 1,99 gesenkt)	2,49 (105-mm-Kanone) 2,49 (120-mm-Kanone)	2,48
1,88	1,88	1,88	1,78 (2,02 gehoben, 1,47 gesenkt)	2,00	2,01
4,02	4,23	4,23	4,50	4,72	4,945
1,48	1,57	1,57	1,55	1,70	1,775
0,550	0,548	0,548	0,635	0,635	0,635
0,40	0,44	0,44	0,45 (gehoben 0,69, gesenkt 0,14)	0,50	v0,53 h0,48
1,56 (1,46)	1,56 (1,46)	1,56 (1,46)	1,70 (1,65)	1,70 (1,65)	1,70 (1,65)
1,41 (1,05)	1,41 (1,05)	1,41 (1,05)	1,97 (1,05)	1,97 (1,05)	1,97 (1,05)
1,10 (0,95)	1,10 (0,95)	1,10 (0,95)	1,10 (0,85)	1,10 (0,85)	1,10 (0,85)
2,42 (1,46)	2,42 (1,46)	2,42 (1,46)	3,65 (2,01) mit Luftfilteranlage	3,65 (2,01) mit Luftfilteranlage	3,65 (2,01) mit Luftfilteranlage
252 (343)	252 (343)	252 (343)	300 (410)	300 (410)	300 (410)
350 (570)	350 (570)	350 (570)	550 (750)	550 (750)	550 (750)
	0,98 (0,815)	0,98 (0,815)	1,00 (0,95)	1,00 (0,95)	1,00 (0,95)
	1,36 (1,30)	1,36 (1,30)	1,72 (1,53)	1,72 (1,53)	1,72 (1,53)
	0,80 (1,18) (0,79)	0,80 (1,18) (0,79)	0,79 (0,69)	0,79 (0,69)	0,79 (0,69)
	1,59 (0,93)	1,59 (0,93)	1,96 (0,96) mit Kühlanlage	1,96 (0,96) mit Kühlanlage	1,96 (0,96) mit Kühlanlage
	2,50 (1,82)	2,50 (1,82)	2,93 (2,20)	2,96 (2,20)	2,93 (2,20)
	2,10 (1,14)	2,10 (1,14)	2,19 (1,27)	2,19 (1,27)	2,17 (1,27)
	1,22 (1,02)	1,22 (1,02)	1,10 (1,06)	1,10 (1,06)	1,15 (1,06)
	6,4 (3,98)	6,4 (3,98)	7,20 (4,61)	7,20 (4,61)	7,30 (4,61)
39,6	39,6	42,4	50,4	50,5	55,15
15,5 (21,0)	15,5 (21,0)	14,4 (19,6)	22,0 (29,8)	22,1 (30)	20 (27)
8,4	8,6	8,9	8,7	8,3	8,3
29,2	29,1	29,1	30,0	34,9	37,8
10,3	10,6	10,6		12,0	12,1
9,4	9,3	11,0	19,1	15,6	16,0
5,17	4,70	6,00	8,50	8,50	8,91
1,28	1,28	1,28	1,26	105/1,45 120/1,97	1,97
2,90	2,90	2,90	2,26	3,13	31,0
1,29	1,29	1,29		1,08/1,20	1,20
1,92	1,92	1,92	2,47	2,63 (mit Luftfilteranlage)	2,71 (mit Luftfilteranlage)
2,04	1,95	1,95	2,81	2,81	2,97
–	4,72	4,72	5,69	5,69	6,05
	4,38	4,38	5,07	5,21	5,61

Typ		Standard-Panzer		
		A I	B I	A II
Seitenvorgelege mit Kettenantrieb und Bremsen		0,72	0,54	0,74
Gleiskette	t	1,61	1,40	1,66
Kettenglied mit Kettenbolzen	kg	18,2	17,9	19,7
Kraftstoffmenge	l/kg	1008/890	420/370	1000/830
Kraftstoffvorrat: Gefechtsgewicht	l/t	28,8	11,6	25,6
Schwerpunkt hinter Mitte Kettenauflage (Turmstellung 12.00 Uhr)	m	0,20		0,50
Anteil Gleiskettengewicht am Gefechtsgewicht	%	9,2	7,8	8,5
Anteil Gewicht des kompletten Triebwerkblockes am Gefechtsgewicht	%	9,8		12,1
3. Leistungsangabe				
Höchstgeschwindigkeit	km/h	60	61,3	65
Höchstgeschwindigkeit bei Motornenndrehzahl	km/h	59,5/2400	60/2400	62/2200
Niedrigste Marschgeschwindigkeit bei $n \frac{max}{2}$	km/h	3,2	2,1	4
Höchstgeschwindigkeit, rückwärts	km/h	23,9	23,3	25
Fahrbereich Straße, nach DIN 70030		524	200	600
Fahrbereich Gelände		248	107	330
Kraftstoffverbrauch, Straße, nach DIN 70030	l/100 km	192	210	165
Kraftstoffverbrauch, Straße	l/t/100 km	5,52	5,80	4,23
Kraftstoffverbrauch, mittelschweres Gelände	l/100 km	412	434	350
Steigfähigkeit	%	60	60	60
Querneigung	%	30	30	30
Leistung am Triebkranz	kW (PS)			460 (630)
Kletterfähigkeit	m	0,80	0,80	1,10
Grabenüberschreitfähigkeit	m	2,80	2,80	2,90
Drehen um die Hochachse 360°	s			11,5
Watfähigkeit	m	1,20	1,20	1,20
Tiefwaten (mit Vorbereitung)	m	–	–	2,20
Unterwasserfahren	m	–	–	4,00
max. Zugkraft/Steigfähigkeit	KN/%			W.* 1. Gang 400/60 W.* 2. Gang 210/50 W.* 3. Gang 140/34 überbrückter W.* 3. Gang 53/10 4. Gang 32/4
Benötigte Zeit und Geschwindigkeit zur Überwindung einer 15% Steigung bei 100 m Länge	s (km/h)	19,3 (18,7)	20 (18)	15,8 (23)
Benötigte Zeit und Geschwindigkeit zur Überwindung einer 60% Steigung bei 100 m Länge	s (km/h)	65 (5,5)	69 (5,2)	57 (6,3)

Standard-Panzer		*Leopard*	KPz 70	*Leopard 2* Prototyp	*Leopard 2* Serie
B II	Vorserie				
0,74	0,74	0,74	0,36 (ohne Ketten- antrieb und ohne Bremsen)	0,44 (ohne Ketten- antrieb und ohne Bremsen	0,54
1,83	1,66	2,08	2,35	2,56	2,70
21,8	19,7	24,7	29,3	33,2	32,8
820/720 mit Hilfsmotor 1090/890 ohne Hilfsmotor	1020/950	985/830	1300/1080	1048/850	1200/1030
25,6	25,6	23,6	25,8	20,2	21,7
	0,38	0,38	vor 0,20	0,25	0,33
9,2	8,3	9,8	9,3	10,0	9,8
	12,0	11,1	11,3	11,3	11,0
65	65	65	72	72	72
62/2200	62/2200	62/2200	68/2600	68/2600	68/2600
2,1	4	4	4	4	4
23,3	25	25	31	31	31
500	620	560	580	525	550
250	330	325	260	210	240
165	165 (Otto 183, JP 4 175)	175 (JP 4 185)	225	200	218
4,17	4,17	4,13	4,45	3,96	3,99
400	310 (leicht 245, schwer 385)	325 (leicht 255, schwer 400)	500	500	500
60	60	60	60	60	60
30	30	30	30	30	30
460 (630)	460 (630)	460 (630)	786 (1070)	786 (1070)	786 (1070)
1,10	1,15	1,15	1,10	1,15	1,10
2,90	3,00	3,00	2,80	3,00	3,00
11,5	11,5	11,5	10	10	10
1,20	1,20	1,20	1,20	0,80	0,80
2,20	2,25	2,25	2,30	2,50	2,25
	4,80	4,40	5,50	4,00	4,00
	W.* 1. Gang 400/60 W.* 2. Gang 210/50 W.* 3. Gang 140/34 überbrückter W.* 3. Gang 53/10 4. Gang 32/4	W.* 1. Gang 400/60 W.* 2. Gang 210/50 W.* 3. Gang 140/34 überbrückter W.* 3. Gang 53/10 4. Gang 32/4	W.* 1. Gang 432/60 W.* 2. Gang 230/40 W.* 3. Gang 162/28	W.* 1. Gang 458/60 W.* 2. Gang 230/47 W.* 3. Gang 144/28	W.* 1. Gang 458/60 W.* 2. Gang 230/47 W.* 3. Gang 144/28
16,2 (22)	15,8 (23)	15,8 (23)	11,1 (32)	11,1 (32)	12,2 (29)
60 (6,0)	67 (6,3)	57 (6,3)	46 (7,8)	46 (7,8)	51 (7,1)

Typ		*Standard-Panzer*		
		A I	B I	A II
Benötigte Zeit beim Anfahren aus dem Stand bei Leerlaufdrehzahl				
0–20 m	s	4,9	5,0	4,4
0–50 m	s	8,5	8,6	8,3
0–100 m (mit Ottokraftstoff)	s	13,6	13,8	12,2 (14,2)
0–500 m (mit Ottokraftstoff)	s	41,8	43,0	37,4 (45,5)
Rollwiderstand bei v = 50 km/h, Straße, Mittelwert	N/t	425	425	400
Fahrgeräusch nach StVZO	dB	105	104	105
Standgeräusch nach StVZO	dB	100	100	100
4. Bewaffnung				
4.1 Hauptwaffe				
Typ		britisch L7A3	Rheinmetall 105-mm K Rh 1	britisch L7A3
Hersteller	Turm	2 Wegmann	2 Rheinmetall	26 Wegmann
Entwicklung und Hersteller Waffe		Großbritannien	Rheinmetall	Großbritannien
Turmbesatzung	Mann	3	3	3
Kaliber	mm	105	105	105
Rohrlänge in Kaliber		51	48	51
Anzahl der Züge		28	36	28
Steigung der Züge		9°54′	4°45′/8°	9°54′
Rauchsauger/Mündungsbremse		ja/nein	nein/ja	ja/nein
Rohrschutzhülle		nein	nein	nein
Verschlußart: horizontal H oder vertikal V		H	V	H
Rohrrücklauflänge	mm	280	280	280
Schußfolge	Schuß/min	9		9
Schildzapfenlager		Gleitlager	Gleitlager	Gleitlager
Nebelmittelwurfgeräte (Kaliber 77 mm)				8 (2×4)
4.2 Sekundärwaffen				
Zahl der vorhandenen MG		2	2	2
Typ		MG 3	MG 3	MG 3
Kaliber	mm	7,62	7,62	7,62
Anordnung		1 achsparallel zur Hauptwaffe	1 achsparallel zur Hauptwaffe	1 achsparallel zur Hauptwaffe
Kadenz	Schuß/min	1200	1200	1200
Mündungsgeschwindigkeit v_0	m/s	820	820	820

* W. = Wandler

Standard-Panzer		*Leopard*	KPz 70	*Leopard 2* Prototyp	*Leopard 2* Serie
B II	Vorserie				
4,5	4,4	4,4		5,4	4,3
8,0	8,3	8,3	7,0	8,8	7,8
13,1 (14,5)	12,2 (14,2)	12,2	10,6	12,8	11,8
40,1	37,4 (45,5)	37,4	32,8	35,2	33,5
400	400	425	430	430	430
104	104	103	103	103	103
100	98	98	100	100	100
britisch L7A3	britisch L7A3 Lebensdauer des Rohres 250 Schuß APDS oder 2500 Schuß HESH	britisch L7A3	USA Kombinationswaffe XM 150E 5 (General Motors)	Rheinmetall	Rheinmetall
6 Rheinmetall (Auftrag) 2 gefertigt	25 Wegmann 25 Rheinmetall	Wegmann und Rheinmetall Leopard A1 und A2 Panzerstahlguß Leopard A3 und A4 Schweißgehäuse	Wegmann Drehbarer Fahrerstand im Turm Höhe 1815 mm ∅ 950 mm Rotationskreis 762 mm	Wegmann	Wegmann/ Rheinmetall
Großbritannien	Großbritannien	Großbritannien	General Motors	Rheinmetall	Rheinmetall
3	3	3	3	3	3
105	105	105	152 automatischer Lader	105/120 (beide glattes Rohr)	120 (glattes Rohr)
51	51	51	43,5	51/44	44
28	28	28	24 1 Keilnut für FK	–	–
9°54′	9°54′	9°54′	4°18′	–	–
ja/nein	ja/nein	ja/nein	ja/nein	ja/nein	ja/nein
nein	nein	ja	nein	ja	ja
H	H	H	Dreh- (30°) und Schwenk- (60°) Verschluß	H/V	V
280	280	280	304	105/120 280/340	340
9	9	9	FK 2 Konventionell 4 Autom. Lader 10	9	9
Gleitlager	Gleitlager	Gleitlager	Wälzlager	Wälzlager	Wälzlager
8 (2×4)	8 (2×4)	8 (2×4)	16 (2×8)	8 (2×4)	16 (2×8)
2	2	2	1	2	2
MG 3	MG 3	MG 3	MG 3	MG 3A1	MG 3A1
7,62	7,62	7,62	7,62	7,62	7,62
1achsparallel zur Hauptwaffe	1achsparallel zur Hauptwaffe	1achsparallel zur Hauptwaffe	1achsparallel zur Hauptwaffe	1achsparallel zur Hauptwaffe	1achsparallel zur Hauptwaffe
1200	1200	1200	1200	1200	1200
820	820	820	820	820	820

* W. = Wandler

Typ		Standard-Panzer		
		A I	B I	A II
4.2.1 Fla-Waffe				
Typ		MG 3	MG 3	MG 3
Kaliber	mm	7,62	7,62	7,62
Kadenz	Schuß/min	1200	1200	1200
Mündungsgeschwindigkeit	m/s	820	820	820
Höhenrichtbereich	°	−15 bis +75	−15 bis +75	−15 bis +75
Seitenrichtbereich	°	360	360	360
5. Munition				
5.1 Munition für Panzerkanone				
Kaliber	mm	105	105	105
Munitionsarten/v_0	m/s	APDS 1478 HEAT 1173 HESH 731 Nebel 732 Illuminating Canister	APDS 1478 HEAT 1173 HESH 731 Nebel 732	APDS 1478 HEAT 1173 HESH 731 Nebel 732 Illuminating Canister
Munitionsgewicht (Patrone)	kg	APDS 18,5 HEAT 21 HESH 21,2 Nebel 26,5	APDS 18,5 HEAT 21 HESH 21,2 Nebel 26,5	APDS 18,5 HEAT 21 HESH 21,2 Nebel 26,5

Standard-Panzer					
B II	*Vorserie*	*Leopard*	KPz 70	*Leopard 2* Prototyp	*Leopard 2* Serie
MG 3 7,62	MG 3 7,62	MG 3 7,62	MK 20 20 Turmabhängige Bordmaschinen- kanone; Höhe ausgefahren 1296 mm; Höhe eingefahren 973 mm; Gewicht 830 kg; Höhenrichtge- schwindigkeit 60°/s; Seitenrichtge- schwindigkeit 90°/s; Ausfahrzeit 4,5 s; Einfahrzeit 3 s, Gewicht komplett 950 kg Der primärstabi- lisierten Optik gegenüber nach- geführte Waffe	MG 3A1 7,62 mit Ringlafette auf Ladeschützen-Luke	MG 3A1 7,62 mit Ringlafette auf Ladeschützen-Luke
1200 820 −15 bis + 75 360	1200 820 −15 bis + 75 360	1200 820 −15 bis + 75 360	900–1000 1050 −15 bis + 65 360	1200 820 −15 bis + 75 360	1200 820 −15 bis + 75 360
105	105 Munitionsverbrauch techn. Erprobung DS-Proof 692 Schuß APDS 2596 Schuß HESH 1805 Schuß HEAT 2275 Schuß MG 8000 Schuß	105	152	105/120	120
APDS 1478 HEAT 1173 HESH 731 Nebel 732 Illuminating Canister	APDS 1478 HEAT 1173 HESH 731 Nebel 732 Illuminating Canister	APDS 1478 HEAT 1173 HESH/HEP 731 Nebel 732 Illuminating Canister	Shillelagh-FK 205 ballistische Munition 683-1490 (mit verbrenn- baren Hülsen)	Patrone-KE Hart- kerngeschoß, flügelstabilisiertes Pfeilgeschoß. MZ Mehrzweck- geschoß 105-mm-Munition mit Messing-Treib- ladungshülse	Patrone mit teil- verbrennbarer Hülse (ohne Boden) KE Hartkerngeschoß (flügelstabilisiertes Pfeilgeschoß), MZ Mehrzweck- geschoß Gasdruck 7100 bar
APDS 18,5 HEAT 21 HESH 21,2 Nebel 26,5	APDS 18,5 HEAT 21 HESH 21,2 Nebel 26,5	APDS 18,5 HEAT 21 HESH/HEP 21,2 Nebel 26,5	Shillelagh-FK 27,2 HEAT-T 22,0 Canister 21,8 APFSDS 19,6	105 120 KE 18,0 20,5 MZ 21,2 20,7	KE 18,6 MZ 23,2

Typ		*Standard-Panzer*		
		A I	B I	A II
Geschoßgewicht	kg	APDS 5,9 HEAT 9,8 HESH 11,2	APDS 5,9 HEAT 9,8 HESH 11,2	APDS 5,9 HEAT 9,8 HESH 11,2
Rückstoßkraft	kN (t)	APDS 420 (42,8) HEAT 520 (53,0) HESH 280 (28,6) Nebel 280 (28,6)	APDS 420 (42,8) HEAT 520 (53,0) HESH 280 (28,6) Nebel 280 (28,6)	APDS 420 (42,8) HEAT 520 (53,0) HESH 280 (28,6) Nebel 280 (28,6)
Patronenlänge	mm	APDS 838 HEAT 991 HESH 934	APDS 838 HEAT 991 HESH 934	APDS 838 HEAT 991 HESH 934
Munitionsvorrat	Anzahl	63	63	63
davon im Turm	Stück	20	20	20
20-mm-MG				
5.2 Sonstige Munition				
MG-Munition (Kal. 7,62)	Gesamt/Turm Anzahl	2400/1200	2400/1200	2400/1200
Einschieß-MG 50 (Kal. 12,7 mm)	Anzahl			
Maschinenpistole	Stück			
Nebelwurfkörper, Kal. 77 mm	Stück	16	16	16
Handgranaten	Stück	10	10	10
6. Richt-, Ziel- und Beobachtungsmittel (Feuerleitanlage)				
6.1 Richtanlage				
Art der Richtanlage		elektrohydraulisch	elektrohydraulisch	elektrohydraulisch
Hersteller der Richtanlage		FWM-Cadillac	FWM-Cadillac	FWM-Cadillac
max. Richtgeschwindigkeit		Gage	Gage	Gage
Seite	s/360°	15	15	15
Höhe	°/s	5,6	5,6	5,6
Höhenrichtbereich	°	−8 bis +20	−8 bis +20	−8 bis +20
Waffenstabilisierung		nein	nein	nein
6.2 Entfernungsmeß- und Hauptzielgerät (Richtschütze)	Typ	Zeiss EM 1,42 (8×25) Mischbild-Stereo Eintrittspupille ∅ 3,2 mm	Zeiss EM 1,42 (8×25) Mischbild-Stereo Eintrittspupille ∅ 3,2 mm	britisches Einschieß-MG L21 A1, Kaliber 12,7 mm Kadenz 240 v_O = 915 m/s

Standard-Panzer		*Leopard*	KPz 70	*Leopard 2* Prototyp	*Leopard 2* Serie
B II	Vorserie				
APDS 5,9	APDS 5,9	APDS 5,9	Shillelagh 18	105 120	KE 7,15
HEAT 9,8	HEAT 9,8	HEAT 9,8		KE 6,4 7,15	MZ 13,5
HESH 11,2	HESH 11,2	HESH/HEP 11,2		MZ 10,3 13,5	
APDS 420 (42,8)	APDS 420 (42,8)	APDS 476 (48,0)		105 120	KE 550 (56,1)
HEAT 520 (53,0)	HEAT 520 (53,0)	HEAT 591 (60,3)		KE 520 (53,07)	MZ 550 (56,1)
				550 (56,1)	
HESH 280 (28,6)	HESH 280 (28,6)	HESH/HEP 233		MZ 550 (56,1)	
		(23,8)		550 (56,1)	
Nebel 280 (28,6)	Nebel 280 (28,6)	Nebel 233 (23,8)			
APDS 838	APDS 838	APDS 838	Shillelagh-FK 1153	105 120	KE 884
HEAT 991	HEAT 991	HEAT 1001	APFSDS 936	KE 941 884	MZ 981
HESH 934	HESH 934	HESH 938	HEAT 685	MZ 999 981	
			Nebel 634		
63	62	60A1-A3, 55 A4, 59AS1 und C1,	50 (davon 26 im Lader)	57–105 42–120	42
20	19	18 A1-A3, 13 A4, 17AS1 und C1	50 660	10 nur 1 Fahrzeug	15
5000/2500	5000/2750	5500/2250	2700/2700	5000/2250	4750/2000
300					
488	488	488		480	480
16	16	16	16	16	16
10	10	10		4	4
elektrohydraulisch	elektrohydraulisch	elektrohydraulisch	elektrohydraulisch	elektrohydraulisch	elektrohydraulisch
FWM-Cadillac Gage	FWM-Cadillac Gage	FWM	FWM-Cadillac Gage	AEG/FWM/ Honeywell	AEG/FWM/ Honeywell
15	15	16 (max. 22,5°/s) (min. 0,03°/s)	6	9	9
5,6	5,6	5,3	8	10	10
−8 bis +20	−9 bis +20	−9 bis +20	−9 bis +20	−9 bis +20	−9 bis +20
nein	nein	elektrohydraulisch-elektronisch	elektrohydraulisch-elektronisch, der primärstabilisierten Zieloptik nachgeführte Waffenanlage	elektrohydraulisch-elektronisch, der primärstabilisierten Zieloptik nachgeführte Waffenanlage	elektrohydraulisch-elektronisch, der primärstabilisierten Visierlinie mit Nachführung der Waffe über elektronische Nachführkette
britisches Einschieß-MG L21 A1, Kaliber 12,7 mm Kadenz 240 v_O = 915 m/s	Zeiss TEM 2A Mischbild-Raumbild-Messung für APDS- und HEAT-Munition	Zeiss TEM 1A Mischbild-Raumbild-Messung für APDS- und HEAT-Munition	Hauptzielgerät mit eigenstabilisierter Sichtlinie, pankratisches Fernrohr, integrierter Laser-Entfernungsmesser Atomblitzschutz	Zeiss EMES-12 Binokular Kombinierter Raumbild-Laser-Entfernungsmesser	Krupp-Atlas-Elektronik (KAE) – EMES 15 Binokularer Einblick Primärstabilisiertes Zielgerät mit integriertem Laser-Entfernungsmesser und passiver Nachtsicht über Wärmebildgerät

Typ		Standard-Panzer		
		A I	B I	A II
Basis	mm	1420	1420	–
Sehfeld	Strich (°)			
Vergrößerung	fach	8	8	
Aufsatzwinkelsteuerung	m	400–4000	400–4000	2000
Ballist. Rechner		–	–	–
6.3 Sonstige Zielfernrohre				
Zielfernrohr (Richtschütze)	Typ	Zeiss SF 6×6 StaPz W1 Eintrittspupille ∅ 36 mm, Austrittspupille ∅ 6 mm	Zeiss SF 6×6 StaPz W1 Eintrittspupille ∅ 36 mm, Austrittspupille ∅ 6 mm	Zeiss ZF 6×6 StaPz monokular
Vergrößerung	fach	6×36 Länge 1008 mm	6×36 Länge 1130 mm	6×36
Blickfeld	Strich (°)	178 (10°)	178 (10°)	178 (10°)
Kommandanten-Rundblick-Zielfernrohr	Typ	Art 390 J. D. Möller Wedel	Art 390 J. D. Möller Wedel	Art 390 J. D. Möller Wedel
Vergrößerung	fach	6×36	6×36	6×36
Sehfeld	Strich (°)			
Richtbereich in Elevation				

Standard-Panzer		*Leopard*	KPz 70	*Leopard 2* Prototyp	*Leopard 2* Serie
B II	Vorserie				
–	1720	1720	–	1720	–
	44 (2,5°)	44 (2,5°)	284 (16°)	88 (5°) und 44 (2,5°)	88 (5°)
	16×50	16×50 Durchmesser Eintrittspupille 50 mm Durchmesser Austrittspupille 3,1 mm	8- und 14-fach	8- und 16-fach (E-Messer wie Leopard A4, jedoch mit Laser)	12-fach
2000	400–3500	400–3500	400–3000	400–3000	400–4000
–			AC-Electronics (General-Motors) Digital-Rechner Automatische Vorhalterechnung für Schießen aus der Fahrt auf bewegliche Ziele	AEG-Telefunken Feuerleitrechner FLER-H (wie Leopard A4) zur Steuerung von EMES-12, passives Nachtzielgerät, Rundblickperiskop	± 10 m Genauigkeit, Feuerleitrechner, FLT 2, Verarbeitung der Ballistikwerte, Fahrzeug- und Um- welteinflußgrößen; Ausgabe von entspre- chenden Korrektur- werten an die WNA
Zeiss ZF 6×6 StaPz monokular	Zeiss ZF 6×6 StaPz monokular, für 4 Geschoßarten	Zeiss TZF 1A monokular, für 4 Geschoßarten ∅ Eintrittspupille 40 mm ∅ Austrittspupille 5 mm	komb. Hilfszielfern- rohr für Tag-/Nacht- einsatz, Feuerblen- de, heizbare Front- scheibe	Zeiss-TZF 1A (wie Leopard 1) oder FERO-7 A1 (mit Nachtsicht)	Leitz-FERO – Z 18 monokular, an die Waffe montiert, turmfestes Okular
6×36	6×36	8×40 Länge 1320 mm Gewicht 20 kg	Tag 8×40 Nacht 6×53	8×40 FERO 8 FERO Nachtsicht	8×40
178 (10°)	178 (10°)	178 (10°)		178 (10°)	178 (10°)
Art 390 J. D. Möller Wedel	TRP 2A Steinheil (Pankratisches Rundblickzielfern- rohr, monokular)	TRP 2A Steinheil (Pankratisches Rundblickzielfern- rohr, monokular)	Rundblick und Flazielfernrohr Pankrat	Zeiss-Anschütz PERI – R 12 (wie Leopard A4) monokularer Einblick mit stabilisierter Visierlinie, 360° drehbar	Zeiss PERI – R 17 monokularer Einblick mit stabilisierter Visierlinie, n×360° drehbar
6×36	6–20 (stetig veränderlich)	6–20 (stetig veränderlich)	4,5–15 monokular mit Stabilisierung	8- und 2-fach (umschaltbar)	8- und 2-fach (umschaltbar)
		33,4–104 (1,9°–5,8°) Durchmesser Eintrittspupille 19,2–60 mm, Durchmesser Austrittspupille 3 mm, Meßbereich 800–2500 mm	–15° bis +65°	142 (–8°) 533 (–30°) –13° bis +20° Nachtsicht durch Umschaltung auf IR-Beobachtung. Vergrößerung 5,6-fach, binokular Blickfeld 103¯ (6°)	142 (–8°) 533 (–30°) –13° bis +20°

Typ		Standard-Panzer		
		A I	B I	A II
6.4 Nachtsicht				
Schießscheinwerfer	Typ	–	–	–
Eingangs-Leistung	W			
Lichtart				
IR-Nachtzielfernrohr Kommandant	Typ	–	–	–
Vergrößerung				
Bildverstärker-Nachtzielgerät (Kdt.)				
Nachtsichtzielfernrohr (Richtsch.)		–	–	–
Nachtsichtgerät für Fahrer und Kommandant				
6.5 Winkelspiegel				
Winkelspiegel/Sichtglasblöcke	Größe/mm	55×110	55×110	65×110
Sehfeld je Winkelspiegel, horizontal/vertikal	°	67/27	67/27	67/35
für Kommandant und Reserve	Anzahl	8+3	8+3	8+3
für Richtschütze	Anzahl			
für Ladeschütze	Anzahl	1	1	1

Standard-Panzer		*Leopard*	KPz 70	*Leopard 2* Prototyp	*Leopard 2* Serie
B II	Vorserie				
–	Ostermann, Hamburg, starr auf Blende IR-/Weißlichtziel- scheinwerfer	AEG XSW 30-U (starr auf Blende, koaxial mit Waffe gekoppelt) Gewicht 45 kg max. Reichweite 1200–1500 m, Xenonhochdruck- lampe, IR-Weißlicht- zielscheinwerfer	AEG XSW 30-U (wie Leopard) (starr auf Blende)	AEG XSW 30-U (wie Leopard) im Turmheck aus- klappbar, rechner- gesteuert	
	950 Infrarot/Weiß	950 Infrarot/Weiß (gestreutes oder gebündeltes Licht)	950 Infrarot/Weiß stabilisierte passive Direkt- und Fernseh- Nachtsichtanlage	950 (wie Leopard) Infrarot/Weiß	– –
	B 171 IV Eltro 5,4	B 171 IV Eltro 5,4 (Austausch gegen Kommandanten- Rundblick- Zielfernrohr bei Leopard A1 bis A3)	Nachtsichtperiskop mit Fernsehkamera		WBG im EMES 15 Zielgerät integriert für Richtschützen und Kommandant 2,5×5° Sehfeld 7,5×15° Sehfeld umschaltbar
–	–	PZB 200 (siehe 6.6.2)	Nachtsicht- periskop mit Fernsehkamera	Fero Z12A1 mit IR-Nachtsichtkanal bzw. passives Nachtsichtgerät für Richtschützen und Kommandanten	
	Infrarot	BiV-Fahrergerät (PERI D 53) Elektro-Spezial BM 8005 Sichtfeld vertikal 40° horizontal 55°	passiv AEG für Kdt. passiv AEG-Telefunken mit Fahrerfernseh- anlage	BiV-Fahrergerät (PERI D53) Elektro-Spezial BM 8005	BiV-Fahrergerät (PERI D53) Elektro-Spezial BM 8005
65×130	65×130	65×130	65×150	65×130	76×222
67/35	67/35	67/35	67/35	67/35	80/15
8+3	8+3	8+3	6+1	8+1	6+1
		1 (A1–A3) 0 (A4)	1	1	1
1	1	2 (A1, A2) 1 (A3, A4), dreh- und kippbar)		1 drehbar und kippbar	1

Typ		Standard-Panzer		
		A I	B I	A II
für Fahrer und Reserve	Anzahl	3+1	3+1	3+1
6.6 Integriertes Feuerleitsystem Kampfpanzer Leopard-Abwandlungen				
6.6.1 Integriertes Feuerleitsystem des Kampfpanzers Leopard A 4				
Entfernungsmeß- und Hauptzielgerät (Richtschütze)				
Basis	mm			
Vergrößerung				
Sehfeld				
Vom Rechner verarbeiteter Enfernungsmeßbereich				
Ballistischer Rechner				
Kommandanten-Rundblick-Zielfernrohr, mit Nachtsichtkanal	Typ			
Vergrößerung	fach			
Blickfeld	Strich/°			
Nachtsicht				
Hilfs-Zielfernrohr (Richtschütze)	Typ			
Schießscheinwerfer	Typ			

Standard-Panzer		*Leopard*	KPz 70	*Leopard 2* Prototyp	*Leopard 2* Serie
B II	Vorserie				
3+1	3+1	3+1 (Gesamt-Blickfeld 120°) Zeiss EMES-12A1, binokular, Raumbild-Entfernungsmesser ohne Laser 1720 8- und 16-fach (umschaltbar) 88 (5°) und 44 (2,5°) 400–3000 AEG-Telefunken – Elektronischer Feuerleitrechner FLER-HG zur Steuerung von Entferungsmeß-gerät EMES-12A1 und Kommandanten-Zielfernrohr PERI-R 12 Zeiss-Anschütz PERI-R12, monokularer Einblick mit stabilisierter Visierlinie, 360° drehbar 8- und 2-fach (umschaltbar) 142 (8°) 533 (30°) Nachtsicht durch Umschaltung auf IR-Beobachtung. Vergrößerung 5,6-fach, binokular, Blickfeld 103 – (6°) Zeiss TZF 1A, wie Leopard A1–A3 AEG XSW 30-U, wie Leopard A1–A3	3 mit Atomblitz-schutz und Enteisung	3 (Gesamt-Blickfeld 120°) Der mittlere Winkelspiegel ist gegen passives Fahrersichtgerät austauschbar	3 (Gesamt-Blickfeld 140°) Der mittlere Winkelspiegel ist gegen passives Fahrersichtgerät austauschbar

Typ		*Standard-Panzer*		
		A I	B I	A II
6.6.2 Feuerleitsystem Kpz Leopard AS1 (Australien) und C1 (Kanada)				
Elektronisches Feuerleitsystem SABCA				
Entfernungsmeß- und Hauptzielgerät (Richtschütze)				
Vergrößerung	fach			
Sehfeld	Strich (°)			
Ballistischer Rechner				
Kommandanten-Rundblick-Zielfernrohr	Typ			
Hilfs-Zielfernrohr (Richtschütze)	Typ			
Schießscheinwerfer	Typ			
Nachtzielfernrohr für Richtschütze und Kommandant	Typ			
7. Motor				
Typ		MB 837 Aa	MB 837 Aa	MB 838 Ca500
Hersteller		Daimler-Benz 4-Takt-Vorkammer Diesel	Daimler-Benz 4-Takt-Vorkammer Diesel	Daimler-Benz 4-Takt-Vorkammer Diesel
Zylinderzahl/Anordnung		8 V 90°	8 V 90°	10 V 90°
Zahl/Art der Lader		1 mechanisch	1 mechanisch	2 mechanisch
Bohrung/Hub	mm	165/175	165/175	165/175
Hubraum	l	29,9	29,9	37,4
Verdichtungsverhältnis		17	17	18
Höchstleistung	kW (PS) 1/min	485 (660) 2400	485 (660) 2400	485 (660) 2200
Höchstdrehmoment	Nm (kg m) 1/min	2200 (220) 1200	2200 (220) 1200	2805 (286) 1540
Leerlaufdrehzahl	1/min	800	800	820–880
Motorluftbedarf bei Nennleistung und Motordrehzahl	m^3/min	41,5/2400	41,5/2400	52,2/2200

Standard-Panzer		*Leopard*	KPz 70	*Leopard 2* Prototyp	*Leopard 2* Serie
B II	Vorserie				
		Laser binokular 7- und 14-fach 44 (2,5°) und 88 (5°) Elektronischer Feuerleitrechner zur Steuerung des Hauptzielgeräts Aufsatz- und Vorhaltsteuerung 500–4000 m Steinheil TRP 2 A, wie Leopard A1–A3 Zeiss TZF 1 A, wie Leopard A1–A4 AEg XSW 30-U (E) ähnlich Leopard A1–A4 Eltro Infrarot B 171 1V, wie Leopard A1–A3 – alternativ AEG-Bildverstärker- TV-Nachtzielgerät PZB 200			
MB 838 Ca500	MB 838 Ca500	MB 838 CaM500	MB 873 Ka500	MB 873 Ka500	MB 873 Ka501
Daimler-Benz	Daimler-Benz	MTU	MTU	MTU	MTU
4-Takt-Vorkammer	4-Takt-Vorkammer	4-Takt-Vorkammer	4-Takt-Vorkammer	4-Takt-Vorkammer	4-Takt-Vorkammer
Diesel	Diesel	Mehrstoff	Vielstoff,	Mehrstoff,	Mehrstoff,
	Vielstoff		Ladeluftkühlung	Ladeluftkühlung	Ladeluftkühlung
10 V 90°	10 V 90°	10 V 90°	12 V 90°	12 V 90°	12 V 90°
2 mechanisch	2 mechanisch	2 mechanisch	2 Abgas	2 Abgas	2 Abgas
165/175	165/175	165/175	165/155	165/155	170/175
37,4	37,4	37,4	39,8	39,8	47,6
18	18	19,5	20,5	20,5	18
	(Vielstoff 24,5)		(Vielstoff 24,5)	(Vielstoff 24,5)	
610 (830) 2200	610 (830) 2200	610 (830) 2200	1100 (1500) 2600	1100 (1500) 2600	1100 (1500) 2600
	Benzinbetrieb		Benzinbetrieb	Benzinbetrieb	
	540 (730) 2200		809 (1100) 2600	809 (1100) 2600	
2805 (286) 1540	2805 (286) 1540	2805 (286) 1540	4450 (445) 1750	4300 (440) 1950	4700 (480) 1600
	(Benzin		(Benzin	(Benzin	
	2505/1540)		3600/1850)	3600/1850)	
820–880	820–880	850	850	850	850
52,2/2200	52,2/2200	52,2/2200	105/2600	105/2600	105/2600
			ohne Spülluft	ohne Spülluft	ohne Spülluft
			für Zyklon	für Zyklon	für Zyklon

Typ		Standard-Panzer		
		A I	B I	A II
spez. Kraftstoffverbrauch bei Nennleistung	g/kW/h (g/PS/h)	250–270 180–200	250–270 180–200	250–270 180–200
Ölmenge bei Ölwechsel	l	44	44	60
Motorgewicht, trocken	t	1,36	1,36	1,92
Gewichtsleistung	kg/kW (kg/PS)	2,82 (2,06)	2,82 (2,06)	3,15 (2,31)
Hubraumleistung	kW/l (PS/l)	16,2 (22,0)	16,2 (22,0)	16,3 (22,2)
mittlerer Kolbendruck	bar	8,22	8,22	9,0
mittlere Kolbengeschwindigkeit	m/s	12,8	12,8	12,8
max. Kühlflüssigkeitstemperatur, dauernd	°C	93 (kurzzeitig 10 min 103)	93 (kurzzeitig 10 min 103)	93 (kurzzeitig 10 min 103)
max. Lüfterdrehzahl	1/min	2240	2500 hydrostatischer Antrieb	2800
max. Lüfterleistung	kW (PS)	57 (78)	52 (70)	66 (90)
max. Luftwiderstand Luftfilter sauber/verschmutzt	mbar	330	280	330
max. Luftwiderstand Auspuff	mbar	500	250	500
7.1 Hilfsmotor, Zusatzstromerzeugeranlage				
Hersteller		Daimler-Benz	Rheinstahl-Hanomag	Daimler-Benz
Art		2 Zylinder 4-Takt Diesel Reihe	1 Zylinder 2-Takt Diesel	2 Zylinder 4-Takt Diesel Reihe
Typ		VE		VE
Bohrung/Hub	mm	85/83,6		85/83,6
Hubraum	cm^3	950		950
Dauerleistung	PS (1/min)	20 (3000)	12	20 (3000)
8. Kraftübertragung				
8.1 Kupplung				
Entwicklung und Hersteller		Fichtel & Sachs	Puls	ZF Drehmoment-Trilok-Wandler i = 2,9
Art		3-Scheiben-Trocken-Kupplung	nasse Mehrscheibenkupplung	

Standard-Panzer		*Leopard*	KPz 70	*Leopard 2* Prototyp	*Leopard 2* Serie
B II	Vorserie				
250–270	250–270	262	245	245	245
180–200	180–200 Benzin 260–280	192,5	180 Benzin 240–260	180 Benzin 240–260	180
60	60	60	75	65	100
1,92	1,92	1,92	2,47	2,63 (mit Luftfilteranlage)	2,70 (mit Luftfilteranlage)
3,15 (2,31)	3,15 (2,31)	3,15 (2,31)	2,13 (1,57)	2,29 (1,75)	2,45 (1,83)
16,3 (22,2)	16,3 (22,2)	16,3 (22,2)	27,6 (37,7)	27,6 (37,7)	23,5 (31,5)
9,0	9,0	9,6	12,8 (max. 13,6 bei n = 1950 1/min)	12,8 (max. 13,6 bei n = 1950 1/min)	10,7 (max. 12,4 bei n = 1600 1/min)
12,8	12,8	12,8	13,4	13,4	15,2
93 (kurzzeitig 10 min 103)	93 (kurzzeitig 10 min 103)	93 (kurzzeitig 10 min 105)	110	110	110
2585	2800	2800	5100	5100	5100
hydrostatischer Antrieb (Sulzer) regelbar in 26 Stufen					
66 (90)	70 (95)	70 (95)	147 (200)	162 (220)	162 (220)
280	330	500/700	300/550	300/550	300/550
550	500	500	300	300	300
Rheinstahl- Hanomag 1 Zylinder 2-Takt Diesel	–	–	–	MWM-Vielstoffmotor 2 Zylinder 4-Takt 22 PS Dieselkraftstoff 20 PS Ottokraftstoff 9 kW Generator oder Faryman- Vielstoffmotor 2 Zylinder 4-Takt 20 PS Dieselkraftstoff 16 PS Ottokraftstoff 9 kW Generator	–
12					
Puls nasse Mehr- scheibenkupplung	ZF Drehmoment- Trilok-Wandler i = 2,8	ZF Drehmoment- Trilok-Wandler i = 2,8	Renk TRM- Drehmomentwandler (schwedische Lizenz) i = 2,6	Renk TRM- Drehmomentwandler (schwedische Lizenz) i = 2,6	Renk TRM- Drehmomentwandler (schwedische Lizenz) i = 2,4

Typ		*Standard-Panzer*		
		A I	B I	A II
Betätigung		mechanisch mit Hydraulik-Unterstützung	hydraulisch	
Übertragbares Drehmoment	Nm (kgm)	3000 (300)	5500 (550)	
Art des Belages		Cerametallic	Stahl auf Stahl	
8.2 Wechsel- und Lenkgetriebe				
Typ		S 5-250	PP 45	4 HP 250
Entwicklung und Hersteller		ZF	Puls, Karlsruhe	ZF
Gewicht (trocken) mit Lüfter	kg	1315		1850
Leistungsgewicht	kg/PS	1,97		2,23
8.2.1 Wechselgetriebe				
Art des Wechselgetriebes		synchronisiertes Schaltgetriebe	Lastschalt-getriebe	Lastschaltbares Planeten-Schalt-getriebe mit überbrückbarem hydrodynamischem Drehmomentwandler
Anzahl der Gänge vorwärts/rückwärts		5/3	8/8	4/2
Geschwindigkeit bei Motornenndrehzahl				
1. Gang mit Wandler	Km/h und Übersetzungsverhältnis			12,3–4,7/13,2
1. Gang	Km/h und Übersetzungsverhältnis	6,2/5,31	5,2/17,5	12,3/5,04
2. Gang	Km/h und Übersetzungsverhältnis	13,6/2,41	7,6/11,9	22,1/2,82
3. Gang	Km/h und Übersetzungsverhältnis	22,8/1,45	11,7/7,8	34,5/1,81
4. Gang	Km/h und Übersetzungsverhältnis	36,5/0,91	17,2/5,3	62/1,085
5. Gang	Km/h und Übersetzungsverhältnis	60/0,55	18,6/4,92	
6. Gang	Km/h und Übersetzungsverhältnis		30,2/3,32	
7. Gang	Km/h und Übersetzungsverhältnis		42/2,19	
8. Gang	Km/h und Übersetzungsverhältnis		61,3/1,49	
8.2.2 Lenkgetriebe				
Art des Lenkgetriebes		2-Radien-Über-lagerungslenk-getriebe (gr. Radius stufenlos)	in den einzelnen Gängen stufenloses hydrostatisches Lenkgetriebe, Ent-wicklung Rheinstahl-Hanomag	2-Radien-Über-lagerungslenk-getriebe (gr. Radius stufenlos)
Spurkreisradius (rechnerisch)		klein groß		klein groß
1. Gang mit Wandler	m			1,8/∞–5,1
Die rechnerischen Werte	1. Gang m	3,50/∞–17,25	∞–4,85	4,8/∞–24,8
vergrößern sich beim Fahren	2. Gang m	7,6/∞–37,8	∞–5,6	8,5/∞–44
um das 1,5- bis 2-fache	3. Gang m	12,4/∞–57,9	∞–6,9	13,3/∞–69
infolge des Kettenschlupfes	4. Gang m	20,2/∞–114	∞–8,5	22,2/∞–115
am Boden	5. Gang m	33,4/∞–172	∞–8,9	
	6. Gang m		∞–11,7	
	7. Gang m		∞–16,0	
	8. Gang m		∞–22,1	

Standard-Panzer		*Leopard*	KPz 70	*Leopard 2* Prototyp	*Leopard 2* Serie
B II	Vorserie				
hydraulisch					
5500 (550) Stahl auf Stahl					
Puls PP 45 und Hurth HRS WL 30017	4 HP 250	4 HP 250	HSWL 354/2 mit integrierter Bremsanlage, Kombination hydrodynamischer Strömungsbremse mit Scheibenbremse (Trockenreibung)	HSWL 354/3 mit integrierter Bremsanlage, Kombination hydrodynamischer Strömungsbremse mit Scheibenbremse (Trockenreibung)	HSWL 354 mit integrierter Bremsanlage, Kombination hydrodynamischer Strömungsbremse mit Scheibenbremse (Trockenreibung)
Puls und Hurth	ZF 1850 2,23	ZF 1850 2,23	Renk 2150 ohne Lüfter 1,40	Renk 2150 ohne Lüfter 1,40	Renk 2150 ohne Lüfter 1,45
Lastschaltbares Getriebe	Lastschaltbares Planeten-Schaltgetriebe mit überbrückbarem hydrodynamischem Drehmomentwandler	Lastschaltbares Planeten-Schaltgetriebe mit überbrückbarem hydrodynamischem Drehmomentwandler	Lastschaltbares Planeten-Schaltgetriebe mit überbrückbarem hydrodynamischem Drehmomentwandler	Lastschaltbares Planeten-Schaltgetriebe mit überbrückbarem hydrodynamischem Drehmomentwandler	Lastschaltbares Planeten-Schaltgetriebe mit überbrückbarem hydrodynamischem Drehmomentwandler
8/8 und 8/8	4/2	4/2 Schaltautomatik	4/2 Schaltautomatik	4/2 Schaltautomatik	4/2 Schaltautomatik
Puls 5,2/17,5 7,6/11,9 11,7/7,8 17,2/5,3 18,6/4,92 30,2/3,32 42/2,19 61,3/1,49	13,4–4,7/13,2 13,4/4,64 23,9/2,60 37,3/1,66 62,0/1,00	13,4–4,7/13,2 13,4/4,64 23,9/2,60 37,3/1,66 62,0/1,00	15–4,00/11,6 15/4,47 31/2,19 45/1,31 68/1,00	15–4,00/11,6 15/4,47 31/2,19 45/1,31 68/1,00	15–4,50/10,8 15/4,504 31/2,209 45/1,523 68/1,003
in den einzelnen Gängen stufenloses hydrostatisches Lenkgetriebe, Entwicklung Rheinstahl-Hanomag	2-Radien-Überlagerungslenkgetriebe (gr. Radius stufenlos)	2-Radien-Überlagerungslenkgetriebe (gr. Radius stufenlos)	stufenlos regelbares hydrostatisch-hydrodynamisches Überlagerungslenkgetriebe	stufenlos regelbares hydrostatisch-hydrodynamisches Überlagerungslenkgetriebe	stufenlos regelbares hydrostatisch-hydrodynamisches Überlagerungslenkgetriebe
∞–1,3 ∞–1,95 ∞–2,95 ∞–4,7 ∞–6,9 ∞–10,8 ∞–15,6 ∞–22,1	klein groß 1,8/∞–5,1 4,8/∞–15 8,5/∞–26,8 13,3/∞–41,7 22,2/∞–69,5	klein groß 1,8/∞–5,1 4,8/∞–15 8,5/∞–26,8 13,3/∞–41,7 22,2/∞–69,5	∞–2,7 ∞–7 ∞–13 ∞–18 ∞–27	∞–2,7 ∞–7 ∞–13 ∞–18 ∞–27	∞–2,7 ∞–7 ∞–14 ∞–20 ∞–30

Typ		*Standard-Panzer* A I	B I	A II
8.3 Seitenvorgelege				
Entwicklung und Hersteller		ZF	Rheinstahl-Hanomag und Henschel	ZF
Art		Stirnradpaar und Planetengetriebe	Planetengetriebe	Planetengetriebe
Übersetzung		9,143	Hanomag 6 Henschel 4,5	3,809
Gewicht mit Kettenradtrommel und Triebradträger (naß)	kg	250	Hanomag 180 Henschel 250	250
9. Laufwerk				
9.1 Federung				
Art der Federung		Drehstab	1 = Hydropneumatische Federung (Hanomag) Entwicklung Frieseke und Höpfner 2 = Tellerringfederung, Ringfederkombination (Dubonnet) (Henschel)	Drehstab
max. Federweg (Laufrollenausschlag) nach oben	mm	240	① 215 ② 175	255
max. Federweg (Laufrollenausschlag) nach unten	mm	110	105 150	116
max. Gesamt-Federweg	mm	350	320 325	371
Anzahl der Laufrollen/Stützrollen je Seite		7/3	6/3	7/3
Art der Stoßdämpfer		Reibung	– –	Reibung und Hydraulik
Anzahl der Stoßdämpfer je Seite		5		5
Anordnung der Stoßdämpfer an Laufrollen	Nr.	1, 2, 3, 6, 7		1, 2, 3, 6, 7
Art des Kettenspanners		mechanisch	hydraulisch, automatisch verstellbar 150 bar	mechanisch
Art der Endanschläge		Kegelfedern	Kegelfedern und Kunststoff	Kegelfedern
9.2 Lauf- und Stützrollen, Triebrad				
Laufrollendurchmesser	mm	580 Doppelrollen mit Mittelführung	677 Doppelrollen mit Außenführung	650 Doppelrollen mit Mittelführung
Laufrollenbreite	mm	93/103	100	112
Stützrollen, Durchmesser	mm	260	240	220
Triebrad, Zahl der Zähne		14	14	12
Triebradteilkreisdurchmesser	mm	712,5	750	616

Standard-Panzer B II	*Standard-Panzer* Vorserie	*Leopard*	KPz 70	*Leopard 2* Prototyp	*Leopard 2* Serie
Rheinstahl-Hanomag	ZF	ZF	Rheinstahl	Rheinstahl	ZF
Planetengetriebe	Planetengetriebe	Planetengetriebe	Planetengetriebe	Planetengetriebe	Planetengetriebe
6	3,809	3,809	4,67	4,67	4,67
180	250	250	505	505	410
1 = Hydropneumatische Federung (Hanomag) 2 = Drehstab	Drehstab	Drehstab	Hydropneumatische Federung mit verstellbarer Bodenfreiheit. Entwicklung und Hersteller Frieseke und Höpfner	Drehstab, 2 Fahrzeuge Hydropneumatische Federung (Frieseke und Höpfner)	Drehstab
① 250 ② 215	294	279	400		350
105 150	79	128	200		176
355 365	373	407	600		526
6/2	7/4	7/4	6/3	Drehstab/Hydrop 7/4 6/4	7/4
–	Reibung und Hydraulik	Hydraulik	–	Lamellen-Reibung (Rotation)	Lamellen-Reibung (Rotation)
–	5	5	–		5
	1, 2, 3, 6, 7	1, 2, 3, 6, 7	–	1, 2, 3, 6, 7	1, 2, 3, 6, 7
hydraulisch, automatisch verstellbar 150 bar	mechanisch	mechanisch	hydraulisch, automatisch verstellbar	mechanisch	mechanisch
Kegelfedern	Kegelfedern	Kegelfedern	Kegelstumpf-federn	Kegelfedern und Kunststoff	hydraulisch
680 Doppelrollen mit Mittelführung	650 Doppelrollen mit Mittelführung	650 Doppelrollen mit Mittelführung	660 geändert auf 700 (Leitrad von 660 auf 630 geändert)	700 (Leitrad 600)	700 (Leitrad 565)
	112	112	154 (auf 164 verbreitert)	162,5	162,5
	220	220	300	230	230
12	12	12	11	11	11
616	616	620	651	651	651

Typ	Standard-Panzer		
	A I	B I	A II
9.3 Gleiskette			
Hersteller	Diehl	Diehl	Diehl
Art	gummigelagerte Endverbinderkette Lauffläche vulkanisiert, Innenstegführung der Laufrollen	gummigelagerte Endverbinderkette Lauffläche vulkanisiert, Außenstegführung der Laufrollen	gummigelagerte Endverbinderkette Lauffläche vulkanisiert
Typenbezeichnung	139		139 E 2
Zahl der Glieder	89	84	84
Kettenteilung mm	175,5	160	160
Gleiskettenbreite mm	506	440	548
Gleiskettengewicht t	1,61	1,40	1,66
Gewicht eines Kettengliedes (komplett mit 2 Endverbindern und Führungssteg) kg	18,2	17,9	19,73
10. Elektrische Anlage 24 Volt			
Generator	Gleichstrom 28 V 2 kW Bosch	Gleichstrom 28 V 2 kW Bosch	Drehstrom 28 V 5,5 kW Bosch
Elektrischer Anlasser kW (PS)	11 (15)	11 (15)	11 (15)
Zusatzstromerzeugeranlage kW	5	6	11
Batterien Zahl und Kapazität (Ah)	4/200	8/400	6/300
11. Panzerschutz			
Art	Flußstahl	Flußstahl	Panzerstahl
Angabe von Dicke, Neigung und Durchschlaglänge	50/40/78	50/35/87	50/40/78
Bug, unten mm/°/mm	50/28/107	50/35/87	70/30/140
Bug, oben	25	15	30/6
Decke über Fahrer	35/90/35	35/90/35	30/90
Seite, unten	25/50	25/50	v 35/45 h 30/45
Seite, oben	15/78	15/78	25/80
Heck	15/45	15/45	25/75
Boden, Kampfraum/Motorraum	20/10	20/10	20/10
Motorraumabdeckung	20	20	20
Kettenblende (Schürze)	–	–	–

Standard-Panzer		*Leopard*	KPz 70	*Leopard 2* Prototyp	*Leopard 2* Serie
B II	Vorserie				
Diehl gummigelagerte Endverbinderkette Lauffläche vulkanisiert	Diehl und Gerlach gummigelagerte Endverbinderkette Mittelstegführung Lauffläche vulkanisiert	Diehl gummigelagerte Endverbinderkette mit abnehmbaren Polstern (Mittelstegführung)	Diehl gummigelagerte Endverbinderkette mit abnehmbaren Gummipolstern	Diehl und Gerlach gummigelagerte Endverbinderkette mit abnehmbaren Gummipolstern (Mittelstegführung)	Diehl gummigelagerte Endverbinderkette mit abnehmbaren Gummipolstern (Mittelstegführung)
139 E 2	139 E 2	640 A	370	570 C	570 F
84	84	84	80	80	82
160	160	160	183,5	183,5	183,5
550	548	548	635	635	635
1,83	1,66	2,08	2,35	2,66	2,69
21,77	19,73	24,75	29,33	33,24	32,84
Drehstrom	Drehstrom	Drehstrom	Drehstrom	Drehstrom	Drehstrom
28 V 5,5 kW	28 V 7 kW	28 V 9 kW	28 V 20 kW	28 V 20 kW	28 V 20 kW
Bosch	Bosch	Bosch/Siemens	AEG-Telefunken	AEG-Telefunken	AEG-Telefunken
11 (15)	11 (15)	11 (15)	18 (25)	18 (25)	18 (25)
11	–	–	geplant	9	–
8/400	6/300	8/400 Vorwärmung durch Warmluft	8/400	6/300 (2 Netze, 200+100) induktive elektrische Batterievorwärmung	8/500 (2 Netze 375+125)
Panzerstahl	Flußstahl und Panzerstahl	Panzerstahl Schottpanzerung bei Türmen A3, A4, AS1 und C1	Panzerstahl mit Nuklearschutz (Polyäthylen- Strahlenschutz) für Kampfraum geschweißte Schottpanzer- Konstruktion für Wanne und Turm	6 Flußstahl 14 Panzerstahl Schottpanzerung in Turm und Fahrgestell	Panzerstahl Schottpanzerung in Turm und Fahrgestell in Kombination mit anderen Materialien
50/40/78	50/40/78	50/40/78			
70/30/140	70/30/140	70/30/140			
30	30/6	30/6			
30/87	30	30			
30/48	35/40/55	35/40/55			
25/76	25/78	25/78			
25/50	25/45	25/45/35			
20/10	20/10	20/10			
20	20	20			
–	teilweise	ja	ja	ja	ja

Typ		Standard-Panzer		
		A I	B I	A II
12. Füllmengen				
Kraftstoffvorrat	l	1020	470	1000
Kühlanlage	l	145	120	165
Motor bei Ölwechsel/Erstbefüllung	l	44/52	44/52	54/66
Schalt- und Lenk-Getriebe bei Ölwechsel/Erstbefüllung	l	65	130	85/109
Seitenvorgelege	l	3,5	5,0	3,5
Laufrollennabe	l	0,5		0,5
Stützrollennabe	l	0,25		0,25
Leitradnabe	l	0,75		0,75
Bremsölpumpenkreis	l	10,5		10,5
Bremsölsteuerkreis	l	1,5		1,5
Stoßdämpfer	l	2,3		2,3
Tauchhydraulik	l	–	–	1,5
Rohrbremse (Kanone)	l	9,6		9,6
Vorholer (Kanone)	l	4,0		4,0
Richtanlage (Kanone)	l	15,0	15,0	15,0
Feuerlöschanlage (gefüllte Flasche)	kg	4×9 = 36 Halon (Bromchloridfluor-methan)		4×9 = 36 Halon

Standard-Panzer		*Leopard*	KPz 70	*Leopard 2* Prototyp	*Leopard 2* Serie
B II	Vorserie				
820	1020	985	1300	1048	1200
180	165	165	120	170	145
54/66	54/66	54/66	75/90	75/150	100/135
180	85/109	85/109	180/200	160/200	170/200
3,5	3,5	3,5	4,0	4,5	3,5
	0,5	0,5	0,7	0,7	1,0
	0,25	0,25	0,25	0,25	0,25
	0,75	0,75	0,75	0,75	0,75
	10,5	10,5	Bremshydraulik, Tauchhydraulik + Klimaanlage = 110 l		
	1,5	1,5			
	2,3	2,3		–	–
	1,5	1,5		3,5	4,5 einschl. Hilfs- und Feststellbremse
9,6	9,6	9,6		8,8	8,8
4,0	4,0	4,0	35	2,0	2,0
15,0	15,0	36 mit Waffenstabilisierung		36 mit Waffenstabilisierung	36 mit Waffenstabilisierung
	4×9 = 36 Halon	4×9 = 36 Halon	4×9 = 36 Halon	4×9 = 36 Halon	4×9 = 36 Halon

Die deutsche Panzerwaffe von 1935 bis 1945

Walter J. Spielberger

BAND 2 **Die Panzer-Kampfwagen I und II und ihre Abarten**

Unter Ausnutzung aller vorhandenen Unterlagen die Entwicklung der leichten Panzer der Reichswehr bis zu den Panzerentwicklungen der Wehrmacht.

164 Seiten, 212 Abbildungen, Großformat, gebunden, DM 39.–

BAND 3 **Der Panzer-Kampfwagen III und seine Abarten**

Der Panzer III war als Standardfahrzeug der Panzertruppe vorgesehen und wurde richtungsweisend für den gesamten internationalen Panzerbau. Hier alles über Planung und Einsatz.

168 Seiten, 215 Abb., davon 9 farbig, Großf., geb., DM 39.–

BAND 4 **Die gepanzerten Radfahrzeuge des deutschen Heeres 1905–1945**

Die ganze Vielfalt der motorisierten und gepanzerten Kräfte der Reichswehr und Wehrmacht in einem Band mit viel Technik und Daten.

168 Seiten, 224 Abb., davon 7 farbig, Großf., geb., DM 39.–

BAND 5 **Der Panzer-Kampfwagen IV und seine Abarten**

Die technische Entwicklung des wichtigsten Kampfpanzers der Wehrmacht, der während der Kriegsjahre eines der wenigen Kampffahrzeuge war, das in Großserie hergestellt wurde.

164 Seiten, 387 Abb., davon 9 farbig, Großf., geb., DM 39.–

BAND 6 **Die Halbkettenfahrzeuge des deutschen Heeres 1909–1945**

Die vollständige Zusammenstellung der militärischen Halbkettenfahrzeuge, die mit aufwendiger Konstruktion ihre Aufgabe bis zu den letzten Kriegstagen erfüllten.

172 Seiten, 383 Abb., davon 8 farbig, Großf., geb., DM 39.–

BAND 7 **Der Panzer-Kampfwagen Tiger und seine Abarten**

Die Prototypen-Entwicklung, die Tiger-Entwürfe von Henschel und Porsche sowie die endgültige Produktion mit all ihren Problemen und technischen Lösungen.

220 Seiten, 628 Abb., davon 6 farbig, Großf., geb., DM 48.–

BAND 8 **Spezial-Panzer-Kampfwagen des Deutschen Heeres**

Sowohl die den Panzerpionieren zugeteilten Sonder-Panzerfahrzeuge als auch die Entwürfe der Firma Porsche und die E-Baureihe werden eindrucksvoll vorgestellt.

156 Seiten, 280 Abb., davon 5 farbig, Großf., geb., DM 39.–

BAND 9 **Der Panzer-Kampfwagen Panther und seine Abarten**

Den Höhepunkt in der Entwicklung deutscher Kampfpanzer bis 1945 bildete der Panther. Ausgelöst durch den T 34 erfolgte die Panther-Entwicklung innerhalb eines Jahres.

288 Seiten, 468 Abb., davon 14 farbig, Großf., geb., DM 56.–

BAND 10 **Die Rad- und Vollketten-Zugmaschinen des deutschen Heeres 1871–1945**

Die technische Entwicklung der Rad- und Vollkettenschlepper für militärische Zwecke. Daneben werden natürlich auch die Selbstfahrlafetten auf Radfahrgestellen behandelt.

216 Seiten, 348 Abb., davon 5 farbig, Großf., geb., DM 42.–

BAND 11 **Die Panzer-Kampfwagen 35 (t) und 38 (t) und ihre Abarten 1920–1945**

Ausführlich und stichhaltig die Entwicklung der gepanzerten und ungepanzerten Fahrzeuge der tschechoslowakischen Streitkräfte mit vielem erst heute zugänglichem Material.

408 Seiten, 720 Abbildungen, Großformat, gebunden, DM 69.–

Motorbuch Verlag · Postfach 1370 · 7000 Stuttgart 1